Heinz Scholz

Richtig gut einkaufen

Die moderne Lebensmittelkunde für den Alltag

Verlag Textatelier.com GmbH

Heinz Scholz

Richtig gut einkaufen. Die moderne Lebensmittelkunde für den Alltag
1. Auflage, August 2005
ISBN 3-9523015-1-5

Umschlagcartoon und Illustrationen: Sabine Hofkunst Schroer
Gestaltung und Satz: Urs Walter, CH-5703 Seon;
Rolf Walter, CH-8259 Kaltenbach
Lektorat: Hans Kurt Berner, CH-5023 Biberstein; Anita Hess, CH-5703 Seon
Fotolithos: Scanatelier Urs Walter, CH-5703 Seon
Druck und Broschur: Ipoly, Aschheim D und Komárno SK

Bei der Schreibweise handelt es sich um eine gemässigte Form der neu geregelten deutschen Rechtschreibung, d. h. diese kam nur dort zur Anwendung, wo sie als sinnvoll bewertet wurde.

Dieses Buch wurde ohne Sponsorenbeiträge produziert.

Inhalt

Vorwort

Trotz eines Riesenangebots an Lebensmitteln in unseren Supermärkten – oft sind es 20 000 bis 30 000 verschiedene – und in den Spezialgeschäften versuchen die Produzenten immer wieder, neue Produkte auf den Markt zu bringen. Bunt, lecker und rentabel müssen sie sein, denn sonst droht diesen Kreationen das Aus. Die Hersteller streben insbesonders die Entwicklung von Produkten an, die von möglichst vielen Konsumenten gekauft werden. Fade und farblose Erzeugnisse sind nicht abzusetzen. Deshalb erfolgt eine Aufpeppung mit Geschmacks- und Aromastoffen und synthetischen Vitaminen. Dem Hersteller steht ein unglaublicher Fundus an Aromastoffen (es sind über 2000 verschiedene lieferbar) zur Verfügung, mit denen er preisgünstig Geschmack in die Speisen zaubern kann. So reicht zum Beispiel 0,1 g Aromastoff aus, um einem Kilo eines fad schmeckenden Lebensmittels Geschmack zu geben. Aber die Verbraucher werden allmählich skeptisch. Sie machen gegen zu viel Chemie im Essen mobil. Erfreulich ist, dass jetzt immer mehr Hausfrauen und Hausmänner die Zutatenlisten studieren und vermehrt auf der Suche nach Frisch- und Bio-Ware sind.

«Wer kauft hat hundert Augen nötig, wer verkauft nur eines» ist ein Spruch, den ich zur Devise des vorliegenden Buches gemacht habe. Nur der aufgeklärte Käufer, der seine Augen offen hält, kommt nicht unter die Räder der Versuchung und der Täuschung. Dies gilt besonders für die bequemen Fertiggerichte (Convenience Food) und die von der Werbung in aufdringlicher Weise angebotenen Lifestyle-Getränke. Auch sollte man die Lebensmittel mit gesunderhaltenden Zusätzen, so genanntes «Functional Food», kritisch betrachten. Von diesen Produkten erhoffen sich die fantasievollen und geschäftstüchtigen Produzenten und Verkäufer Riesenumsätze, falls ihnen die aufgeklärten Verbraucher nicht einen Strich durch die Rechnung machen. Der Käufer hat die Macht, diese Produkte abzulehnen. Beim Gen-Food, das auf unserem Tisch und in den Ställen nichts zu suchen hat, ist ihnen das ja in hervorragender Weise gelungen. Wir sollten diesen Trumpf öfters ausspielen.

Im Hauptteil dieses Werks sind die wichtigsten Lebensmittel aufgeführt. Hier erfahren Sie Dinge über die gesundheitliche Wirkung, über Inhalts- und Zusatzstoffe und Rückstände. Wichtige Fakten über BSE, Gentechnik, Schadstoffe und den konventionellen und alternativen

Anbau sind ebenso vorhanden wie Tipps für den Einkauf im Alltag. Ich liess es mir nicht nehmen, einige Anekdoten über Ernährungspioniere, aber auch einige amüsante und aussergewöhnliche Geschichten aus der Ernährungsgeschichte und über Bio-Bauern in den Text einzustreuen. Das Buch, so hoffe ich, soll in objektiver Weise aufzeigen, was wir heute noch essen können. Es sind Empfehlungen, die letztlich für unsere Gesundheit von eminenter Bedeutung sind. Es liegt in der Hand des Einzelnen, die Tricks der Verkäufer und Werbefachleute zu entlarven und das Richtige und Beste einzukaufen. Je mehr Wissen Sie haben, desto besser gelingt das Ihnen.

Heinz Scholz

Die hohe Schule des Einkaufens: Wie Sie Verkaufstricks durchschauen – Die besten Einkaufstipps

«Die Augen halte zu und deinen Beutel offen! Ein solcher Kunde ists, auf den die Krämer hoffen», schrieb einst *Friedrich Rückert* in seinem Werk *«Weisheit des Brahmanen»*. Und ein altbekanntes Sprichwort lautet: *«Wer kauft, hat hundert Augen nötig, wer verkauft, nur eines.»*

Der erste Ausspruch zeigt deutlich, welche Kategorie von Kunden sich der Verkäufer wünscht. Auf der anderen Seite muss der aufgeklärte Käufer alle Augen offen halten, um nicht unter die Räder der Verführung zu kommen. Die Inhaber solcher Geschäfte haben nämlich viele Tricks auf Lager, um ihre Waren an den Mann oder die Frau zu bringen. Wer jedoch diese Tricks kennt, wird vielleicht bewusster einkaufen und viel Geld sparen.

Ich brauche keinen Zettel

Kürzlich wurde ich von einem rüstigen Rentner mitleidig belächelt, als ich im Lebensmittelmarkt meinen Einkaufszettel zückte. *«Ich brauche keinen Zettel, habe alles im Gedächtnis gespeichert»*, sagte er überlegen. Dann erzählte er von seinem phänomenalen Gedächtnis; er könne es noch mit jedem Jüngeren aufnehmen. Im Stillen dachte ich mir, das glaube, wer wolle.

Kurz darauf sah ich den Gedächtnisstarken an der Theke für Milcherzeugnisse stehen; er überlegte und überlegte. Wahrscheinlich hatte er mit seinem phänomenalen Gedächtnis Schwierigkeiten. Dann griff er einfach zu und nahm mehrere Produkte aus dem Regal. An der Kasse trafen wir uns wieder und er sagte: *«Heute habe ich wieder zu viel eingekauft. Da bekomme ich sicher von meiner Frau einen Rüffel.»* Wie wichtig ein Einkaufszettel ist, bemerkte ich schon vor etlicher Zeit. Jedes Mal, wenn ich ohne diese Hilfe einkaufen ging, vergass ich das eine oder andere oder packte zu viel in den Einkaufswagen.

Ab und zu lasse ich mich doch verführen und kaufe mehr ein als auf dem Zettel steht. Dann erliege ich der verführerischen Werbung, der attraktiven Präsentation der Waren, den appetitanregenden Düften oder lasse mich von einer stimmungsaufhellenden Musik euphorisieren.

Dann «fliegen» die Produkte nur so in den Einkaufswagen. Wer in solch einen Einkaufsrausch verfällt, der ist nicht mehr ganz zurechnungsfähig.

Nerviger Loriot kauft Sonderangebote

Wer kennt nicht das köstliche Filmwerk *«Papa ante Portas»* von *Loriot? Vicco von Bülow* nervt als frisch gebackener Ruheständler seine Dauer-Filmpartnerin *Evelyn Hamann*. Er will seiner Ehehälfte einmal so richtig zeigen, wie man einen Haushalt durchorganisiert. Ab sofort hört alles auf sein Kommando. Als seine Frau eines Tages nach Hause kommt, trifft sie fast der Schlag. Sie findet einen grossen Stapel Senfgläser vor. Auf die Frage, was das soll, meinte der neue Hausmann triumphierend, dass er 150 Gläser im Sonderangebot bekommen und somit viel Geld gespart habe.

Auch im wirklichen Leben sollen ähnliche Vorkommnisse so manche Ehefrau an den Rand des Wahnsinns getrieben haben. Riesenpackungen Lebensmittel, Zahnpastatuben, Cremes und viele andere Dinge des Alltags wurden erstanden und die «Beute» freudestrahlend nach Hause gebracht. Man hat ja schliesslich Geld gespart! Die Partnerin war gar nicht begeistert. Sie argumentierte messerscharf, solche Mengen könne man ja nie aufbrauchen oder die Ware würde frühzeitig vergammeln. Recht hat die mit allen Wassern gewaschene Hausfrau! Nehmen wir einmal das obige Beispiel mit den Senfgläsern: Würden die beiden im Jahr 10 Gläser Senf aufbrauchen, könnten sie 15 Jahre davon zehren.

Wer auf Sonder- und Kombiangebote scharf ist, die er vielleicht gar nicht brauchen kann, der sollte an den Ausspruch von *Thomas Jefferson*, dem 3. Präsidenten der USA, denken, der einmal äusserte: *«Kaufe nie unnütze Sachen, weil sie billig sind.»*

Wenn einer im Salat wühlt

Es ist ein Ärgernis, wenn Leute bei der Suche nach dem grössten Salatkopf am Wühltisch von vegetabilen Produkten diese anfassen, dann wieder weglegen und den für sie besten heraussuchen. Auch an Obst-

und Gemüsetheken wird gewühlt, was das Zeug hält. Immer wieder beobachte ich Männer oder Frauen, die sehr wählerisch sind. Da ist die eine Tomate etwas angeschlagen, die äusseren Blätter der Salatköpfe sind etwas verwelkt oder die Äpfel haben nicht ein paradiesisches Aussehen. Da wird gnadenlos ausgesucht. Für den nachfolgenden Käufer bleiben die unansehnlichen Produkte übrig.

Den Supermarktchefs ist dieses Verhalten, das stark an einen Schlussverkauf erinnert, ein Dorn im Auge. Sie haben Abhilfe geschaffen, um unerwünschte Bakterien fern zu halten. Sie lassen jetzt immer mehr Produkte mit Folien einschweissen. Der Kunde muss dann mit einem höheren Preis rechnen und das Plastik entsorgen.

Rechts herum und gerade aus

Die Chefs unserer Einkaufsmärkte haben den richtigen Dreh herausgefunden. Sie zwingen den Kunden nach rechts einzutreten. Warum? Es gibt viele Leute mit Rechtsdrall, die nicht anders können als eben diese Richtung einzuschlagen. Und am Eingang befinden sich oft die teuren Produkte, die ja schliesslich verkauft werden wollen. Hat man die Kurve bekommen, geht es kurz gerade aus, dann folgt eine Linkswendung zu den Milchprodukten und Eiern. Plötzlich kommt der Herumirrende an eine Barriere. Auf einem Tischchen stehen Weine und Gläser, die einem förmlich ins Auge springen. Es sind meistens Sonderangebote, die hier offeriert werden. Kurz darauf geht es zur Brot-, dann zur Käse-, zur Wurst- und Fleischtheke. Der Einkäufer wird jedoch nicht geradeaus dahin geführt. Er muss einen Weg von Irrgängen bewältigen, um die gesuchten Waren zu finden.

Gymnastik vor den Regalen

«Die Verkaufsstrategen sind äusserst gastfreundliche Menschen und möchten Sie möglichst lange bei sich behalten. Dank ihres psychologischen Feingefühls erinnerten sie sich daran, dass es viele Menschen gibt, die ihre Nahrung gern suchen. Deshalb ist gerade das, was sie unbedingt haben möchten, ganz unten versteckt; das ist sehr kundenfreundlich, da sie sich vor den Ehrfurcht gebietenden Regalen verbeugen

müssen und so zu etwas Gymnastik kommen. Dafür befinden sich teure, vielfältig verarbeitete Markenwaren auf Augen- und Griffhöhe», schrieb treffend *Walter Hess* in der Zeitschrift *«Mir z'lieb»* der *EGK-Gesundheitskasse.*

Quengelnde Kinder an der Kasse

Wer nun glaubt, an der Kasse sei der Einkauf erledigt, wird sein blaues Wunder erleben. Da er oft warten muss, bis die vor ihm stehenden Leute ihr Geld losgeworden sind, blickt er herum und sieht Zeitungen, Zeitschriften, Süssigkeiten, Schnapsfläschchen, Zigaretten und sonstige Dinge, die er nicht unbedingt braucht, in den Regalen. Oft sehe ich quengelnde Kinder, die förmlich nach Süssigkeiten schreien. Bekommt das sonst brave Kind nicht das Gewünschte, folgt ein ohrenbetäubendes Geschrei, das bis in die hinterste Ecke des Marktes zu hören ist. Viele Frauen und Männer geben nach und beschenken das Kind. Das Kind soll ja schliesslich auch seinen Willen bekommen – und es ist Ruhe im Markt.

Die Präsentation von bestimmten Waren an der Kasse ist natürlich beabsichtigt. So mancher Markt tätigt hier 20% seines Umsatzes.

Tipps zum Einkaufen

- Nicht hungrig einkaufen gehen. Wer hungrig ist, kauft mehr als beabsichtigt (insbesondere Süssigkeiten).
- Die beste Einkaufszeit ist die von 9 bis 11 Uhr und von 14 bis 16 Uhr.
- Einkaufsliste verwenden.
- Nicht zu viel Geld oder eine EC-Karte mitnehmen.
- Bei kleineren Einkäufen verwenden Sie nicht den Einkaufswagen, sondern den eigenen Korb. Ein grosser Wagen verführt zum Mehrkaufen.
- Sonderangebote mit den Waren in verschiedenen Geschäften vergleichen (eventuell Zeitungsanzeigen studieren).
- Preise der Grosspackungen mit den kleineren Packungen vergleichen. Oft sind grössere Packungen preisgünstiger. Aber Achtung

vor Mogelpackungen!

- Nachfüllpackungen bevorzugen. Diese sind preisgünstiger als Originalpackungen (Beispiel: 250 g Espresso-Kaffeepulver in der Dose kosten 4,49 Euro, die Nachfüllpackung mit 2 x 250 g nur 6,59 Euro; Ersparnis: über 25 %).
- Waren in den unteren Regalsegmenten bevorzugen. Diese sind billiger als Waren in Augenhöhe.
- Preisvergleich mit Markenartikeln und anderen Produkten (No-Name-Produkten) durchführen. Bei den Markenartikeln zahlen Sie die Werbung mit. Viele der No-Name-Produkte sind laut *«Stiftung Warentest»* qualitativ gleichwertig. Laut einer neuen Umfrage greifen immer mehr Verbraucher zu nicht aus der Werbung bekannten Handelsmarken. Auch sind die Discounter auf dem Vormarsch. In Deutschland haben die Billiganbieter bereits einen Marktanteil von 41 %.
- Verpackte Lebensmittel (Obst, Gemüse, Käse, Fleisch, Geflügel, Wurst) sind meistens teurer als unverpackte oder am Stück gekaufte Ware.
- Bevorzugen Sie frische Ware (Frischmarkt, Markt). Je frischer eine Ware ist, umso mehr Vitamine sind drin.
- Fallen Sie nicht auf verführerische Bezeichnungen herein. In der Regel ist es so, dass diese Produkte den Geldbeutel unnötig belasten.
- Vermeiden Sie Spontankäufe von Waren, die vor den Kassen aufgebaut sind. Bei quengelnden Kindern, die hier nach Süssigkeiten verlangen, sollte man hart bleiben oder die Kinder zu Hause lassen.
- Bei Waren mit einem Mindesthaltbarkeitsdatum (MHD) stehen die älteren Packungen in der Regel vorne und die frischeren dahinter. Besonders schlaue Verkäufer drehen die Ware um. Deshalb immer das MHD kontrollieren.
- Augen auf an der Kühltruhe! Die Waren sollten bei einer Temperatur von - 18 °C gelagert werden, oft zeigen sich Eiskristalle auf den Packungen. Dies deutet auf Kühlunterbrechungen oder zu hohe Temperaturen hin. Bei einem Stapel eine untere Packung wählen.
- Die Zutatenliste genau studieren. Waren bevorzugen, die wenig oder gar keine Zusatzstoffe enthalten.

- Augen auf beim Kauf von Kombiwaren! Beispiel: Weinglas plus Wein oder Käse mit Brett und Käsemesser. Diese Kombiangebote sind meistens überteuert.
- Vergleichen Sie die ausgezeichneten Waren an den Regalen mit den eingetippten an der Kasse. Oft ist es so, dass die Preiscodes noch nicht umgestellt wurden und Sie zu viel zahlen.
- Achten Sie auch auf die Hygiene. Es ist ja nicht gerade appetitlich, wenn die Verkäuferin die Wurst, den Käse oder die Brötchen mit den Fingern angreift. In einigen Geschäften, wie in den Hieber-Frischmärkten, ist inzwischen das Tragen von Latex-Handschuhen oder das Benützen von Zangen (für Brötchen, Gebäckteile) Pflicht. Das finde ich prima.
- Lassen Sie sich nicht von der durch eine entsprechende Beleuchtung vorgegaukelten Frische und Farbigkeit der Wurst beeindrucken. In etlichen Geschäften wird die erste Wurstscheibe entfernt, bevor die Schnittware in der Tüte des Verbrauchers landet.
- Lose Lebensmittel ohne Verpackung wiegen.

Mindesthaltbarkeit ist kein Verfallsdatum

Das Institut Fresenius (www.fresenius.com) weist darauf hin, dass jede 2. haushaltsführende Person die Mindesthaltbarkeit mit dem «Verfallsdatum» gleichsetzt. *«Das Mindesthaltbarkeitsdatum eines Lebensmittels ist das Datum, bis zu dem dieses Lebensmittel unter angemessenen Aufbewahrungsbedingungen seine spezifischen Eigenschaften behält»*, heisst es in der Lebensmittel-Kennzeichnungsverordnung.

Das aufgedruckte Datum ist also kein Verfallsdatum. Das Produkt ist zu diesem Zeitpunkt nicht verdorben und muss nicht unbedingt entsorgt werden.

Wie lange darf man Milch- und Milchprodukte über das Mindesthaltbarkeitsdatum (MHD) hinaus lagern? Hier die Antwort: Da es sich bei Milch und Milchprodukten um leicht verderbliche Lebensmittel handelt, deren Haltbarkeit nicht zuletzt von der Lagerung unter angemessenen Aufbewahrungsbedingungen abhängig ist, ist es schwierig, hierzu eine allgemein gültige Aussage zu machen. Prinzipiell sollte man sich vor dem Verzehr eines Produktes, dessen MHD bereits überschritten ist, durch vorsichtiges Riechen und Kosten vom einwandfreien Zustand des Produktes vergewissern. Für geöffnete Verpackungseinheiten empfehlen wir grundsätzlich, auch bei H-Produkten (homogenisiert), die gekühlte Aufbewahrung und den baldigen Verzehr. Zu bedenken ist, dass insbesondere sterile Produkte nach dem Öffnen durch die Keimfreiheit zu einem idealen Nährboden auch für Krankheitserreger werden können, da keine Konkurrenzflora vorhanden ist.

Wie das Institut Fresenius festgestellt hat, kann es bei empfindlichen Produkten gegen Ende der Mindesthaltbarkeitsfrist zu Qualitätsveränderungen kommen (Farb- und Geschmacksveränderungen, Vitamin- und Nährstoffverluste). Ich kaufe schon aus diesen Gründen Lebensmittel ein, bei denen das MHD noch in weiter Ferne liegt.

Die Arbeitsstelle des Deutschen Verpackungsinstituts, Leipzig (www.verpackung.org), weist auf einige Verbesserungen der Kennzeichnung hin. So sollte anstelle des üblichen Hinweises «Mindestens haltbar bis ...» besser folgende Angabe stehen: «Ungeöffnet haltbar bis ...». Für den Verbraucher wäre auch ein Hinweis, wie lange der Packungsinhalt nach dem Öffnen zu verbrauchen ist, von Nutzen, z.B. «Nach dem Öffnen in 2 Tagen verbrauchen». Ich schliesse mich diesen Vorschlägen an.

Auf der Suche nach Bio-Lebensmitteln

In den meisten Lebensmittelmärkten führen so genannte Vollkornprodukte und Bio-Waren ein Schattendasein. Da sind die Müesli, Getreidekörner, Haferflocken, Fertigmischungen aus Korn und Gemüse abseits der Hauptrouten in solch einem Geschäft untergebracht. Oder man findet sie versteckt in den untersten Regalteilen. Oder sie wurden aus den Regalen geräumt. Auf die Frage, warum dies so sei, sagte eine Verkäuferin zu mir: *«Das jeweilige Haltbarkeitsdatum ist abgelaufen, die Produkte werden kaum gekauft. Gehen Sie doch in unsere Hauptfiliale.»*

Sehr verwirrend sind Bezeichnungen wie *«unbehandelt»*, *«ungespritzt»* usw. Alle diese Umschreibungen sind für Bio-Lebensmittel nicht mehr zulässig. Es sind also Bio-Mogelpackungen.

Was ist bei Ökoprodukten anders?

- Beim Anbau, bei der Verarbeitung und Herstellung von Bio-Produkten gelten strenge Regeln.
  Zum Beispiel müssen deutsche Biobetriebe (Landwirte, Gärtner, Winzer und Imker) Folgendes dokumentieren: Nutzung der Felder, Verbrauch an Naturdünger, Futtermitteln und Präparate zur Pflanzenstärkung, Einkauf von Saatgut, Verkauf auf Wochenmärkten und Hofläden, Ver- und Zukauf von Tieren, Art der Tierhaltung und Verwendung von Tiermedikamenten.
- Besonders schonende Verarbeitung, damit die wertgebenden Inhaltsstoffe weitgehend erhalten bleiben.
- Zutaten sollen aus ökologischem Anbau stammen. Zutaten aus konventionellem Anbau sind in geringem Umfang erlaubt. Vorausgesetzt, die Zutaten sind nicht in ausreichenden Mengen aus ökologischem Anbau zu bekommen.
- Gentechnik ist ausgeschlossen.
- Ökoprodukte werden nicht bestrahlt.
- Bioerzeuger verzichten auf die «chemische Keule» (keine chemisch-synthetischen Spritzmittel wie Fungizide, Pestizide, Herbizide). Schädlinge werden mit natürlichen Feinden («Nützlingen») bekämpft. Verzicht von Lagerschutz- und Nachreifemitteln.
- Bioerzeuger verzichten auf leichtlöslichen Mineraldünger.
- Laut einem Test der Zeitschrift *«stern»* erwiesen sich Bio-Gemüse und Bio-Obst punkto Pflanzenschutzmittel und Schwermetalle als weitgehend schadstofffrei. Auch die *Lebensmittelüberwachung in Baden-Württemberg* kommt zu ähnlichen Ergebnissen. So wiesen nur 7% der Biolebensmittel geringe Rückstände auf. Konventionell erzeugte Produkte waren dagegen zu 75% mit Pestiziden belastet.
- Fleisch stammt von Tieren aus artgerechter Haltung. Eine artgerechte Haltung stärkt übrigens die Abwehrkräfte des Tieres. Eine prophylaktische Gabe von Arzneimitteln im Futter ist überflüssig.

Tipps für den Einkauf von Bio-Lebensmitteln

- Umschreibungen wie *«zertifiziert»*, *«naturgerecht»*, *«ungespritzt»*, *«unbehandelt»*, *«alternativ»* oder *«Eier von glücklichen Hühnern»*, *«kontrolliert umweltschonender Anbau»*, *«integrierter Anbau»* oder *«kontrollierter Vertragsanbau»* sind für Bio-Lebensmittel in Deutschland nicht zulässig.
- Die Kennzeichnung *«unbehandelt»* findet man oft bei Satsumas, Apfelsinen (Orangen), Clementinen und Zitronen, obwohl sie mit dem Nachbehandlungsmittel Imazalil besprüht wurden. Dieses Pestizid fällt nicht unter die Kennzeichnungspflicht. Verbraucherschützer fordern deshalb zu Recht eine Erweiterung der Kennzeichnungspflicht.
- Wie sieht es mit den Bezeichnungen *«Biofit»*, *«Bioreform»* oder *«Bioghurt»* aus? Laut Bio-Verordnung dürfen diese nur bis zum Jahr 2006 verwendet werden.
- Die Bezeichnungen *«bio»* (bzw. biologisch) und *«öko»* (bzw. ökologisch) sind in Europa gesetzlich geschützt.
- Von den ökolandwirtschaftlichen Anbauverbänden wurden Erkennungsmerkmale für echte Bio-Produkte geschaffen. Die wichtigsten Biolabels lauten: *«Demeter»*, *«Bioland»*, *«Anog»*, *«Naturland»*, *«Ecovin»*, *«Biopark»*, *«Ökosiegel»* und *«Bio-Kreis»*. *«Biotop»*, *«bio gro»*, *«agrobio»*, *«Crea»*, *«Aiab»* oder *«Biokultura»* sind Zeichen ausländischer Anbauverbände für Importwaren.
  In Zukunft soll es auch ein europäisches Prüfzeichen geben.
  Das Gütezeichen für den biologischen Landbau in der **Schweiz** ist die *Knospe* mit dem Zusatz *Bio Suisse*. Die *IP Suisse* (Integrierte Produktion) wehrt sich tapfer gegen die Gentechnologie. Die gesetzlichen Regelungen in der Schweiz sind ähnlich wie die der EU.
  In **Österreich** sind das Kontrollzeichen *«Bio-Ernte»* und *«Bio-Austria»* vorgeschrieben.
  Darüber hinaus gibt es in Deutschland, in der Schweiz und in Österreich regionale Gütezeichen und Eigenmarken der Lebensmittelketten.
- Bio-Produkte aus einem EU-Mitgliedstaat müssen eine Kontrollstellen-Nummer aufweisen.
- Studieren Sie genau die Zutatenliste bei den Bio-Lebensmitteln.

In der Regel sind die Zusatzstoffe und technischen Hilfsmittel präzise festgelegt. Nicht alle dieser Zutaten stammen aus ökologischem Anbau.

❀ Auch Bioprodukte leiden unter Umwelteinflüssen. Ein gut trainiertes Geruchs- und Geschmacksempfinden kann Ihnen wertvolle Hinweise auf die tatsächliche innere Qualität geben.

Ruth fährt auf Bio-Lebensmittel ab

Ruth hat sich auf Bio-Lebensmittel eingeschworen. Schon seit vielen Jahren kauft sie auf einem Bauernhof und auf dem Markt die meisten Produkte ein. Milch und Milchprodukte bezieht sie von einem Bio-Bauernhof. Unvergleichlich im Geschmack sind die köstliche Butter und die nicht pasteurisierte Milch. Wie sie mir berichtete, benutzt der Bauer zum Melken der Kühe keine Melkmaschine, sondern seine Hände. *«Da bin ich mir sicher, dass keine schädlichen Keime oder Rückstände von Reinigungsmitteln in der Milch sind»,* betonte Ruth.

Auf dem Wochenmarkt sieht man Ruth immer wieder vor einem Stand mit ökologisch angebautem Gemüse und Obst geduldig in einer Schlange von Menschen stehen. Erfreulich ist, dass vor allem einheimische Produkte angeboten werden. Auch kommen nur Produkte, die in der entsprechenden Jahreszeit geerntet wurden, auf den Verkaufstisch. Ruth ernährt sich und ihren Mann jahreszeitengemäss. Sie hat noch nie Probleme mit Allergien und anderen ernährungsabhängigen Krankheiten gehabt.

Ruth hat folgende Vorteile und Besonderheiten entdeckt. Die Produkte schmecken ihr vorzüglich. Blähende Gemüsearten in Bio-Qualität verträgt sie besser als herkömmlich gezogene.

Ruth ist auch eine Liebhaberin der Roten Bete (Rande). Sie verzehrt die Knolle roh als Zwischenmahlzeit. Die Bio-Knolle zeichnet sich durch einen guten Geschmack aus. Einen weiteren Unterschied hat sie zwischen ökologisch und herkömmlich aufgezogener Roter Bete (Rande) entdeckt. Wenn sie früher nicht ökologisch angebaute Ware verzehrte, dann verspürte sie hinterher ein lang anhaltendes Kratzen im Hals. Seitdem beisst sie nur noch in Bio-Knollen.

Warum sind die Produkte so teuer?

In einem Gespräch mit einer Landwirtin, die schon 22 Jahre ökologischen Landbau betreibt, kam heraus, dass sie oft mit der Unwissenheit von Leuten zu kämpfen hat. So sagte doch neulich eine Bekannte zu ihr: *«Warum sind Ihre Produkte so teuer? Sie müssten eigentlich billiger sein, Sie benutzen doch keine Spritzmittel.»* Dann musste die Bäuerin sie aufklären. Sie entgegnete: *«Ich habe zwischen 10 und 20% Mehrarbeit. Diese besteht in der täglichen Protokollführung für den Bio-Verband und in der zeitintensiven mechanischen Beikrautregulierung (Jäten, Eggen). Mehrkosten entstehen auch durch die regelmässigen strengen Kontrollen.»*

Sie hat auch mehr Ausschuss. Durch den Ausschuss (viele Kunden bevorzugen äusserlich schöne Ware) kann sie auch weniger verkaufen.

Erst kürzlich kam ein älterer Mann zu ihr auf den Bauernhof und begutachtete die Bio-Trauben, die nicht so schön aussahen. Da sagte dieser Unzufriedene: *«Ein bisschen schöner sollten die schon sein!»* Nach Begutachtung der anderen Waren, die auch nicht seinem ästhetischen Empfinden entsprachen, zog er mit seinem leeren Korb von dannen.

Der Verbraucher lässt sich leider viel zu sehr von Äusserlichkeiten leiten. Schönheit ist gefragt, während die verschrumpelten, verschorften und weniger belasteten Produkte gar nicht in die Regale der Supermärkte kommen. Auch auf Märkten sind solche Waren kaum abzusetzen.

«Sichere, naturbelassene Nahrung ist ein wertvolles Gut. Politiker müssen auf der einen Seite die Rahmenbedingungen dafür schaffen, dass Lebensmittel frei von Gentechnik und Rückständen bleiben. Auf der anderen Seite müssen wir als Verbraucher aber auch bereit sein, den Mehraufwand, der für die Bioproduktion und die Kontrollen nötig ist, zu bezahlen.»
(Dipl. oec. troph. *Ralf Alsfeld*, Nierstein D, UGB-Forum 5/2003)

Denunzianten und Saboteure

Auf der anderen Seite gibt es Neider, Saboteure und Denunzianten. So wurden einer Bäuerin einmal sehr gute Weinstöcke mit den saftigen

Trauben kurz vor der Ernte mit einem Spritzmittel besprüht. Auch die Rosen kamen an die Reihe: Sie wurden zu später Stunde (die Bäuerin hörte verdächtige Geräusche in der Nacht) mit Benzin oder Diesel bespritzt. Die Rosen liessen die Köpfe hängen und waren nicht mehr zu verkaufen. Es ist unglaublich, wie Menschen anderen so etwas antun können.

Ein anderes Mal wurde eine Chemikalie in der Muttermilch einer Stillenden gefunden. Da die Frau regelmässig bei ihr einkaufte, wurde das ökologisch erzeugte Obst und Gemüse verdächtigt, an dieser Belastung schuld zu sein. Ein amtlich bestellter Kontrolleur nahm Proben von Obst und Gemüse, die dann in einem Labor in Freiburg untersucht wurden. In den Proben wurden keine Schadstoffe entdeckt.

Nach der Tschernobyl-Katastrophe 1986 wurden überall Proben von Spinat auf Radioaktivität untersucht. Auch bei unserer Bäuerin tauchten Kontrolleure mit Geigerzähler auf. Lassen wir sie selbst erzählen: *«Auf den Nachbarfeldern, die konventionell bewirtschaftet wurden, gaben die Geräte ein knatterndes Geräusch von sich. Auf meinen Feldern registrierte das Gerät keine Radioaktivität.»* Trotzdem durfte sie ihren Spinat nicht verkaufen. Es wurde generell ein Verkaufs- und Verzehrverbot für bestimmte Produkte erlassen.

Auf die Düngung angesprochen, meinte die Landwirtin: *«Früher düngten wir mit Kompost und Mist und heute, im fortgeschrittenen Alter, können wir diese schwere Arbeit nicht mehr übernehmen. Nun verwenden wir Naturdünger, Gesteinsmehl und Algenkalk. Spritzmittel sind weiterhin tabu.»*

Mit ihren Kunden hat die erwähnte Bäuerin jedoch ein gutes Verhältnis. Sie kommen immer wieder, um diese Bio-Lebensmittel zu kaufen. Das gibt ihr den Mut, trotz Neidern und Denunzianten weiterzumachen.

Viele sparen beim Essen

Im Vergleich zu früher sparen die Deutschen und Schweizer ganz gehörig beim Essen. So gaben die deutschen Konsumenten im Jahre 2000 nur noch 16% für Lebensmittel und Essen ausser Haus aus. Das sind etwa 50% weniger als 1962/63.

Die Pro-Kopf-Ausgaben für Lebensmittel gingen in der Schweiz in den letzten 25 Jahren von etwa 25% auf 7,5% der Gesamtausgaben zurück. Dafür stiegen die Ausgaben für Autos, Ferien und Unterhaltung. Es ist nicht verkehrt, wenn man zukünftig mehr in qualitativ wertvolle Lebensmittel investiert.

Frische ist gefragt

An einem regnerischen Oktobertag machte ich mich auf die Suche nach Frischware in einem Einkaufsmarkt. Scherzhaft meinte eine Bekannte, die zu jener Zeit Gemüse und Obst auf dem Wochenmarkt kaufte: *«Da wirst Du keine finden, am frischesten sind die Verkäuferinnen.»*

Ich liess mich nicht beirren und wollte unbedingt Frischware finden, denn der Einkaufsmarkt warb ja immer mit dem Spruch *«Frische und Qualität»*. Schon kurz nach dem Eingang wurde ich mit einer Riesenauswahl an Obst und Gemüse konfrontiert. Alles sah wunderschön und frisch aus. Dann entdeckte ich neben der jeweiligen Preisauszeichnung das Erzeugerland. Trauben, Radiccio, Karotten (Rüebli) kamen aus Italien, Pfifferlinge aus Polen, Paprika, Brokkoli und Tomaten aus Spanien, Strauchtomaten aus Belgien und Gurken aus Holland. Da wusste ich sofort, dass hier keine Frischware zu finden war.

Aber dann geschah das Unglaubliche. Etwas abseits der ausländischen Waren wurden Feldsalat (Nüsslisalat), Sellerie, Kartoffeln, Kohlarten, Rettiche, Rote Bete (Rande), Weisse Rüben, Baumnüsse, Birnen und Äpfel aus einheimischem Anbau präsentiert. War dies die gesuchte Frischware? In meiner Not wandte ich mich an den zufällig vorbeikommenden Marktleiter und wollte wissen, wann diese Produkte geerntet wurden. Er antwortete: *«Die meisten einheimischen Waren werden von unseren Vertragsbauern am Vortag geerntet und kommen am nächsten Tag in unseren Markt.»* Triumphierend zog ich mit meiner frischen «Beute» ab und klärte meine Bekannte auf. Sie erwiderte, da hätte ich Glück gehabt. In der Tat gibt es Verkaufsstellen, wo die Salatköpfe tagelang herumliegen und dahinwelken, oder es wird Frische vorgegaukelt, indem die Verkäufer die Salate mit Wasser besprühen und den braun gewordenen Strunk weiter zurückschneiden. Da ist schon so mancher auf diese Tricks hereingefallen.

Mein Vorschlag: Die Erzeuger und Verkäufer sollten verpflichtet werden, den Erntezeitpunkt der so genannten Frischware anzugeben.

Die Frische-Falle

Achtung vor verzehrfertig portionierter Frischkost aus dem Supermarkt! Im Angebot sind Obststücke in Schalen, Salate in Plastikbeuteln und Sushi. Bei falscher Lagerung, unsauberer Zubereitung und bei Unterbrechung der Kühlkette siedeln sich eine Unmenge von Bakterien an. Die *Stiftung Warentest* hat diese «Frischkost» näher unter die Lupe genommen. Hier die Ergebnisse: Von 19 Salatmischungen wurden 4 als «mangelhaft» und 13 als «ausreichend» bewertet.

Auch beim Kauf von Sushi sollte man Vorsicht walten lassen. Der Liebhaber von rohem Fisch weiss nicht, wie lange die Shushis unterwegs waren und ob die Kühlkette unterbrochen wurde oder nicht.

Tipp: Lebensmittelkontrolleure empfehlen, nur frisch gerollten Shusi im Fachgeschäft oder im japanischen Restaurant zu kaufen.

Wie die Zeitschrift *«Für Sie»* am 1. November 2004 berichtete, ist auch der aus einer maschinellen Presse gewonnene frische Orangensaft in Supermärkten und Säftebars oft bedenklich. Wenn die Maschine nicht gründlich gereinigt wird, können sich Bakterien einnisten, die in den Orangensaft gelangen. Des Weiteren kommen meist behandelte ganze Orangen zur Pressung. Und so ist es nicht verwunderlich, dass Pestizide ins Getränk gelangen.

Tipp: Pressen Sie den Orangensaft zu Hause aus unbehandelten Orangen selber aus.

Lebensmittel im Frischetest

In naher Zukunft wird es möglich sein, mit Hilfe eines Testgerätes die Frische von Obst und Gemüse festzustellen. Selbst die Umgebung, die ebenfalls auf die inneren Werte Einfluss hat, werden wahrgenommen. Der Apparat erkennt auch, ob ein Lebensmittel gentechnisch verändert wurde, ob es Schadstoffe enthält oder ob das Ei aus der Freilandhaltung oder aus der Legebatterie stammt. Das Gerät wurde vom Biophotonen-Forscher *Prof. Dr. Fritz-Albert Popp* entwickelt. Es beruht auf dem Effekt, dass jede pflanzliche oder tierische Zelle Licht speichern und auch aussenden kann. Je länger Obst oder Gemüse gelagert wurde, umso geringer ist die Lichtspeicherfähigkeit. Bei einem frischen Lebensmittel ist die

Lichtspeicherfähigkeit und Lichtabstrahlung besonders hoch. Marktreife Geräte zu einem annehmbaren Preis wird es erst in ein paar Jahren geben.
(Quelle: *Prof. Dr. Fritz-Albert Popp,* Institut für Biophysik in Neuss)

Genuss à la Saison

Wochenmärkte und Bauernläden sind hervorragende Einrichtungen zur Versorgung der Bevölkerung mit frischen Lebensmitteln. Manche Erzeuger laden auch zum «Selbstpflücken» ein. Die Gärtnerei *Berg* in Binzen D, ein seit über 30 Jahren biologisch-dynamisch bewirtschafteter Betrieb, bietet den Kursteilnehmern einen «Selbstpflückerpass» an. Die Geschulten können dann ihren Gemüse-, Kräuter- und Blumenbedarf direkt vom Beet weg pflücken.

Es gibt jedoch 2 Sorten von Händlern auf unseren Wochenmärkten. Die einen bieten nur saisonale Produkte an, während andere in Grossmärkten dazukaufen. Dann kommen auch ausländische Produkte in den Verkauf.

Nicht wenige Menschen, die auf den Markt stürmen, meinen, hier könnten sie alles kaufen. Sie registrieren nicht, dass eben die Produkte bestimmten Erntezeiten unterworfen sind. *«Die haben sich in den Kopf gesetzt, Tomaten im Februar zu kaufen, und dann müssen es auch Tomaten im Februar sein»*, meint *Otmar Binder,* Direktvermarkter auf Märkten in Freiburg und Hinterzarten.

Wie *Maikka Kost* in der *«Badischen Zeitung»* vom 17. Juli 2001 berichtete, wissen viele Leute gar nicht mehr, was wann und wo wächst. *Barbara Hering*, Leiterin des *Ernährungszentrums Südlicher Oberrhein* in Offenburg, machte folgende Erfahrung: *«Manche kennen nicht einmal die Namen der Gemüse, die es bei uns gibt.»* Auch stellte die Fachfrau ein Unwissen fest, wie man aus einheimischen Gemüsesorten leckere Mahlzeiten zubereitet.

Barbara Hering hat auch nichts gegen das Einfrieren, das wohl das schonendste Verfahren zur Haltbarmachung darstellt. Sie hält aber nichts davon, zu Weihnachten einen Kopfsalat zu kaufen. Dieser kommt aus dem Treibhaus, die Transportwege sind zu weit und der Preis zu hoch.

Der Wochenmarkt bietet noch mehr

Eine erfahrene Marktfrau gibt auch bereitwillig Ratschläge. So beobachtete ich kürzlich auf dem Lörracher Markt eine junge Frau, die Weisse Rüben kaufte. Als sie fragte, wie man diese zubereitet, bekam sie entsprechende Tipps. *«Nun kann ich mit ruhigem Gewissen meinem Mann ein Rübengericht vorsetzen»*, sagte sie zufrieden.

Oft ist es so, dass nicht die jungen Hausfrauen an der Unwissenheit schuld sind, sondern ihre Mütter und Grossmütter, die nach dem Motto kochten: *«Was der Bauer nicht kennt, das (kocht) isst er nicht!»* Dies kann ich aus eigener Erfahrung bestätigen. Früher gab es immer dieselben Gerichte und das jahrzehntelang. In der Küche war kein Platz für Experimente. Das vorhandene Repertoire galt als ausreichend.

Grosser Tumult beim Eierkauf

Im Kriegsjahr 1915 tauchte auf dem Lörracher Markt ein Mann auf, der viele Eier aufkaufte. Als er bereits 150 Stück in seinen Körben hatte, reagierten die Marktbesucher ziemlich unwirsch. Es war eine Zeit, in der bereits mittels Brotkarte der Nahrungsmittelkauf geregelt war. Einige resolute Frauen drängten schliesslich den Aufkäufer vehement und laut schimpfend vom Marktplatz weg. Ein Polizist, der zufällig des Weges kam, griff beherzt ein und klärte nach einer Befragung den Sachverhalt auf. Die Eier, die der Mann aufkaufte, waren nämlich für hungrige Patienten des dortigen Lazaretts bestimmt.
(Quelle: «Markt in Lörrach» von *Waldemar Lutz*, Verlag Waldemar Lutz, Lörrach 1978)

Der Markt ist aber noch mehr: Er ist beliebter Treffpunkt von Jung und Alt. Auf jedem Markt kann man oft die köstlichsten Geschichten über diese und jene Leute, über kleine und grosse Ereignisse, die Menschen beschäftigen, hören. Man muss nur die Ohren offen halten. Böse Zungen behaupten, ich würde besonders grosse Ohren haben; dies stimmt natürlich nicht, ich habe eher kleine.

Tipps beim Marktkauf

- Fragen Sie, woher die Waren kommen (dies gilt auch für Blumen!). Oder Sie orientieren sich nach den Schildern *«Aus eigenem Anbau», «Aus ökologischem Anbau»*.
- Achten Sie auf Qualitätsmerkmale. *Günter Rosskopf*, der 36 Jahre Chef im Restaurant *«Kranz»* in Lörrach war und immer seine Frischware auf dem Lörracher Wochenmarkt besorgte, empfiehlt beispielsweise beim Kauf von Nüsslisalat auf Folgendes zu achten: *«Der gute, feste Nüssli hat beim Kauen einen klar erkennbaren Nussgeschmack! Machen Sie am besten die Probe aufs Exempel. Es gibt nämlich Salate, die mit dem Urnüssli nichts mehr zu tun haben. Im Handel sind kleine Salatsträucher oder dünnblättrige kleine Röschen, auf welche Sie lieber verzichten sollten»*, so der Experte.
- Wenn Sie sich nicht sicher sind, welche Apfel- oder Birnensorte Ihnen zusagt, fragen Sie nach einer Kostprobe. Etliche Händler bieten Schnitze zum Probieren an.
- Fragen Sie beim Kauf von Eiern nach der Frische und nach dem Haltungssystem der Hühner.
- Bevorzugen Sie beim Kauf saisonale, einheimische Produkte.
- Wenn Sie alte Gemüsesorten kaufen, fragen Sie die Marktfrau nach Rezepten. Sie bekommen in der Regel bereitwillig Auskunft.

Essen ohne Risiko

Falsches Essverhalten ist Risikofaktor Nr. 1. Oft ist unsere Ernährung unausgewogen und kalorienreich. Auf Dauer können ernsthafte Krankheiten entstehen. Weitere Gesundheitsrisiken sind mangelnde Hygiene (krankheitserregende Mikroorganismen), natürliche Giftstoffe, Umweltkontaminationen, Rückstände und Lebensmittelzusatzstoffe. Betrachten wir einige unerwünschte Stoffe in unseren Lebensmitteln, die in letzter Zeit für Furore sorgten.

Hormonschnitzel und Antibiotika-Poulets

«Wieder Dioxin im Viehfutter», *«Nitrofen-Rückstände in Bio-Lebensmitteln»*, *«Gewürze mit Krebs erregenden Färbemitteln»*, *«Giftspritze ausser Kontrolle»* und *«Weitere krebserregende Olivenöle entdeckt»* – dies

waren nur einige Schlagzeilen der letzten Jahre. Die Berichte dokumentieren, dass immer wieder illegale und verbotene Substanzen dem Viehfutter und den Lebensmitteln beigemischt werden.

Wird ein Skandal aufgedeckt, reagiert der Verbraucher ziemlich aufgeschreckt und boykottiert die betreffenden Produkte. Er möchte schliesslich kein Hormonschnitzel, Antibiotika-Poulet oder keine Polenta aus genmanipuliertem Mais auf seinem Teller haben. Aber der Konsument hat oft ein kurzes Gedächtnis. Ebbt das Mediengeschrei ab, oder wird die Unbedenklichkeit des einen oder anderen Stoffs vonseiten der Behörden bestätigt, wird wieder kritiklos drauflos gekauft. Oft höre ich dann: *«Es war doch alles nicht so schlimm. Es wurden ja die duldbaren Höchstmengen, die ein Lebensmittel enthalten darf, eingehalten.»* Anders sieht es jedoch bei einigen ausländischen Produkten aus; da wurden die Höchstmengen eindeutig überschritten. So war es mit Paprika (Pestiziden) und Olivenöl (polyzyklische aromatische Kohlenwasserstoffe) aus Spanien, Chili-Erzeugnissen (Krebs erregende Färbemittel) aus Indien oder Paprikapulver aus Ungarn. Das Aflatoxin-haltige Paprikapulver aus Ungarn wurde wahrscheinlich mit einheimischen und ausländischen Produkten gemischt.

Oder ein anderes Beispiel: In gewissen Ländern sind Hormone zu Mastzwecken zugelassen. Da bekommt der Konsument eine Portion mit seinem Schnitzel geliefert. In der Schweiz sind Hormone zu Mastzwecken nicht erlaubt. Importfleisch, bei dessen Produktion Hormone zur Anwendung kamen, muss seit 1.1.2000 in der Schweiz deklariert werden. Die Deklaration nach Angaben des Bundesamts für Gesundheit (BAG) lautet: *«Kann mit Hormonen als Leistungsförderer erzeugt worden sein» und/oder «kann mit Antibiotika und/oder anderen antimikrobiellen Leistungsförderern erzeugt worden sein.»*

Auch die Schweiz hatte in der Vergangenheit mit Skandalen zu tun, meist waren es «importierte». Hier einige Beispiele: spanisches Olivenöl mit Anilin, österreichischer Wein mit Diethylenglykol, Quecksilber in Tomatenpüree, Bromessigsäure in Bier, Jodessigsäure in Schaumwein, Diethylenglykol in Verpackungsfolien, Spritzmittel auf italienischen Tomaten, vergiftete Bohnenkonserven aus Holland und Aflatoxine in Feigen. Alle diese Stoffe hat allein das Kantonale Laboratorium in St. Gallen entdeckt.

Dioxin im Viehfutter

Nehmen wir einmal das Dioxin im Viehfutter. Obschon Kaolin-Tonerde als Dioxinquelle bekannt ist, wird dieses Mittel bei der Sortierung der Kartoffeln für die Pommesproduktion eingesetzt. Kaolin verändert die Dichte von Wasser, Kartoffeln minderer Qualität schwimmen nach oben, die besseren, für diese Produktion geeignete, sinken dagegen ab. Die «schlechten» Kartoffeln und die Kartoffelschalen aus der Produktion bekommt dann das liebe Vieh zu fressen. Und dieses Viehfutter enthält noch eine ganze Menge des Trennmittels. Und zu guter Letzt ist der Mensch der Schadstoffsammler, indem er Fleisch oder Milch von so gefütterten Tieren konsumiert.

Bei dem im Herbst 2004 aufgedeckten Skandal wurde das Futtermittel aus einem niederländischen Betrieb an über 200 Mastbetriebe geliefert. Der Skandal flog auf, als niederländische Behörden Dioxin in Milch feststellten.

Wie gefährlich ist das Acrylamid?

Liebhaber von Kartoffelchips, Pommes frites, Kaffee, Keksen und Kräckern, Knäckebrot, gerösteten Frühstücks-Cerealien waren gehörig schockiert, als sie von einer neuen Gefahr hörten. Da war es mit dem guten Appetit auf solche Speisen vorbei. Schwedische Lebensmittelchemiker entdeckten erstmalig in stärkehaltigen und erhitzten Produkten Acrylamid. Das konnte doch nur eine Fehlinterpretation sein. Aber bald darauf bestätigten Fachleute in anderen europäischen Ländern die Ergebnisse aus Schweden.

Acrylamid bildet sich aus Zucker (Baustein der Stärke) und der Aminosäure Asparagin bei Temperaturen von über 120 °C. Bei Temperaturen von über 175 °C steigt der Gehalt stark an. Unerhitzte oder gekochte, gedämpfte oder gedünstete Speisen sind frei von Acrylamid.

Das wasserlösliche Acrylamid wird vom Körper gut aufgenommen.

Es soll nerventoxische und Erbgut schädigende Wirkungen auslösen. Die Krebsrate ist erhöht. Alle diese Wirkungen wurden im Tierversuch ermittelt. Und Tierversuche sind so eine Sache. Die Tiere bekommen bei solchen Versuchen grosse Mengen des Stoffs in ihr Futter. Und so kann es vorkommen, dass sonst harmlose Stoffe, wenn sie aus dem natürlichen Zusammenhang gerissen wurden, plötzlich als giftig gelten. *«Ausserdem sind Ratten keine Menschen und haben nicht genau denselben Metabolismus»*, betonte *«Schrot&Korn»* (2003-10). Inzwischen vorgenommene Kontrollstudien beim Menschen zeigten bisher keine Zunahme an Tumoren.

Der aktuelle Stand der wissenschaftlichen Erkenntnis über Acrylamid sowie andere unerwünschte Stoffe kann auf den Webseiten des *BAG* (www.bag.admin.ch) und des *aid-Infodienstes* (www.was-wir-essen.de) nachgelesen werden.

Solange Acrylamid nicht als ungefährlich gilt, sollten wir zumindest die Empfehlungen der *WHO*, die eine zulässige Höchstmenge für Menschen (1 Mikrogramm/Tag/kg Körpergewicht) vorschlug, einhalten.

Inzwischen gingen die Hersteller dazu über, schonende Verfahren für die Herstellung der erwähnten Produkte einzusetzen, um den Acrylamid-Gehalt zu minimieren. So konnte der Gehalt an Acrylamid im Vollrohrzucker von 2700 auf 200 Mikrogramm gesenkt werden. Ein Schweizer Lebensmittelkonzern produziert jetzt seine Chips unter Vakuum. Die Chips enthalten nur noch 46 Mikrogramm pro Kilo. Vor der Umstellung waren noch 600–800 Mikrogramm in den Chips.

Moderne Lebensmittelkontrolle

Dank ausgeklügelter Trennverfahren und sehr genauer Analytik ist es heute möglich, Substanzen im Bereich ppm und ppb nachzuweisen. Um dies zu verdeutlichen, 2 Beispiele: Der Nachweis eines Roggenkorns in einem Sack Weizen von 50 kg (= etwa 1 Million Körner) entspricht der Nachweisgenauigkeit von 1 ppm.
Quelle: Kantonales Laboratorium, St. Gallen.

Giftspritze ausser Kontrolle?

Leider gibt es unter den Landwirten schwarze Schafe, die verbotene Mittel – besonders Pestizide – im Ausland aufkaufen und anwenden. Es gibt inzwischen einen gut florierenden und illegalen Online-Handel (s. *«UGB-Forum»*, 2003-05). Schätzungsweise rund 30% der in Deutschland ausgebrachten Pestizide sind illegal importiert.

Die Giftstoffe kommen auf die Felder; der Wind trägt sie weiter, dann gelangen sie in die Flüsse und ins Meer. Laut den *Pesticide Monitoring Reports* der EU-Kommission sollen bereits 40% der konventionell erzeugten Nahrungsmittel Pestizid-Belastungen aufweisen.

Dass auch ökologisch erzeugte Produkte nicht frei von Pestiziden sind, beweist der Nitrofen-Skandal. Die höchsten Belastungen wurden in Öko-Putenfleisch und niedrigere Werte in Öko-Eiern festgestellt. Ursache war die Verfütterung von kontaminierten Futtermitteln (Futterweizen). Des Weiteren können durch den Wind Pestizide auf benachbarte ökologisch bewirtschaftete Felder getragen werden. Über den Regen kommen diese Schadstoffe auch in das Trinkwasser. So benötigt beispielsweise jeder 20. Trinkwasserbrunnen in Bayern eine Sondergenehmigung und ein Sanierungsprogramm. Grund: Im Wasser dieser Brunnen wurden erhöhte Mengen an Atrazin, das 1991 verboten wurde, ermittelt. In Deutschland geraten jährlich etwa 30 Tonnen Pestizide in Flüsse und Seen.

Giftiger Cocktail

199 Pestizide wurden zwischen 1997 und 2001 im Wasser und in Nahrungsmitteln festgestellt. Nur 58 waren in Deutschland zugelassen. 10 gelten als extrem giftig, 19 als giftig oder sehr giftig. 3 Substanzen sind wahrscheinlich und 19 möglicherweise kanzerogen. 21 weitere stehen im Verdacht, das Hormonsystem zu beeinflussen.

Quelle: «Giftspritze ausser Kontrolle» von Florian Schöne und Andreas Schlumberger, «UGB-Forum», 5/2003.

Die «Oldies» unter den Schadstoffen

«Essen ist immer ein Risiko» – dies vermeldeten Experten auf der Frühjahrstagung 2003 des UGB in Giessen vor 320 Teilnehmern. Es wurde darauf hingewiesen, dass einerseits durch strenge Kontrollen und Gesetze bestimmte Stoffe vermindert wurden, anderseits aber auch neue Gefahren entdeckt werden. Zu den neuen Stoffen zählt das Acrylamid, das beim Backen, Braten und Frittieren gebildet wird. Durch entsprechende Zubereitungsverfahren gelingt es, die Acrylamid-Aufnahme zu reduzieren.

Bei den «Oldies» unter den Schadstoffen wie DDT oder PCB gingen die Belastungen aufgrund gesetzlicher Verordnungen um 30–40% zurück. Dafür sind Zunahmen bei Moschusduftstoffen, Weichmachern oder Flammschutzmitteln zu erwarten. Über die Giftigkeit dieser Stoffe liegen bis jetzt noch keine eindeutigen Ergebnisse vor.

Allergien auf dem Vormarsch

Auf derselben Tagung wurde bemerkt, dass Kinder immer öfters unter Allergien und ADS (Aufmerksamkeitsdefizit-Syndrom) leiden. 70% der Kinder mit ADS zeigen allergische Symptome, wie die Psychologin *Christa Müller* bemerkte. Durch eine allergenarme Diät ist es möglich, ADS zu bessern. Es wurde darauf hingewiesen, dass auch die Toleranzfähigkeit des Körpers eine Rolle spielt. Diese werde gestärkt, wenn Kinder auf dem Land und in der Nähe eines Tierstalles aufwachsen.

Keine bedenklichen Konzentrationen im Blut

Laut der Giessener Vollwert-Studie wurden keine gesundheitlich bedenklichen Konzentrationen von Schadstoffen im Blut gefunden. Vollwertköstler, die einen hohen Anteil an pflanzlichen Lebensmitteln aufnehmen, hatten höhere Werte an Cadmium, während Mischköstler höhere Werte bei Hexachlorbenzol (HCB) auf Grund des Verzehrs von Fleisch, Wurst, Fisch, Alkohol und Schalentieren aufwiesen. Alle Werte lagen unter den gesetzlichen Grenzwerten.

Natürliche Gifte in Lebensmitteln

Wohl nur wenige Menschen wissen, dass unsere naturbelassenen Lebensmittel nicht frei von Schadstoffen sind. Diese Giftstoffe können pflanzlicher oder auch tierischer Herkunft sein. Beispiele hierfür sind das in den bitteren Mandeln enthaltene Amygdalin, die in Hülsenfrüchten vorkommenden Lektine, das Myristicin in Muskatnüssen, die Oxalsäure in Rhabarber, das Solanin in grünen Kartoffeln, ferner Giftstoffe in manchen Muscheln und Pilzen. Durch Besiedlung der Lebensmittel mit bestimmten Mikroorganismen, insbesondere Schimmelpilzen, können sich ebenfalls giftige Stoffe (Mykotoxine) bilden.

Tipps zur Minimierung von Schadstoffen

- Bio-Lebensmittel bevorzugen. Sie enthalten keine oder nur geringe Mengen Schadstoffe (z. B. Pestizide und Nitrat) im Vergleich zu konventionell erzeugten Lebensmitteln.
- Verschimmelte Lebensmittel nicht verzehren. Die mit ausgesuchten Edelschimmelpilzen beimpften Käsesorten (Roquefort, Gorgonzola, Camembert, Briekäse) können dagegen genossen werden.
- Getreide von Mühlen beziehen oder in Geschäften kaufen, die Mühlenprodukte feilbieten. Getreide, das direkt vom Landwirt kommt, auf Mutterkorn untersuchen.
- Keine bitteren Mandeln essen. Holunderbeeren nicht roh verzehren.
- Wenig Räucherwaren und gepökelte Produkte essen.
- Beim Grillieren (Grillen in D) von Fleisch Vertikal-Grillgeräte benutzen.
- Keine gewölbten oder beschädigten Konserven kaufen. Inhalt von Einmachgläsern wegwerfen, wenn der Deckel sich leicht abheben lässt.
- Fisch und Fleisch schonend zubereiten.
- Nitratreiche Salate und Gemüse saisonal verwenden und nicht zu oft konsumieren. Freilandsalate bevorzugen. Nitratreiche Stiele, Blattrippen und die äusseren Blätter entfernen.

- Trinken Sie zu nitrat- oder nitritreichen Speisen ein Glas Orangensaft. Salate mit Zitronensaft zubereiten.
- Pökelwaren nicht braten oder grillieren (verstärkte Nitrosaminbildung).
- Oxalsäurehaltige Lebensmittel nicht zu oft verzehren.
- Rohe grüne Bohnen nicht essen. Durch Kochen wird das Phasin inaktiviert. Keimlinge aus Hülsenfrüchten blanchieren.
- Unreife Tomaten nicht verzehren.
- Küchenhygiene einhalten und richtige Konservierungsverfahren anwenden.
- Pommes frites, Toastbrot, Brötchen und andere stärkehaltigen Produkte nicht zu sehr erhitzen. Beim Frittieren die Temperatur von 175 °C nicht überschreiten (Frittiergut nur «vergolden»).
  Beim Backen mit Ober- und Unterhitze 200 °C, mit Umluft 180 °C nicht überschreiten. Gekochte Kartoffeln («Gschwellti») sind frei von Acrylamid.
- Bratkartoffeln, Reibekuchen, Rösti, Pfannkuchen aus der Pfanne nur zart gebräunt essen.

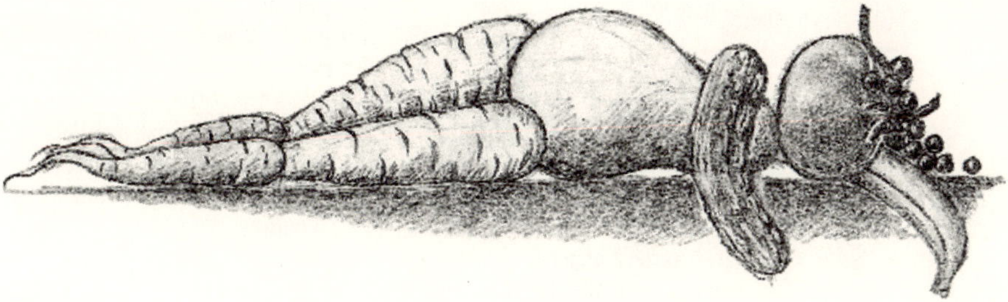

Schadstoffe in Lebensmitteln von A – Z

Tabelle 1: Schadstoffe in Lebensmitteln von A–Z

Schadstoff	Vorkommen	Wirkungen
Acrylamid	Entsteht bei Erhitzung von kohlenhydratreichen Nahrungsmitteln	Krebs erregend, erbgutverändernd, nervenschädigend
Aflatoxine	Nüsse, Gewürze, Milch	Krebs erregend
Anabolika	Früher in Mastfutter; in Tierarzneimitteln erlaubt	Krebs erregend (Diethylstilböstrol)
Antimikrobiell wirksame Substanzen (Antibiotika, Sulfonamide)	Futterzusatzstoffe (Rückstände in Lebensmitteln)	Es bilden sich resistente Bakterienstämme
Benz(a)pyren (s. auch unter PAK)	Entsteht beim Grillen über offenem, rauchendem Feuer	Krebs erregend
Biogene Amine	Sauerkraut, Rohwurst, bestimmte Rotweine, Fisch (Histaminbildung bei Fisch deutet auf Verderb hin)	Bei Einnahme von Psychopharmaka und bei Leberfunktionsstörungen kann der Abbau gestört sein. Vergiftungserscheinungen sind Kreislaufbeschwerden, Kopfschmerzen und Durchfälle

Schadstoff	Vorkommen	Wirkungen
Blausäurehaltige Glykoside	Kirsch-, Pflaumen-, Pfirsich-, Aprikosen-, Äpfel-, Birnenkerne, Bittermandeln, Cassava, Zuckerhirse, Süsskartoffeln, Bambussprossen, Leinsamen	Intaktes Glykosid ist nicht giftig, Darmbakterien können Blausäure freisetzen, Zubereitungsmethoden verhindern die Aufspaltung. Blausäure hemmt die eisenhaltigen Atmungsenzyme, Folge ist eine Blockierung der inneren Atmung
Blei	Obst, oberirdisch wachsende Gemüsearten, Innereien, Trinkwasser, verunreinigte Futtermittel, Keramikgefässe mit bleihaltigen Glasuren, älteres Zinngeschirr und Konservendosen mit Lötnähten	Kolikartige Bauchschmerzen, Verstopfung, Blutarmut; Blei schadet Nerven und vermindert Intelligenz bei Kindern
Botulinus-Gifte	Nicht fachgerecht gepökelte und geräucherte Fleisch- und Wurstwaren, unzureichend gesäuerte Fischwaren, unzureichend erhitzte Gemüse- und Obstkonserven.	Übelkeit, Kopfschmerzen, Doppeltsehen, später zeigen sich Schluck-, Sprachstörungen, Blasen-, Darm- und Atemlähmung.
Cadmium	Industrielle Abgase, Düngemittel, Wildpilze, Spinat, Sellerie, Leinsamen, Innereien	Chronische Vergiftung: Nasenschleimhautentzündung, Minderung der Geruchswahrnehmung, Ausscheidung von Eiweiss mit dem Harn, Knochenschmerzen, Ausbildung einer Osteoporose oder Osteomalazie
Campylobacter	Geflügelfleisch, Geflügel-Innereien, Rohmilch, Trinkwasser	Durchfall, Fieber, Erbrechen
Cumarin	Waldmeister	Gegenspieler von Vitamin K, hemmt die Bildung von Gerinnungsfaktoren; leberschädigend bei chronischer Zufuhr
Dioxine	Hauptquelle: Verbrennungsprozesse. Dioxine gelangen in die Böden, in die Gewässer und lagern sich auf Pflanzen ab. Konzentrieren sich im Körperfett von Schlachttieren. Über Milch, Fleisch, Fisch und Eier kommen die Dioxine in den menschlichen Körper und in die Muttermilch	Leberschädigung, Schädigung des Zentralnerven-, Hormon- und Immunsystems, Krebs erregend (laut WHO)

Schadstoff	Vorkommen	Wirkungen
Glycyrrhizin	Wurzeln von Süssholzpflanzen, Lakritze; auch in Kaugummi, Kräutertee oder alkoholischen Getränken (z.B. Pastis)	Geringe Dosen: schleimlösend, positiver Einfluss auf Magengeschwüre und den Verlauf von chronischer Hepatitis. Höhere Dosen: Erhöhung des Blutdrucks, führt zu Ödemen, Kopfschmerzen, Schwindel
Heterozyklische aromatische Amine	Fleisch und Fisch (beim längeren Braten)	Krebs erregend, erbgutschädigend
Histamin (s.a. Biogene Amine)	Fisch (beim Verderb), verdorbene Sardellen, Makrelen und verdorbener Thunfisch	Hautrötungen, Quaddelbildung, Kopfschmerzen, Übelkeit, Erbrechen, Durchfälle, Atemnot
Lektine	Hülsenfrüchte, Sojabohne, Feuerbohne, grüne Bohnen (Phasin). Kochen oder Blanchieren zerstört die Lektine	Darmentzündung, Zerstörung des Darmepithels, Ödeme, Zusammenkleben von roten Blutkörperchen
Mutterkornalkaloide	Getreide, Brot	Halluzinationen, Muskelkrämpfe
Mykotoxine (Stoffwechselprodukte von Schimmelpilzen)	Verschimmelte Futtermittel (Gifte gelangen in den tierischen und menschlichen Körper), Getreideprodukte, Feigen, Nüsse, Pistazien, Gewürze können Mykotoxine enthalten	Leber- und Nierenschäden, Schwächung des Immunsystems
Myristicin	Muskatnüsse, Öl von Dillkraut, Petersilienfrüchte	Orientierungsstörungen, Halluzinationen, Blutdruckschwankungen
Nitrat	Blattsalate, Spinat, Rote Bete (Rande), Radieschen, Rettich, Gemüsefenchel, Kohlarten, Mangold, Trinkwasser	Wirkt nicht toxisch. Es wird schädlich, wenn Nitrat durch Bakterien in Nitrit umgewandelt wird. Und aus Nitrit können Nitrosamine entstehen, die Kanzerogene darstellen
Nitrit	Gepökelte Fleischwaren (Salami, roher Schinken, Kasseler)	Besonders für den Säugling schädlich. Nitrit blockiert das Hämoglobin (es entsteht die «Blausucht»). Aus Nitrit entstehen durch Reaktion mit sekundären Aminen die Nitrosamine

Schadstoff	Vorkommen	Wirkung
Nitrosamine	Im Magen aus Nitrit und Eiweiss, beim Räuchern von Lebensmitteln und beim Pökeln von Fleisch. Vorkommen auch im Bier (Quelle: Trocknen von Malz, verbesserte Herstellungsverfahren haben den Gehalt inzwischen gesenkt)	Krebs erregend (Vitamin C kann die Nitrosamin-Bildung im Magen unterbinden)
Oxalsäure	Spinat, Mangold, Rhabarber, Rote Bete (Rande), Kakao	Beeinflussung der Kalzium-Resorption, Nierensteinbildung (Oxalatsteine)
Pestizide (Gegen Insekten: Insektizide, gegen Pilzkrankheiten: Fungizide, gegen Beikraut: Herbizide). DDT und HCB (Hexachlorbenzol) sind verboten, weil sie schwer abbaubar sind und sich in der Umwelt anreichern.	Lebensmittel, Trinkwasser. (Das Pflanzenschutzgesetz regelt den Einsatz von Pestiziden. Die erlaubte Rückstandsmenge in Lebensmitteln ist gesetzlich geregelt)	Einige sind möglicherweise Krebs erregend. Studie: Landwirte, die in den USA Methylbromid verwendeten, hatten eine 14fach höhere Prostatakrebsrate. Einige Pestizide stehen unter Verdacht, das Hormonsystem zu beeinflussen
Phasin	s. u. Lektine	
Phytinsäure	Randschichten von Getreide, Kleie, Hülsenfrüchte	Positive Wirkung: beugt Krebserkrankungen vor, senkt Blutzucker- und Cholesterinspiegel. Negative Wirkung: bindet Kalzium, Magnesium, Eisen und Zink. Durch Keimen von Getreide und Hülsenfrüchten, Quellen, «Gehen lassen» von Hefe- und Sauerteig wird die Bindung der Mineralstoffe an Phytinsäure (Phytate) gespalten
Pilzgifte	In Europa gibt es 160 giftige und giftverdächtige Pilze	Anteil von Pilzvergiftungen an allen Vergiftungsfällen: etwa 3%. Symptome: u. a. Übelkeit, Brechdurchfall, Krampfanfälle, Verwirrtheit

Schadstoff	Vorkommen	Wirkung
Polyziklische aromatische Kohlenwasserstoffe (PAK)	Grillieren und Räuchern von Lebensmitteln, Oliventresteröle	Krebs erregend
Protease-Inhibitoren	Hülsenfrüchte	Positive Wirkung: Eventuell Krebsschutz, Regulation des Blutzuckerspiegels. Negative Wirkung: Hemmung der Eiweissspaltung im Verdauungstrakt. Es kommt zu Durchfall und Erbrechen
Quecksilber	Fische, Wildpilze	Erbgutveränderung, schädigen das Zentrale Nervensystem
Radionuklide	Pflanzliche und tierische Lebensmittel (Wild, Wildpilze und Wildbeeren aus bestimmten Gegenden)	Erbgutschädigungen, Krebs erregend
Salmonellen	Geflügel, Eier, Hackfleisch, Fleischwaren, Fleischsalat	Fieber, Kopfschmerzen, Übelkeit, Erbrechen, Durchfall, Gliederschmerzen
Saponine	Spinat, Rote Bete (Rande), Spargel, Sojabohnen, Hülsenfrüchte.	Positive Wirkung: Senkung des Cholesterinspiegels, Saponine wirken antibakteriell, krebsvorbeugend. Negative Wirkung: Störungen im Magen-Darm-Bereich (bei Aufnahme von grösseren Mengen Bucheckern)
Saxitoxin	Muscheln, Austern, Krabbenarten	Muskelstarre, Lähmung der Extremitäten bis zur Atemlähmung
Solanin	Grüne Beeren, grüne Tomaten, Kartoffelkeime, grüne Kartoffeln	Kopfschmerzen, Fieber, Erbrechen, Seh- und Hörstörungen (toxische Menge: 25 mg)
Staphylokokken-Gifte	Fleisch, Wurstwaren, Eiersalat, Majonäse, Kartoffelsalat, Tortenfüllungen, Cremes, Nudeln, Reis, Sossen, Käse, Fertiggerichte (bei mangelnder Hygiene!)	Übelkeit, Erbrechen, Durchfall
Zink	Saure Speisen und Getränke in Zinkgefässen oder galvanisch verzinkten Behältern	Übelkeit, Erbrechen, Kopfschmerzen, Kreislaufstörungen, Durchfall

BSE: Der Wahnsinn mit dem Rind

«Würden wir eine Ochsenherde mit Tauben füttern, bekämen wir eine ganz verrückte Ochsenherde.» Dieser prophetische Ausspruch *Rudolf Steiners* (1861–1925) ist heute im Zeitalter von BSE (*Bovine Spongiforme Enzephalopathie*, also *«schwammartige Hirnkrankheit bei Rindern»*, auch *«Rinderwahnsinn»* genannt) aktueller denn je. Es ist heller Wahnsinn, wenn Vegetariern unter den Tieren Kannibalismus aufgezwungen wird, und sie Futter (Tiermehl!) vorgesetzt bekommen, das ihrer Veranlagung zuwiderläuft. Ein weiterer Skandal folgte auf dem Fuss: Es wurden die ersten BSE-Meldungen negiert, warnende Wissenschaftler «in die Wüste geschickt», Gefahren heruntergespielt, und viel zu lasch kontrolliert. Kostendruck, Lügen, Täuschungen und Verharmlosung bahnten der Seuche den Weg. Vor BSE war *«Fleisch ein Stück Lebenskraft»*, ein Steak eine genussvolle Sache. Dies wurde nach Bekanntwerden des BSE-Skandals etwas anders. Auf der einen Seite

konsumierten die Leute zwar weiterhin ohne Bedenken ihr Rindersteak, achteten vielleicht eher auf die Herkunft des Nahrungsmittels, anderseits wurden viele zu Krisen-Vegetariern. Laut einer *«Focus»*-Umfrage aus dem Jahr 2001 verzichteten 41 % der Verbraucher auf Rindfleisch und 9 % auf Wurstwaren. Vor 20 Jahren waren nur 0,6 % Vegetarier, und nach den BSE-Vorfällen lehnten 7 bis 10 % der Leute Fleischkost ab.

Dr. Iwer Diedrichsen, Ernährungspsychologe an der Universität Hohenheim, ist der Meinung, dass jeder Skandal irgendwann in Vergessenheit gerate und viele wieder zu den Fleischtöpfen zurückkehren würden. Insgesamt dürfte der Verbraucher jedoch sensibilisiert sein und in Zukunft ein sehr wachsames Auge auf Herkunft und Qualität der Lebensmittel legen. Es bleibt zu hoffen, dass wir von den Agrarfabriken wegkommen und zu einer umweltfreundlichen, natürlichen Landwirtschaft mit artgerechter Tierhaltung zurückfinden werden. Eine Agrarwende ist jedoch nur durch eine Konsumwende möglich. Billiges Fleisch ist nur durch Verfütterung von billigem Tiermehl, Antibiotika und Hormonspritzen in Agrarfabriken erzeugbar. *«Bio-Fleisch»*, das ein Höchstmass an Sicherheit bietet, wird dann auf jeden Fall seinen Preis haben.

«Fabelhafte» Mast- und Milchleistung

Die ersten Fälle von BSE wurden 1985 in England beobachtet. Wie Recherchen ergaben, erhielten die Rinder Futter, das tierische Proteine enthielt. Bei der Herstellung wurden auch Tierkadaver von Schafen, die an der Traberkrankheit (Scrapie) gelitten hatten, verarbeitet. Ausserdem wurde das Tiermehl ungenügend erhitzt. Die Bauern waren von diesem «fabelhaften» und billigen Futter begeistert. Die Tiere legten beträchtlich an Gewicht zu, und die Kühe lieferten mehr Milch. Aber bald kam das böse Erwachen. Die Rinder wurden innerhalb von 5 bis 7 Jahren krank. Sie waren ungewöhnlich aggressiv und litten unter Störungen ihrer Körperbewegungen. Die Tiere stürzten ständig. Nach wenigen Monaten starben die Tiere. Als weitere Fälle auftraten, wurden die Kadaver im *Central Laboratory in Weybridge* bei London untersucht. Im Gehirn der Tiere entdeckten die Wissenschaftler einen massenhaften Untergang von Nervenzellen. Das Gehirngewebe sah aus wie ein Schwamm.

Bei den Krankheitserregern handelte es sich *nicht* um Bakterien oder Viren, sondern um körpereigene Eiweisse, die sich erheblich strukturell verändert hatten. Diese Erreger wurden als *Prionen* bezeichnet. Die Prionen unterscheiden sich von Viren und Bakterien. Prionen sind unglaublich stabil. Sie sind resistent gegen Hitze (keine Inaktivierung bei 100 °C) und Desinfektionsmittel. Die Prionen sind auch schwer biologisch abbaubar.

BSE wird auch vom infizierten Muttertier auf das Kalb übertragen. Inzwischen weiss man, dass BSE auch auf weitere Tiere übertragen wird.

Auch auf den Menschen übertragbar

1996 wurde der Verdacht geäussert, dass die Prionen beim Verzehr kontaminierten Rindfleisches (z.B. mit dem Risikomaterial Hirn vermischt mit Hackfleisch) auf den Menschen übertragen werden könnte. Inzwischen hat sich dies bestätigt. Die Menschen erkranken an einer Sonderform der *Creutzfeldt-Jakob-Krankheit* (vCJD). Es handelt sich hier um eine Erkrankung des zentralen Nervensystems mit fortschreitender Demenz. Im Gegensatz zur klassischen Form der Krankheit sind bei vCJD (BSE-Form) junge Patienten mit einem Durchschnittsalter von 29 Jahren betroffen. Zu Beginn der Krankheit zeigen sich noch keine geistigen Abbauvorgänge, sondern eher psychiatrische Symptome. Die klinische Phase (vom Ausbruch der Symptome bis zum Tod) beträgt 16 Monate. Es gibt auch Patienten mit einer kürzeren (9 Monate) und einer längeren (36 Monate) Phase. Ausserdem sind bei der BSE-Form Gehirnzellveränderungen, ähnlich wie bei den BSE-Rindern, zu sehen.

Essen Sie ein BSE-Steak, Herr Couchepin?

Lilo Steffen, Vizepräsidentin des Konsumentenforums, war in einer Medienmitteilung vom 17. Februar 2001 die Urheberin der obigen Schlagzeile. Der Schweizer Bundesrat hatte nämlich behauptet, Muskelfleisch von BSE-Rindern seien für den Menschen «risikolos». In- und ausländisches Fleisch könne der Konsument ohne Bedenken essen. *«Der Konsument ängstigt sich ohne Grund und deshalb muss der Bund jetzt mit Steuergeldern die Vermarktung von Rindfleisch fördern»*, so die Verlautbarung. Da wird das Rind doch in der Pfanne verrückt! Das Konsumentenforum fordert keine Besänftigung, sondern Massnahmen zur Ursachenbekämpfung. *«Der Konsument will Sicherheit und keine Staatswerbung. Dazu braucht es flächendeckende BSE-Tests»*, so *Lilo Steffen*.

Inzwischen werden BSE-Tests überall durchgeführt. Das Fleisch von als positiv getesteten Tieren kommt nicht in den Handel. Bei sämtlichen geschlachteten Tieren werden konsequent die Risikoorgane aus dem Lebensmittelkreislauf entfernt.

Tipps und Infos für den Verbraucher

- Rindfleisch-Etikettierung überprüfen: Laut *Verbraucherzentrale Baden Württemberg* war die Umsetzung und Kontrolle gesetzlicher Vorschriften bis Ende 2003 noch mangelhaft. Die Verbraucherzentrale fordert eine korrekte Etikettierung, ferner sollte der Handel *«im Interesse der Kunden freiwillige Angaben zu Qualität, (regionaler) Herkunft, Mast und Tierkategorie machen»*.
- Reines Muskelfleisch vom Rind soll keine nachteiligen Auswirkungen auf die Gesundheit haben. Nach dem derzeitigen Wissensstand braucht man nicht auf ein Steak zu verzichten. Wer trotzdem zu den vorsichtigen Naturen zählt, sollte Fleisch dort kaufen, wo die unter dem vorgehenden Punkt aufgeführten Kriterien erfüllt sind.
  Alternative: Rindfleisch aus kontrolliert ökologischer Tierhaltung (hier war die Tiermehlfütterung schon immer ausgeschlossen).
- Übrigens enthalten bei einem infizierten Rind Hirn, Augen, Mandeln, Milz, Rückenmark die höchsten Konzentrationen an Prionen. Diese Teile müssen nach der Schlachtung vernichtet werden.
- Qualität hat ihren Preis. Lieber weniger Fleisch essen, dafür beste Qualität. Billige Produkte aus dem Ausland nicht kaufen. Auf Billighähnchen aus China oder günstige Fische aus überfischten Ozeanen verzichten.
  (Quelle: Konsumentenforum, Schweiz).
- Für die Gelatine, die zu 90% aus Schweinehäuten und Schweineschwarten und zu 10% aus Rinderbestandteilen gewonnen wird, gibt es Alternativen: Geliermittel pflanzlichen Ursprungs (z.B. Pektin, Carrageen, Johannisbrotkernmehl). Gelatine findet

sich in Gummibärchen, Joghurt und Fertig-Süssspeisen. Achten Sie vermehrt auf die Zutatenliste.
Die Gelatine-Hersteller betonen, dass durch strenge Kontrollen und aggressive Produktionsprozesse keine Übertragung von Prionen möglich ist.

- Rinderbouillon durch pflanzliche Brühe ersetzen.
- Nach dem derzeitigen Stand der Wissenschaft stellt der Verzehr von Milch und Milchprodukten (Käse, Quark, Joghurt) kein Gesundheitsrisiko dar.
  Milch darf von an BSE erkrankten Tieren nicht für die tierische und menschliche Ernährung verwendet werden.

Bessere Lebensmittel durch Gentechnik?

Das Jahr 2004 war kein gutes Jahr für die übermächtigen Gentechnik-Konzerne. Die zu erwartenden riesigen Umsätze blieben aus, weil der Verbraucher aufmuckte und die Gen-Produkte ablehnte. Aber auch die

Lobbyarbeit der Umwelt- und Bio-Verbände und die neuen Kennzeichnungsregeln der Europäer waren den Konzernbossen ein Dorn im Auge. Sie verstanden die Welt nicht mehr, versuchten sie doch mit einem Millionenaufwand den Verbraucher positiv zu stimmen. Aber überall stiessen sie auf Ablehnung.
72 % der Deutschen, das ergab eine Umfrage der *Wickert Institute*, möchten keine Genprodukte auf dem Teller haben, und 70 % der Bauern lehnten genmanipuliertes Saatgut ab. In der Schweiz sind ähnliche Tendenzen zu beobachten. Eine Umfrage des Forschungsinstituts *GfS* im Juni 2003 ergab, dass 67 % der Befragten eine Anwendung der Gentechnologie in der Landwirtschaft ablehnten. Nur 20 % konnten sich für diese Technologie erwärmen, und 13 % hatten keine Meinung.

Aber eine Firma, die genmanipuliertes Saatgut produziert, fand einen Ausweg. *Syngenta* verlegte die Forschungsabteilung von Grossbritannien in die Vereinigten Staaten. Dort kann die Firma ihren genmanipulierten Bt11-Dosenmais ohne Einschränkung verkaufen. *«Wir gehen dorthin, wo die Märkte sind»*, meinte lapidar ein Syngenta-Sprecher.

Die schöne Welt der Gentechniker

Die Gentechniker wollen nicht nur viel verdienen, sondern auch die Welt verändern. Sie fühlen sich als kreative «Schöpfer». Sie haben edle Ziele und verstehen partout nicht, warum es immer mehr Kritiker und Warner gibt. Schliesslich kämpfen sie doch für bessere, sicherere und gesündere Lebensmittel, entwickeln Rezepte gegen Hunger und Unterernährung, schaffen neue Arbeitsplätze und sind auf dem Wege, Problemstoffe, die zu Allergien führen, zu beseitigen. Aber damit noch nicht genug. Sie wollen, dass auch der Landwirt von ihrem Forschergeist profitiert. Der Landwirt wird es ihnen danken, denn er benötigt dann weniger Herbizide und Pestizide und erntet auch mehr ... Inzwischen weiss man, dass all das nicht der Fall ist. Die Versprechungen der Konzerne entpuppten sich als Seifenblasen.

Der Gentechniker träumt auch, mittels Gen-Pflanzen die Wüstenregionen der Erde zu begrünen. Ein weiteres Ziel ist die Entwicklung von Pflanzen mit einem hohen Nährstoffgehalt. Sie wollen auch die Leistung bestimmter Mikroorganismen verbessern.

Ratten-Gen im Salat

Gentechnologen planten tatsächlich mittels eines Ratten-Gens den Vitamin-C-Gehalt im Salat zu erhöhen. Dies ist Tatsache und keine Ausgeburt eines Sience-Fiction-Autors. Zum Glück wurden solche Pläne nicht realisiert. Aber dafür gibt es in den USA, Kanada und Argentinien schon Pflanzen, die Gene von Bakterien und Viren aufweisen. Durch diese Massnahme wurden die Pflanzen unempfindlich gegen Insektenfrass und Pestizide. Auch wurde eine Kartoffelsorte entwickelt, die eine spezielle Stärkezusammensetzung hat. Inzwischen gibt es Tomaten mit einer verzögerten Reifeentwicklung (Anti-Matsch-Tomate) und solche, die salzresistent sind. Die Fachleute hoffen nun, dass die modifizierten Tomaten auf versalzten Böden gute Erträge bringen.

Und die erfindungsreichen Gentechniker basteln schon an neuen Projekten. Sie wollen Mais, Reis und andere Pflanzen so manipulieren, dass sie Arzneistoffe und Impfstoffe produzieren. Aber auch hier sind Risiken und Nebenwirkungen nicht auszuschliessen.

(Aktuelle Infos zu gentechnisch veränderten Organismen bieten die Webseiten www.transgen.de und www.biosicherheit.de). Am Ende wird man tatsächlich nichts mehr essen können.

Ab ins Tierfutter

80% aller Gen-Pflanzen, besonders in den USA, Kanada und Argentinien, kommen laut Greenpeace ins Tierfutter von Rindern, Schweinen und Hühnern. Auch in Europa werden schon erhebliche Mengen von Gensoja und Genmais verfüttert. Das Fatale ist, dass Milch, Eier und Fleisch von solchen Tieren nicht gekennzeichnet werden müssen. *«Damit fehlt den Verbrauchern die wesentliche Information, wenn sie Gentechnik konsequent meiden wollen. Über den Einkauf von Schnitzel, Ei und Buttermilch wird so ungewollt der Anbau von Gen-Soja und Gen-Mais in den USA finanziert»*, so Greenpeace.

Eine Liste über Lebensmittelhersteller, die Gen-Saaten in Futtermitteln meiden oder befürworten, ist unter folgender Internet-Adresse abrufbar: www.greenpeace.de/einkaufsnetz

Gentechnik ist nicht harmlos

Immer wieder behaupten Befürworter der Grünen Gentechnik, sie sei sicher und ungefährlich. Die möglichen Gefahren werden negiert, obwohl es viele Hinweise auf ökologische und gesundheitliche Risiken gibt. Einige wichtige Erkenntnisse, die ich nachfolgend aufführe, sollten eigentlich Beweise genug sein, um der Gentechnik kritisch gegenüber zu stehen.

Absinken der Artenvielfalt – Schädigung von Nützlingen: Britische Forscher beobachteten beim Anbau von herbizidresistenten Gen-Pflanzen einen Rückgang der Blütenpflanzen, der Vögel und Insekten. So wurde bei herbizidresistentem Raps ein Rückgang der Blütenpflanzen um 44% gesehen. Versuche in der Schweiz ergaben bei Genmais, der das Insektengift «Bt» produziert, nicht nur ein Absterben von «Schädlingen» (Maiszünsler), sondern auch von so genannten «Nützlingen». So starben 2 von 3 Florfliegen, die durch transgenen Mais[1] vergiftete Maiszünslerlarven frassen. Auch der Genuss von Beuteinsekten, die das Toxin aufgenommen hatten und nicht starben, führten zum Tode von Florfliegen. Oder ein anderes Beispiel: Raupen des Monarch-Falters, die sich von Blättern ernährten, auf denen sich Pollenstaub von Genmais befand, starben ebenfalls. Transgene Kartoffeln waren nicht nur für Fadenwürmer und Blattläuse ein Graus, sondern auch für Marienkäfer. Die Lebenszeit dieser Marienkäfer war um ein Drittel verkürzt. Sie hatten auch weniger Nachkommen.

«Langfristig kann so das biologische Gleichgewicht zwischen Schädlingen und Nützlingen gestört werden – mit fatalen Folgen für die biologische Schädlingsbekämpfung, beispielsweise im ökologischen Landbau», betonen Fachleute der Verbraucherzentrale Baden-Württemberg.

Gentechnisch veränderte Pflanzen können auch Giftstoffe über die Wurzeln in den Boden abgeben. Dadurch werden auch wichtige Organismen, die für die Bodenfruchtbarkeit verantwortlich sind, geschädigt.

---

[1] *Herbizidresistente Pflanzen sind unempfindlich gegenüber einem oder mehreren Pflanzenvertilgungsmitteln (Herbiziden). Es gibt auch insektenresistente Pflanzen (in diese wurden giftige Eiweisse aus einem Bakterium integriert).*
Transgene Pflanzen sind solche, die in ihrem Erbgut ein fremdes Gen enthalten.

«Die gentechnische Revolution auf dem Acker droht zu einem Strohfeuer mit langfristigen ökologischen und gesundheitlichen Problemen zu werden.»

Quelle: Dr. Beatrix Tappeser im Buch «Gentechnik – Grenzzone menschlichen Handelns?»

Entstehung von «Superwildpflanzen»: Kritiker befürchten, dass Gene über Samen und Pollen auf diese in der Landwirtschaft unerwünschten Wildpflanzen (Beikräuter) überspringen und herbizidresistente Kräuter entstehen könnten. In den USA wurde inzwischen bei Kräutern, die auf Feldern mit Gen-Pflanzen wuchsen, eine Resistenz beobachtet.

Negative Effekte bei Tieren: Französische Experten fütterten Ratten entweder mit normalem Mais oder mit dem Gen-Mais MON 863 des Konzerns *Monsanto*. Was sie nach 90 Tagen entdeckten, war nicht ohne. Bei männlichen Ratten, die den Gen-Mais konsumierten, war die Anzahl der weissen Blutkörperchen erhöht, die Nieren verkleinert und entzündet. Bei den Weibchen wurden eine geringere Anzahl der jungen roten Blutkörperchen und ein Anstieg des Blutzuckers registriert.

Die europäische Lebensmittelbehörde *EFSA* erklärte am 19. April 2004 und erneut am 20. Oktober 2004, das Genmais-Futter sei unbedenklich. Die so genannten Experten äusserten, die Veränderungen bei Ratten lägen im Bereich des *«statistischen Zufalls»* bzw. im üblichen Rahmen der *«biologischen Streuung»*. *Gerard Pascal*, Leiter der französischen Kommission für Biomolekularforschung, hält das Ergebnis für besorgniserregend: *«Es ist unglaublich, was hier abgeht. Ich bin der Meinung, dass zumindest dann, wenn schon solche negativen Veränderungen bekannt sind, man weitere Studien durchführen und keine Genehmigungen für Anbauversuche und Futtermittel erteilen sollte. Oberstes Gebot sollte die Unbedenklichkeit für Mensch, Tier und Umwelt sein»* (Näheres dazu unter www.biosicherheit.de).

Antibiotikaresistenz: Die Resistenz ist in fast allen bisher entwickelten Gen-Pflanzen als Marker eingebaut worden. Es bleibt zu befürchten, dass das wachsende Problem der Antibiotikaresistenz – viele Antibiotika sind bei Infektionen nicht mehr wirksam – weiter verschärft wird.

Zum Glück gilt ein Zulassungsverbot für solche Gen-Pflanzen in der EU ab 2005.

Negative Effekte beim Menschen: Immer wieder wurde geäussert, gentechnisch veränderte Lebensmittel könnten Allergien erzeugen. Dies dürfte tatsächlich der Fall sein, wenn beispielsweise ein Gen, das allergische Reaktionen auslöst in Mais integriert wird und dann ein Allergiker diesen Mais isst.

Forscher der Firma *Pioneer* kamen auf die aberwitzige Idee, Bestandteile der Paranuss in Sojabohnen «einzubauen». Ziel war es, den Eiweissgehalt der Sojabohne zu erhöhen und diese mit essenziellen Aminosäuren auszustatten. Später kam das böse Erwachen. Menschen, die auf die Paranuss allergisch reagierten, entwickelten eine Allergie nach dem Verzehr dieser transgenen Sojabohnen. Die Vermarktungspläne wurden daraufhin sofort fallen gelassen.

«Welche Auswirkungen Gen-Lebensmittel auf die menschliche Gesundheit haben, ist derzeit letztlich nicht abschätzbar. Insbesondere dann nicht, wenn noch gentechnisch veränderte Bestandteile (veränderte Eiweisse oder Erbgut) im Lebensmittel enthalten sind. Auch hier gibt es keine aussagekräftigen Langzeitstudien. Unter dem Blickwinkel des vorbeugenden Verbraucherschutzes müssen Hinweise auf eine mögliche Gesundheitsgefährdung ernst genommen werden.»

Infos der Verbraucherzentralen Baden-Württemberg, Bayern, Brandenburg, Niedersachsen, NRW und Sachsen im Internet unter www.vz-nrw.de

Rezepte gegen Hunger?

Befürworter der Gentechnik räumen inzwischen ein, dass die Rezepte gegen Hunger und Unterernährung mit Gen-Pflanzen nicht das Gelbe vom Ei sind. Meistens herrschen in den «Hungerländern» soziale, politische und ökologische Missstände. Dass es auch anders geht, zeigen die Aktivitäten in Ghana und Nigeria. Dort konnten durch Kultivierung heimischer Grundnahrungsmittel wie die Maniokwurzel, durch Bildungsprogramme, Ernährungsberatung und politische Massnahmen der Anteil der Unterernährten in Ghana von 62% auf 10% und in Nigeria von 44% auf 8% gesenkt werden.

Bessere und gesündere Lebensmittel?

Ein Ziel der Saatzucht- und Agrochemieunternehmen ist die Verbesserung der Qualität von Nutzpflanzen. Sie sollen reicher an Vitaminen, Fettsäuren und essenziellen Aminosäuren sein. Ob dies wirklich realisierbar ist, bleibe dahingestellt. Auf jeden Fall wird der Verbraucher über die Qualität getäuscht. Als Beispiel dient die «Anti-Matsch-Tomate», die eine längere Haltbarkeit aufweist. Solche Tomaten sehen frisch aus, auch wenn der Vitaminabbau schon längst eingesetzt hat. Was nützt hier ein höherer Vitamingehalt in der Tomate, wenn dieser bis zum Kauf wieder kaputt geht.

Lebensmittel mit gesundheitsfördernden Eigenschaften («funktionelle Lebensmittel») sind auch ohne Gentechnik bereits realisiert, und deren Nutzen ist zweifelhaft. Gentechnik ist also für eine gesunde Ernährung unnötig. Wer sich optimal vollwertig ernährt, bekommt alle Nährstoffe geliefert.

Gentechnikfrei einkaufen!

«Gentechnikfrei einkaufen ist möglich und macht Sinn. Was nicht gekauft wird, verschwindet wieder vom Markt.» Dies wurde in einem Dossier über Gentechnik (*«Schrot&Korn»*, 2004-4) festgehalten.

Als ich kürzlich einen Supermarktbesitzer in Schopfheim D fragte, ob er Gen-Lebensmittel in den Regalen habe, meinte er, bei ihm kämen solche nicht in den Verkauf. Als Grund nannte er das Kaufverhalten der Kunden, die einen grossen Bogen um diese Produkte machen.

Auch in den Reformhäusern und Naturkostläden wurde mir zugesichert, dass es keine Gen-Lebensmittel und Produkte mit gentechnisch hergestellten Zusatzstoffen in diesen Läden gibt. Und wie sieht es mit den Lecithin-Präparaten aus? Es wurde mir versichert, dass die Hersteller nur herkömmliches Soja für die Gewinnung von Lecithin verwenden. Die Hersteller beklagen allerdings, dass es jetzt nur noch wenige Anbauflächen für herkömmliches Soja gibt (z.B. in Brasilien).

Tipps zum gentechnikfreien Einkauf

- Seit April 2004 gilt eine strengere Kennzeichnung. In der Zutatenliste finden wir Hinweise auf die Gentechnik, so z. B. *«genetisch verändert», «aus genetisch verändertem Soja hergestellt», «enthält genetisch veränderten Mais»*. Die Kennzeichnung gilt für alle Lebensmittelzutaten aus genetisch veränderten Produkten wie Soja, Mais, Raps und auch deren Verarbeitungsprodukten wie Soja- und Rapsöl, Sojalecithin und Maisstärke.
- Bei offen verkauften Lebensmitteln darauf achten, dass entsprechende Hinweise an der Verkaufstheke oder in der Nähe angebracht sind. Wenn Sie nichts finden, dann die Fachverkäuferin oder den Chef im Laden fragen.
- Laut EU-Bio-Verordnung ist der Einsatz von Gentechnik in Bio-Lebensmitteln verboten. Bio-Bauern und Bio-Lebensmittelhersteller werden jährlich von der zuständigen Kontrollstelle inspiziert. Wer also sicher gehen möchte, sollte Bio-Lebensmittel kaufen. Aber auch Hersteller von herkömmlichen Lebensmitteln achten jetzt immer mehr darauf, dass ihre Produkte nicht mit Gentechnik in Berührung kommen. Diese dürfen jetzt ihre Lebensmittel mit der Aufschrift *«ohne Gentechnik»* versehen.
- Chaos in der Kennzeichnung
  Christiane Manthey, Ernährungsexpertin der Verbraucherzentrale Baden-Württemberg, kritisierte in einer Pressemitteilung vom 15. April 2004 die Kennzeichnung, die erhebliche Lücken aufweist. *«Wenn ich Milchprodukte, Eier oder Fleisch kaufe, kann ich nicht erkennen, ob die Tiere gentechnisch veränderte Futtermittel bekommen haben. Richtig chaotisch wird es bei den Zusatzstoffen, Aromen und Enzymen in der Lebensmittelproduktion»*, bemerkte die Expertin. Werden beispielsweise bei der Käsebereitung Enzyme, die gentechnisch hergestellt wurden, verwendet, brauchen diese nicht gekennzeichnet werden. Auch bei Aromen und Vitaminen, die von gentechnisch veränderten Mikroorganismen produziert werden, entfällt die Kennzeichnungspflicht. Zusatzstoffe, die von Gen-Sojaeiweiss oder Sojabohnen stammen, müssen jedoch gekennzeichnet werden. Da sieht man wieder einmal, was unkonsequente Politiker zustande bringen: eine unendliche Verwirrung.

- Die Kennzeichnungspflicht tritt erst ein, wenn ein Schwellenwert von 0,9% (dies gilt auch für die Schweiz), bezogen auf die jeweilige Zutat, überschritten wird.
- Verbraucher können sich über den neuesten Stand der Kennzeichnungspflicht im Internet informieren.
  Schweiz: www.admin.ch/bag
  Deutschland: www.europaeischesverbraucherzentrum.de
  Österreich: www.umweltbundesamt.at/umwelt/gentechnik
  Infos über Gentechnik und Gen-Lebensmittel:
  www.naturkost.de
  www.bund.net
  www.genfood.at

Die bunte Vielfalt der Zusatzstoffe

Mit einem gigantischen Werbeaufwand kommen in Europa jährlich 10 000 neue Produkte auf den Lebensmittelmarkt. 50% dieser Waren verschwinden wieder aus den Regalen, weil der Verbraucher sie nicht annimmt. Viele dieser Produkte sind reich an Farb- und Aromastoffen oder mit anderen Zutaten aus dem Chemielabor versehen. Viele Verbraucher wünschen aromatische, gut aussehende und haltbare Produkte, die zu jeder Jahreszeit verfügbar sein müssen. Fad schmeckende und ohne Aromen versehene Produkte sind schwer absetzbar. Kein Wunder, dass die Hersteller von Zusatzstoffen ein Bombengeschäft machen. Der Autor *Hans Ulrich Grimm* bezeichnet die Geschmacks-Industrie als *«diskrete Weltmacht»*. Diese Firmen sind deshalb so erfolgreich, weil bereits 75% aller verzehrten Lebensmittel in Deutschland aus der industriellen Produktion stammen. In den USA sind es schon

95 %. In den wenigsten Haushalten wird heute noch gekocht. Es stehen ja eine Unmenge Fertiggerichte zur Verfügung.

Eine Zahl, die zu denken gibt: Jeder Durchschnittskonsument nimmt täglich 1 Pfund aromatisiertes Essen zu sich. «Guten Appetit», kann man da nur wünschen.

Aromen aus dem Labor

Es ist unglaublich, wie erfindungsreich die Aroma-Chemiker sind. Sie bringen in ihren Labors immer wieder neue Aroma- und Geschmacksstoffe hervor. Lieferbar sind jetzt u. a. auch Hamburger-Aroma, Pasta-Aroma, Hühnerbrühe-Aroma, Geschmack von Fleisch mit Champignon, Gulasch-Aroma, Ananasgeschmack Typ «Dosenfrucht». Ein Schweizer hat sogar Cola-Aroma und das für trendige Energy-Drinks einsetzbare «Techno-Aroma» im Angebot. Die Firma Dragoco in Holzminden D ist auf ihre Duftspezialisten stolz. Sie können 7000 verschiedene Geschmacks- und Aromamischungen liefern.

Laut einer Aufstellung des Europarats in Strassburg gelten von den 2176 bekannten Geschmackssubstanzen nur 391 als ungefährlich.

Masthilfsmittel für das Borstenvieh

Auch das liebe Vieh wird mit Produkten ernährt, die mit Farben, Aromen und Geschmacksstoffen aufgepeppt sind. Als man nämlich herausfand, dass Schweine Erdbeeren und Sahne lieben, wurde ihnen ein Kraftfutter mit Erdbeergeschmack vorgesetzt. In Versuchen war nämlich ermittelt worden, dass Schweine umso mehr an Gewicht zulegten, wenn sie das aromatisierte Fressen bekamen.

Das Futter für Heimtiere enthält ebenfalls eine Menge Zusatzstoffe. Nun wissen wir, warum Katzen dieses oder jenes Futter mit Vorliebe fressen. Sicherlich gibt es Parallelen zum Menschen. Ich bin überzeugt, dass wegen der geschmacksverstärkenden Produkte mehr gegessen wird. Sie schmecken ja so lecker ...

«Das schmeckt wie eingeschlafene Füsse»

In einem Beitrag des Nachrichtensenders N24 wurde über die Uninformiertheit von Verbrauchern berichtet. Eine Ernährungsberaterin von einer Verbraucherzentrale schulte eine Gruppe von Singles in einem Supermarkt. Gezielt griff die Frau ins Joghurtregal und förderte einen Kirschjoghurt zu Tage. *«Dieser Joghurt hat nie eine Kirsche gesehen, da ist nur Kirscharoma drin»*, bemerkte die Fachfrau. Es gibt jedoch Joghurts, die zwar Kirschen enthalten, aber zusätzlich auch Aroma- und Farbstoffe. Denn sonst würde der «geschmackgeile» Verbraucher, der hier hinters Licht geführt wird, die Produkte nicht kaufen. Der Verkaufsleiter einer deutsch-schweizerischen Früchteverarbeitungs-Firma in Konstanz erklärte sogar: *«Wenn da kein Aroma hineinkommt, dann schmeckt das wie eingeschlafene Füsse.»* Hat der Mann eine Ahnung! Es gibt nämlich ausgezeichnete Bio-Fruchtjoghurts mit natürlichen oder gar keinen Aromen. Aber Achtung! Die meisten natürlichen Aromastoffe stammen aus Schimmelpilz- oder Bakterienkulturen, die bestimmte Stoffe produzieren.

Wer auch die natürlichen Aromen nicht will, kann sich Joghurt selbst bereiten oder einen Naturjoghurt kaufen und Früchte selbst hineinmischen. Da weiss man, was man hat.

Tabelle 2: Natürliche, naturidentische und künstliche Aromen

Natürliche Aromastoffe	Oft nicht aus der Frucht gewonnen, sondern mittels Schimmelpilz- und Bakterienkulturen produziert.
Naturidentische Aromastoffe	In der Natur vorkommende Aromastoffe, die im Labor synthetisiert werden (z. B. Vanillin).
Künstliche Aromen	Chemische Verbindungen, die in der Natur nicht vorkommen.

Wie viel Huhn ist in der Fertigsuppe?

Nach dieser Abschweifung kommen wir wieder auf die erwähnte Schulung der Singles zurück. Die Fachfrau führte anschliessend die Gruppe zu den Fertigsuppen. Sie nahm eine Packung Hühnersuppe mit Nudeln heraus. *«Raten Sie einmal, wie viel Trockenhuhn in so einer Packung ist?»* Die einen meinten 10 g, andere etwas mehr oder weniger. Es sind 3 g Trockenhuhn in so einer Packung für 4 Teller Suppe. Da wird doch das Huhn in der Pfanne verrückt. Da kein Koch der Welt aus dieser geringen Menge eine Hühnersuppe zaubern kann, fügen die Hersteller eine kräftige Portion Aroma- und Geschmacksstoffe hinzu.

«Das ist ja unglaublich, das haben wir nicht gewusst», war die einhellige Meinung der Teilnehmer. Etliche betonten, sie würden in Zukunft bewusster einkaufen und auf solche «Gaumen-Illusionen» nicht mehr hereinfallen.

Allergieauslösende Zusatzstoffe

Viele der bisher bekannten 10 000 allergieauslösenden Stoffe stammen aus unserer Nahrung, die immer mehr mit Zusatz- und Umweltstoffen belastet ist. Mit dieser Flut an fremden Stoffen kann unser Organismus nicht mehr fertig werden. Er reagiert immer häufiger mit einer Allergie als Folge eines ausser Rand und Band geratenen Immunsystems. Das Auffinden der Auslöser erfordert detektivischen Spürsinn und die Therapie viel Geduld.

Es gibt auch so genannte «Pseudo-Allergien». Diese sind vom Laien nicht von den echten Allergien abzugrenzen. Die Pseudo-Allergien sind Unverträglichkeitsreaktionen ohne Beteiligung von Antikörpern (diese werden bei Eindringen von Fremdstoffen von der körpereigenen Abwehr produziert). An pseudoallergischen Reaktionen sind oft synthetische Farbstoffe (Azofarbstoffe) und Konservierungsstoffe verantwortlich.

Die meisten Allergien werden durch Früchte, Gemüse, Kuhmilchprodukte, Nüsse, Fische, Hühnereiweiss, Schalentiere, Fleisch, Schokolade und Gewürze ausgelöst. Zunehmend werden auch Allergien nach dem Verzehr von exotischen Früchten beobachtet.

Kinder reagieren sehr oft auf tierische Produkte (Kuhmilch) und Erwachsene vermehrt auf pflanzliche Lebensmittel überempfindlich. Es ist auch möglich, dass ein Mensch gleichzeitig auf biologisch verwandte Pflanzen allergisch reagiert.

Unverträglichkeiten von Lebensmitteln können auch durch angeborene oder erworbene Enzymdefekte ausgelöst werden. Dies ist z. B. der Fall bei Laktasemangel (Laktase = milchzuckerabbauendes Enzym) oder Zöliakie (Unverträglichkeit gegenüber Klebereiweiss).

Wie äussert sich eine Allergie?

Die Krankheitszeichen können die Haut, die Augen, die Atemwege und den Magen-Darm-Trakt betreffen und sich in unterschiedlicher Stärke ausbilden. Das Krankheitsbild ist umso schlimmer, je mehr Organe und je stärker das Atemweg- und das Kreislaufsystem betroffen sind. Der schlimmste Fall ist der *anaphylaktische Schock*.
Die wichtigsten Symptome sind:
Haut: Quaddelbildung, Rötung, Schwellungen, juckendes Ekzem. Bei etwa 40% der Allergiker ist die Haut das allergisch reagierende Organ!
Augen: Bindehautentzündung, Tränenfluss, Juckreiz.
Atemwege: Juckreiz, Niesanfall, Schleimhautschwellung der Nase, Sekretausfluss der Nase, Atemnot, Husten, Engbrüstigkeit.
Magen-Darm-Trakt: Druckgefühl im Oberbauch, Völlegefühl, Bauchschmerzen, Übelkeit, Ekzem am Darmausgang (Juckreiz, Rötung).
Sonstige: Kopfschmerzen, Migräne, Asthma, Schwellungen im Gesicht und in der Mundhöhle, Gefässentzündung.

Was Allergene anrichten können, soll an einigen Beispielen demonstriert werden.

Verschnupft durch Gummibärchen

Bei einem Patienten löste das Verzehren von nur einem Gummibärchen einen akuten Fliesschnupfen aus. Als Auslöser wurde der giftige Farbstoff Tartrazin identifiziert. Ein Schnupfen kann auch mit aller Macht nach dem Verzehr von Äpfeln, Wacholderbeeren und Rosinen ausbrechen. Äpfel und Wacholderbeeren enthalten nämlich Salicylate und «geschwefelte» Rosinen Natriumdisulfit.

Asthma-Attacke einer Studentin

Eine 24-jährige Studentin erlitt in den letzten Jahren einige Male schwere Asthma-Attacken. Die Ursache wurde nicht herausgefunden. Als sie bei einer Party ein Glas Wein trinkt, bekommt sie einen neuen, schweren Anfall von Atemnot. Erst jetzt denken alle an eine mögliche

Allergie. Mittels gezielter Provokationstests findet man schliesslich den «Übeltäter» heraus: Es war die im Wein vorhandene Schweflige Säure.

Wer will ausgebleichte Erdbeermarmelade?

Eine Erdbeermarmelade, die blass aussieht, lässt sich nicht einmal als Billigprodukt absetzen. Auch ein blass aussehender Joghurt ohne Farbe lässt sich nicht verkaufen. Der Verbraucher bringt immer wieder eingefärbte Lebensmittel mit Frische und Genuss in Verbindung. *«Farbe und Aroma sind die wichtigsten Faktoren bei der unbewussten Beurteilung des Essgenusses»*, so *Cornelia A. Schlieper* in ihrem Buch *«Grundfragen der Ernährung»*. Da kann man ihr nur Recht geben. Ein appetitlich aussehendes und mit Aromen geschmacklich aufgepepptes Lebensmittel wird den Kaufleuten förmlich aus den Händen gerissen. Aber Vorsicht: Etliche der Farbstoffe verursachen Allergien oder pseudoallergische Reaktionen. Insbesondere stehen die Azofarbstoffe in Verdacht. Die Hersteller haben reagiert und setzen immer mehr natürliche oder naturidentische Farbstoffe ein, wohl nur, weil der Verbraucher diesen künstlichen Stoffen kritisch gegenübersteht. Dies ist auch bei den Konservierungsstoffen der Fall. Relativ unkritisch ist der Konsument den Aromastoffen gegenüber eingestellt. Denn oft wird nicht realisiert, dass die meisten Aromen künstlich hergestellt werden.

Tabelle 3: Farbstoffe in der Lebensmittelverarbeitung

Natürliche Farbstoffe	Kurkumin, Riboflavin (Vitamin B2), Cochenille (roter Farbstoff weiblicher Schildläuse), Chlorophylle, Zuckercouleur, Carotinoide und Carotine, Betenrot (roter Farbstoff der Roten Bete bzw. Rande), Paprikaextrakt
Naturidentische Farbstoffe	In der Natur vorkommend, chemisch nachgebaute Farbstoffe
Synthetische Farbstoffe	Tartrazin[2], Gelborange S, Azorubin, Amaranth, Cochenillerot A, Brillantschwarz, Rubinpigment

[2] *Tartrazin darf seit dem 31.12.1991 nur noch für Liköre und Gewürzbranntweine eingesetzt werden.*

Antioxidationsmittel gegen Verderb

Um den Verderb von Lebensmitteln wirksam aufzuhalten, werden Antioxidationsmittel verwendet. Es gibt nämlich etliche Bestandteile von Lebensmitteln, die mit Luftsauerstoff reagieren. So gehen beispielsweise Fette eine Verbindung mit Sauerstoff ein. Die Folge kennen wir alle. Die Fette werden ranzig.

In der Lebensmittelverarbeitung werden sowohl natürliche als auch synthetische Antioxidationsmittel verwendet. Zu den natürlichen zählen die Vitamine E (Tocopherole) und C (Ascorbinsäure) und zu den synthetischen Gallate, Butylhydroxianisol (BHA) und Butylhydroxitoluol (BHT). In der Lebensmittelverarbeitung finden jedoch synthetisch hergestellte Vitamine eine breite Anwendung. So werden heute bereits 50% der synthetisch hergestellten Menge an Ascorbinsäure von der Lebensmittelindustrie gebraucht.

Die Ascorbinsäure hat eine besondere Eigenschaft, die jeden Metzger oder Wurst- und Fleischverkäufer erfreut. So verstärkt das Vitamin C nicht nur die Wirkung anderer Antioxidationsmittel, sondern stabilisiert auch die Farbe von Fleisch- und Wurstwaren: Auch hier wieder die Vorgaukelung von Frische. Schliesslich will kein Konsument unansehnliches Fleisch oder grau aussehende Wurst kaufen. Die Ascorbinsäure hat jedoch noch eine weitere positive Eigenschaft. Sie vermindert die Nitrosaminbildung in Lebensmitteln und im Körper des Menschen.

Achtung Allergiker! Gallate können allergisierend wirken. Dies kann mancher Bäcker bestätigen. Bei dieser Berufsgruppe wurden vermehrt Kontakt-Dermatitiden (Hautausschläge) gesehen. Aber auch nach Verzehr von gallathaltigen Lebensmitteln traten Überempfindlichkeitsreaktionen auf.

Damit Pilze und Hefen nicht wachsen

Die Konservierungsstoffe sind befähigt, das Wachstum von Pilzen, Hefen und Bakterien zu hemmen. Sie sind deshalb so beliebt, weil sie für eine längere Haltbarkeit der Lebensmittel sorgen.

Die *Sorbinsäure*, die gegen Schimmelpilze und Hefen wirkt, gilt als unbedenklich. Übrigens kommt eine andere Form der Sorbinsäure, die Parasorbinsäure, in der Vogelbeere (Eberesche) vor.

Auch die *Benzoesäure* ist gegen Hefen und Schimmelpilze gut und mittelstark auch gegen Bakterien wirksam. Das Natriumsalz der Benzoesäure (Natriumbenzoat) ist für den Gesunden gut verträglich. Der Konservierungsstoff kann jedoch bei bestimmten Personen allergische Reaktionen auslösen.

Die Benzoesäure kommt übrigens auch in der Natur vor. So findet man diese Säure in Preiselbeeren, Erdbeeren, Trauben, Tomaten, Tee und Kakao.

PHB-Ester (p-Hydroxybenzoesäure-Ester) sind genauso wirksam wie die Benzoesäure. Die Ester werden auch zur Konservierung von Kosmetika, Salben, Cremes verwendet. Bei lokaler Anwendung wurden Allergien (Kontaktekzeme) beobachtet.

Ameisensäure und ihre Salze sind wirksam gegen Schimmelpilze und Hefen und nur gering wirksam gegen Bakterien. Die Säure wird Marinaden, Fleischprodukten, Rogen, Obstpülpen, Fruchtsäften, Fruchtkonzentraten und Sauerkonserven zugesetzt.

Ameisensäure kommt in Brennnesseln und in Spuren in Obstsäften, Wein, Honig und einigen Mineralwässern vor. Auch wird die Säure im Stoffwechsel gebildet.

Propionsäure und ihre Salze werden zur Konservierung von Schnittbrot, Backwaren und Käse eingesetzt. Die Propionsäure wirkt gegen Schimmelpilze und ist toxikologisch unbedenklich.

Biphenyl und *Orthophenylphenol* dürfen nur zur Schalenbehandlung von Citrusfrüchten verwendet werden, *Thiabendazol* zusätzlich bei Bananen. Die Früchtchen faulen nicht so schnell und sind länger haltbar. Das Orthophenylphenol erzeugte bei Ratten eine erhöhte Tumor-Rate. Dazu Prof. Dr. med. *Hans-Georg Classen* aus Stuttgart-Hohenheim: *«Die wissenschaftliche Diskussion ist noch nicht abgeschlossen; derzeit ist ein potenziell krebserzeugendes Potential nicht auszuschliessen.»*

Tabelle 4: Wichtige Stoffe mit konservierender Wirkung

Kaliumnitrit, Natriumnitrit, Natriumnitrat, Kaliumnitrat (Pökelsalz = Mischung aus Kochsalz mit Natriumnitrit)	Stabilisieren die rote Farbe in Fleisch und Wurstwaren. Stoffe verhindern Wachstum von Bakterien, insbesondere von Clostridium Botulinum und Salmonellen. 80 % aller Wurstwaren werden heute mit Nitriten gepökelt. Die entsprechenden Nitrate dürfen auch Schinken, Würsten, Käse, Heringen oder Sprotten zugesetzt werden.
Schwefeldioxid, Sulfite	Schweflige Säure und Salze (Sulfite) wirken bakterienabtötend, wirken aber auch gegen Schimmelpilze und Hefen. Schwefeldioxid und die Salze der Schwefligen Säure (Sulfite) werden zur Konservierung von Trockenfrüchten, Kartoffelerzeugnissen, getrockneten weissen Gemüsesorten, Fruchtsaftgetränken oder Fruchtsaftkonzentraten verwendet. Der Zusatz zu Wein verhindert das Wachstum von Mikroorganismen, ausserdem verhindert es das Braunwerden. Das «Schwefeln» fördert ferner die Entwicklung von Bukettstoffen und verhindert die Essigsäurebildung.
Rauch	Konservierende Wirkung durch Bestandteile des Rauchs und Wasserentzug (Senkung des Wassergehaltes um 10 bis 40 %). Räucher-Rauch enthält etwa 10 000 Substanzen (das Raucharoma besteht immerhin noch aus 500 Stoffen). Die polyzyklischen aromatischen Kohlenwasserstoffe (Leitsubstanz: Benzpyren) gelten als karzinogen. Die Räucherung (Kalt- oder Heissräucherung) wird bei Schinken, Lachs, Brüh- und Kochwürsten, Bücklingen, Sprotten, Makrelen, Aalen, Schillerlocken usw. eingesetzt.
Säuerungsmittel (z. B. Essigsäure, Weinsäure, Milchsäure, Zitronensäure, Orthophosphorsäure und entsprechende Salze)	Durch Veränderung des pH-Werts in den sauren Bereich wird das Wachstum von Bakterien, Hefen und Schimmelpilzen gehemmt. Erzeugnisse: Mixed Pickles, Silberzwiebeln, Gurken, Rote Bete, saure Heringe; Sauerkraut (enzymatische Säuerung durch Bildung von Milchsäure!)

Glutamat – harmlos oder Nervengift?

Freunde des chinesischen Essens oder von Fertigkost erhielten im August 2004 eine wenig positive Nachricht. Der führende US-Glutamatforscher *John Olney* wies laut *natur+kosmos* neurotoxische Effekte des Stoffes im Tierversuch nach. Der Heidelberger Alzheimerforscher

Konrad Beyreuther ist der Ansicht, *«Glutamat bringe uns um den Verstand»*. Ähnliche Meldungen waren bereits früher im Umlauf gewesen.

Glutamat wird in der chinesischen Küche seit 100 Jahren verwendet. Angeblich trat das *«Chinarestaurant-Syndrom»* nur bei Amerikanern und Europäern auf. Wahrscheinlich waren Personen betroffen, die sensibel auf Glutamat reagieren. Auch schwer Asthmakranke weisen möglicherweise eine solche Empfindlichkeit auf. Die «empfindlichen» Menschen bemerkten nach einem Mahl beim Chinesen ein Kribbeln oder eine Taubheit in Nacken, Armen und Rücken, ein Schwächegefühl und Herzklopfen.

Glutamat ist übrigens in vielen Fertigprodukten vorhanden, so in Hühnersuppen, Rindsbouillon, Spaghetti-Gerichten, Schinken und Wurst, aber auch in Knabbersachen (Chips).

Es gibt jedoch noch einen Stoff, der noch besser den Geschmack verstärkt, nämlich das *Inosinmonophosphat* (E630–633). Die Japaner bezeichnen die durch diesen Stoff hervorgerufene Geschmacksempfindung als *«Umami»*, was «köstlicher Geschmack» bedeutet. Da können wir den Japanern nur zurufen «Wohl bekomms». Die vertragen anscheinend doch mehr als angenommen.

Emulgatoren gegen zu schnelles Altern

Damit keine Missverständnisse auftreten: Emulgatoren verhindern nicht das Altern des Menschen, sondern nur das Altbackenwerden von Brot. Die Emulgatoren, zu denen Lecithine, Salze der Speisefettsäuren sowie Mono- und Diglyceride von Speisefettsäuren gehören, können aber noch mehr. Sie ermöglichen stabile Mischungen zweier Flüssigkeiten, die sich normalerweise nicht mischen lassen, verhindern ein Zusammenkleben gekochter Teigwaren, das Spritzen von Margarine beim Erhitzen, erhöhen die Benetzbarkeit von Trockenprodukten und begünstigen die Streichfähigkeit von Margarine. Emulgatoren finden wir in Backwaren, Knabbererzeugnissen, Kaugummi, Sossen, Suppen, Dessert- und Cremespeisen, Softeis, Margarine und Kartoffeltrockenprodukten.

Die Emulgatoren gelten als unschädlich. Eine Einschränkung ist in Bezug auf Phosphate und Phosphorsäure zu machen: Zur Vermeidung einer Störung des Phosphat-/Kalziumverhältnisses sollten Phosphatzusätze möglichst nur in geringen Mengen aufgenommen werden.

Joghurt wird dank Geliermitteln fest

Zur Verfestigung von Lebensmitteln eignen sich vorzüglich Geliermittel (Gelatine, Pektine, Carrageene, Xanthan, Konjak-Gummi). Die Gewinnung von Pektin erfolgt aus Apfel- oder Orangenschalen, während Gelatine aus tierischem Bindegewebe gewonnen wird. Eine sämige Konsistenz von Lebensmitteln erreicht man besonders mit Verdickungsmitteln. Beliebte Einsatzmöglichkeiten sind Suppen, Sossen, Desserts, Füllungen, Cremes, Puddings, Eiscreme, Milcherzeugnisse, Backwaren und Torten.

Verdickungsmittel sind Alginsäure, Alginate, Agar-Agar, Traganth, Gummi Arabicum, Johannisbrotkernmehl, Guarkernmehl, Pektine, Carrageene und modifizierte Stärke.

Wie wir aus der Zusammenstellung ersehen, werden einige sowohl als Geliermittel wie auch als Verdickungsmittel verwendet.

Tipps und Fakten zu den Zusätzen zu Lebensmitteln

- Wer mit Allergien oder Unverträglichkeiten zu tun hat, sollte die allergieauslösenden Lebensmittel meiden und vorsorglich eine Nahrung aufnehmen, die frei oder arm an Zusatzstoffen ist.
- Alternativen: Bereitung von Kartoffelbrei aus frischen Kartoffeln anstelle von gekauftem Püree (dieser ist meist mit Sulfit behandelt). Oder Sie kaufen Naturjoghurt oder aber Sie bereiten sich den Joghurt selbst zu und mischen Früchte hinein.
  Die Devise sollte lauten: *«So allergenarm wie nötig und so vollwertig wie möglich!»* (Infodienst Verbraucherschutz, Ernährung, Landwirtschaft e.V., Bonn, kurz *«aid»* genannt).
- Durch entsprechende Zubereitungsarten verlieren einige Lebensmittel ihre allergene Potenz. Es gibt Menschen, die rohes Hühnereiweiss nicht vertragen, aber keine Schwierigkeiten bekommen, wenn sie gekochte Eier verzehren. Dies ist nach einer Untersuchung bei 50% der Hühnereiweiss-Allergiker der Fall. Dasselbe gilt für Stein- und Kernobst, Nüsse, Gemüse und Getreide. Es gibt Allergiker, die eine Allergie gegen nur eine einzige Apfelsorte entwickeln. Auch hier gibt es Unterschiede. Da die Allergene am häufigsten unter der Schale konzentriert sind, kann es durchaus

vorkommen, dass geschälte Äpfel vertragen werden.
Meistens besteht nur eine Allergie gegen eine bestimmte Getreideart. Reis wird häufig vertragen.

- Allergiker sollten die Zutatenliste genau studieren. Leider ist die Kennzeichnung noch nicht vollständig. Dies gilt besonders für offen angebotene, unverpackte Lebensmittel und Speisen. Ist dies der Fall, dann sollte sich der Allergiker beim Hersteller erkundigen.
- Laut Gesetzgeber zählen Aromen nicht zu den Zusatzstoffen. Auf aromatisierten Lebensmitteln finden wir die Angabe *«Aroma»*. Stammt das Aroma aus natürlichen Quellen, darf der Hersteller *«natürliches Aroma»* auf das Etikett drucken.
- Die Kennzeichnung der Zusatzstoffe erfolgt durch eine E-Nummer. «E» bedeutete ursprünglich «Europa», heute steht es für EG/EU bzw. für edible/essbar.
- Da 2 bis 5 % der Asthmatiker unter einer Sulfitunverträglichkeit leiden, sollten diese «geschwefelte» Trockenfrüchte, Kartoffelerzeugnisse oder bestimmte Weine meiden. Laut *«aid»* können Asthmatiker schon bei einer Aufnahme von 25 mg Schwefeldioxid Beschwerden bekommen. Lebensmittel mit geringerem Schwefeldioxidgehalt (unter 10 mg/kg) werden in der Regel vertragen.
- Wer unter einer Phenylketonurie leidet, sollte den Süssstoff Aspartam meiden (Patienten können die Aminosäure Phenylalanin – ein Bestandteil von Aspartam – nicht abbauen).
- Säuglingsnahrung darf keine Farb-, Geschmacks- und Konservierungsstoffe enthalten. Wer selbst Mahlzeiten für Kleinkinder herstellt, sollte darauf achten, dass die verwendeten Lebensmittel keine der erwähnten Stoffe aufweisen.

Zutatenstoffe nach ihren E-Nummern

Diese dürfen EU-weit verwendet werden. Die Schweiz hat sich den Bestimmungen angeschlossen und die Nummerierung übernommen.

Tabelle 5: Zutatenstoffe nach ihren E-Nummern

E-Nr.	Bezeichnung	Erläuterungen
E100	Kurkumin	Naturfarbstoff (orangegelb)
E101	Riboflavin	Farbstoff (Vitamin B_2; gelb)
E102	Tartrazin	Azofarbstoff, synthetisch (gelb)
E104	Chinolingelb	Farbstoff, synthetisch (grüngelb)
E110	Gelborange S	Azofarbstoff, synthetisch
E120	Echtes Karmin	Naturfarbstoff (rot)
E122	Azorubin	Azofarbstoff (rot)
E123	Amaranth	Azofarbstoff (rot)
E124	Cochenillerot A	Azofarbstoff (rot)
E127	Erythrosin	Farbstoff, synthetisch (rot)
E128	Rot 2G	Farbstoff, synthetisch (rot)
E129	Allurarot AC	Farbstoff, synthetisch (rot)
E131	Patentblau V	Farbstoff, synthetisch (hellblau)
E132	Indigotin I	Farbstoff, natürlich (dunkelblau)
E133	Brillantblau FCF	Farbstoff, synthetisch (hellblau)
E140	Chlorophylle	Farbstoff, natürlich (Blattgrün)
E141	Komplexe der Chlorophylle	Kupferfarbstoff des Blattgrüns
E142	Grün S	Farbstoff, synthetisch (grün)
E150a–d	Zuckercouleure	Karamellisierter Zucker (braun)
E151	Brillantschwarz BN	Azofarbstoff, synthetisch (schwarz)
E153	Pflanzenkohle	Holzkohle (schwarz)
E154	Braun FK	Farbstoff, synthetisch (braun)
E155	Braun HT	Farbstoff, synthetisch (braun)
E160a	Carotine	Farbstoffe, Pro-Vitamin A (orangegelb)
E160b	Annatto, Bixin, Norbixin	Farbstoff, natürlich (gelb bis orange)

E-Nr.	Bezeichnung	Erläuterungen
E160c	Paprikaextrakt	Farbstoff, natürlich (orangerot)
E160d	Lycopin	Farbstoff, natürlich (rot)
E160e–f	Carotinverbindungen	Farbstoffe, naturidentisch hergestellt (orangerot bis gelb)
E162	Betenrot, Betanin	Farbstoff, natürlich (rot)
E163	Anthocyane	Farbstoff, natürlich (rot, blau, braun)
E170	Kalziumcarbonat	Farbstoff, Trennstoff, Säureregulator
E171	Titandioxid	Farbpigment (weiss)
E172	Eisenoxide	Farbpigmente (gelb, rot, schwarz)
E173	Aluminium	Metall-Pigmente
E174	Silber	Metall-Pigmente
E175	Gold	Metall-Pigmente
E180	Litholrubin BK	Farbpigment (rot)
E200	Sorbinsäure	Konservierungsmittel
E202–203	Salze der Sorbinsäure	Konservierungsmittel
E210	Benzoesäure	Konservierungsmittel
E211–213	Salze der Benzoesäure	Konservierungsmittel
E214–219	Para-Hydroxybenzoesäure-Ester	Konservierungsmittel
E220	Schwefeldioxid	Konservierungsmittel, Antioxidans, Farbstabilisator
E221–228	Salze der Schwefligen Säure (Sulfite)	Konservierungsmittel, Antioxidantien, Farbstabilisatoren
E230–232	Biphenylverbindungen	Konservierungsmittel
E234	Nisin	Konservierungsmittel (natürlich vorkommendes Antibiotikum)
E235	Natamycin	Konservierungsmittel, Antibiotikum
E239	Hexamethylentetramin	Konservierungsmittel
E242	Dimethyldicarbonat	Konservierungsmittel
E249 E250 E251 E252	Kaliumnitrit Natriumnitrit Natriumnitrat Kaliumnitrat	Konservierungsmittel, Farbstabilisator
E260	Essigsäure	Konservierungsmittel, Säuerungsmittel

E-Nr.	Bezeichnung	Erläuterungen
E261–263	Salze der Essigsäure (Acetate)	Konservierungsmittel, Säureregulator, Festigungsmittel
E270	Milchsäure	Säuerungsmittel, Konservierungsmittel, Farbstabilisator
E280–283	Propionsäure und Salze (Propionate)	Konservierungsmittel
E284–285	Borsäure, Borax	Konservierungsmittel (für Kaviar)
E296	Apfelsäure	Säuerungsmittel, Farbstabilisator
E297	Fumarsäure	Säuerungsmittel
E300–302	Ascorbinsäure, Ascorbate	Antioxidans, Farbstabilisator, Mehlbehandlungsmittel, Säuerungsmittel
E304	Ascorbylpalmitat, Ascorbylstearat	Antioxidans, Farbstabilisator, Emulgator
E306–309	Tocopherole (Vitamin E)	Antioxidantien, Farbstabilisatoren
E310–312	Gallate	Antioxidantien
E315–316	Isomere der Ascorbinsäure	Antioxidantien, Farbstabilisatoren, Komplexbildner
E320–321	Butylhydroxyanisol Butylhydroxytoluol	Antioxidantien
E322	Lecithine	Emulgatoren, Antioxidantien, Mehlbehandlungsmittel, Stabilisatoren
E325–327	Lactate (Salze der Milchsäure)	Säureregulatoren, Schmelzsalze, Festigungsmittel
E330	Zitronensäure	Säuerungsmittel, Komplexbildner, Farbstabilisator
E331–333	Salze der Zitronensäure (Zitrate)	Säureregulatoren, Schmelzsalze, Farbstabilisatoren, Komplexbildner
E334	Weinsäure	Säuerungsmittel, Farbstabilisator, Komplexbildner
E335–337	Salze der Weinsäure (Tartrate)	Säureregulatoren, Backtriebmittel, Stabilisatoren
E338	Phosphorsäure	Säuerungsmittel, Säureregulator
E339–341	Salze der Orthophosphorsäure (Phosphate)	Säuerungsmittel, Säureregulatoren, Komplexbildner, Schmelzsalze, Mehlbehandlungsmittel, Farbstabilisatoren, Trennstoff, Festigungsmittel
E350–352	Salze der Apfelsäure (Malate)	Säureregulatoren
E353	Metaweinsäure	Stabilisator

E-Nr.	Bezeichnung	Erläuterungen
E354	Kalziumtartrat	Festigungsmittel
E355–357	Adipinsäure und Salze dieser Säure (Adipate)	Säureregulatoren, Geschmacksverstärker
E363	Bernsteinsäure	Säuerungsmittel
E380	Triammoniumcitrat	Säuerungsmittel, Farbstabilisator
E385	Kalziumdinatriummethylendiamintetraacetat (EDTA)	Antioxidans, Komplexbildner, Farbstabilisator
E400 E401–404	Alginsäure Alginate	Verdickungsmittel, Geliermittel, Überzugsmittel
E405	Propylenglycolalginat	Verdickungsmittel, Emulgator
E406	Agar-Agar	Geliermittel
E407	Carrageen	Geliermittel, Verdickungsmittel
E407 a	Eucheuma-Algen-Komp.	Geliermittel, Verdickungsmittel
E410	Johannisbrotkernmehl	Geliermittel, Verdickungsmittel
E412	Guarkernmehl	Verdickungsmittel
E413	Traganth	Geliermittel, Verdickungsmittel
E414	Gummi-arabicum	Verdickungsmittel, Stabilisator, Trägerstoff
E415	Xanthan	Geliermittel, Verdickungsmittel
E416	Karaya	Geliermittel, Verdickungsmittel
E417	Tarakernmehl	Geliermittel, Verdickungsmittel
E418	Gellan	Geliermittel, Verdickungsmittel, Stabilisator
E420	Sorbit, Sorbitsirup	Süssungsmittel, Feuchthaltemittel
E421	Mannit	Süssungsmittel, Trägerstoff
E422	Glycerin	Feuchthaltemittel, Trägerstoff
E425	Konjak-Gummi	Geliermittel
E432–436	Polysorbate	Emulgatoren, Komplexbildner
E440	Pektin	Geliermittel, Stabilisator
E442	Ammoniumsalze der Phosphatidsäuren	Emulgatoren, Stabilisatoren
E444	Saccharose-acetatisobutyrat	Stabilisator
E445	Glycerinester aus Wurzelharz	Stabilisator

E-Nr.	Bezeichnung	Erläuterungen
E450–452	Phosphate	Backtriebmittel, Komplexbildner, Emulgatoren, Farbstabilisatoren, Festigungsmittel, Mehlbehandlungsmittel, Säureregulatoren, Schmelzsalze, Stabilisatoren, Trennmittel
E459	ß-Cyclodextrin	Trägerstoff, Füllstoff, Trennmittel
E460	Zellulose	Füllstoff, Verdickungsmittel
E461–469	Zelluloseverbindungen	Füllstoffe, Verdickungsmittel, Überzugsmittel, Schaummittel
E470a–b	Salze von Speisefettsäuren	Emulgatoren, Füllstoffe, Schaummittel
E471	Mono- und Diglyceride v. Speisefettsäuren	Emulgatoren, Mehlbehandlungsmittel, Schaummittel
E472a–f	Fruchtsäure-Ester	Emulgatoren, Mehlbehandlungsmittel, Schaummittel
E473–474 E475	Zuckerester Polyglycerinester	Emulgatoren
E476	Polyglycerin-Polyricinoleat	Emulgator, Stabilisator
E477	Propylenglycerolester	Emulgator
E479b	Thermooxidiertes Sojaöl, verestert	Emulgator
E481–482	Natriumstearoyl-2-lactylat und die Calciumverbindung	Emulgatoren
E483	Stearoyltartrat	Emulgator
E491–495	Sorbitane	Emulgatoren
E500	Natriumcarbonate	Säureregulatoren, Backtriebmittel, Trennmittel bzw. Trägerstoffe
E501	Kaliumcarbonate	wie unter E500
E503	Ammoniumcarbonate	wie unter E500
E504	Magnesiumcarbonate	wie unter E500
E507	Salzsäure	zum Aufschliessen und Abbauen von Eiweiss, Stärke
E508–511	Kalium-, Kalzium- und Magnesiumchlorid	Geschmacksverstärker, Festigungsmittel
E512	Zinn-II-chlorid	Farbstabilisator
E513	Schwefelsäure	zum Aufschluss von Eiweiss
E515–523	Sulfate	Säureregulatoren, Trennmittel bzw. Füllstoff, Festigungsmittel

E-Nr.	Bezeichnung	Erläuterungen
E524–530	Oxide und Hydroxide	Säureregulatoren
E535–538	Ferrocyanide	verbessern Rieselfähigkeit des Salzes, Klärmittel für Wein
E541	Natriumaluminium-phosphat	Backtriebmittel
E551–556	Siliciumdioxid, Silikate	Füllstoff bzw. Trennmittel
E558 E559	Bentonit Aluminiumsilicat, Kaolin	Füllstoff bzw. Trennmittel
E570	Fettsäuren	Emulgatoren, Überzugsmittel, Füllstoffe
E574–578	Gluconsäure (E574) und Gluconate	Säureregulatoren, Stabilisatoren
E579 E580	Eisen-II-gluconat Eisen-II-lactat	Farbstabilisator (zum Schwärzen von Oliven)
E620 E621–625	Glutaminsäure Glutamate	Geschmacksverstärker
E626–629	Guanylsäure, Guanylate	Geschmacksverstärker
E630–633	Inosinsäure und Inosinate	Geschmacksverstärker
E634–635	Ribonucleotide	Geschmacksverstärker
E640	Glycin und Na-Salz	Geschmacksverstärker
E650	Zinkacetat	Geschmacksverstärker (nur für Kaugummi)
E900	Dimethylpolysiloxan	Schaumverhüter
E901	Bienenwachs	Überzugsmittel, Kaumasse für Kaugummi
E902	Candelillawachs	wie E901
E903	Carnaubawachs	wie E901
E904	Schellack	wie E901
E905	Mikrokristalline Wachse	wie E901
E912 E914	Montansäureester Polyethylenwachsoxide	Überzugsmittel für Früchte
E920	Cystein, Cysteinhydro-Chlorid	Mehlbehandlungsmittel, Geschmacksverstärker
E927b	Carbamid	Stabilisator (für Kaugummi)
E938–949	Gase (Schutzgase)	Treibgase, Schutzgase
E950	Acesulfam-K	Süssungsmittel, Geschmacksverstärker

E-Nr.	Bezeichnung	Erläuterungen
E951	Aspartam	wie E950
E952	Cyclamate	Süssstoffe
E953	Isomalt	Süssungsmittel, Trennmittel bzw. Füllstoff
E954	Saccharin	Süssungsmittel
E955	Sucralose	Süssungsmittel
E957	Thaumatin	Süssungsmittel, Geschmacksverstärker
E959	Neohesperidin DC	Süssungsmittel
E962	Aspartam-Acesulfamsalz	Süssungsmittel
E965	Maltit, Maltitsirup	wie E953
E966	Lactit	wie E953
E967	Xylit	wie E953
E999	Quillajaextrakt	Schaummittel (für Getränke)
E1105	Lysozym	Konservierungsmittel
E1200	Polydextrose	Trennmittel, Füllstoff, Trägerstoff
E1201 E1202	Polyvinylpyrrolidon Polyvinylpolypyrrolidon	Klärmittel, Tablettierhilfe
E1404– E1451	chemisch modifizierte Stärken	Füllstoffe bzw. Trägerstoffe, Stabilisatoren, Verdickungsmittel
E1505	Triethylcitrat	Trägerstoff, Füllstoff, Trennmittel
E1518	Glycerinacetat	wie E1505
E1520	1,2-Propandiol, Propylenglycol	Trägerlösungsmittel für Enzyme und Zusatzstoffe

Quellen: «Die Zutatenliste» von «*aid*», Bonn; Internet: www.heko.ch; www.zusatzstoffe-online.de; www.engelapo.ch (Engel-Apotheke, Basel)

Nebenwirkungen von Zusatzstoffen

Tabelle 6: Nebenwirkungen von Zusatzstoffen

E-Nr.	Nebenwirkungen
E102	allergisierend (nicht geeignet für Aspirin-empfindliche Menschen und Asthmatiker)
E104	überaktive Kinder sollten diesen Stoff meiden
E110	allergisierend, wie E104

E-Nr.	Nebenwirkungen
E120	wie E104
E122	allergisierend
E123	allergisierend
E124	allergisierend
E127	kann Lichtempfindlichkeit hervorrufen
E128	wie E104
E131	allergisierend
E132	allergisierend
E133	wie E104
E142	wie E102
E150	wie E104
E151	wie E104
E155	wie E102
E210–E213	allergisierend
E214–E219	allergisierend
E220–E228	verursachen bei empfindlichen Menschen Kopfschmerzen, Völlegefühl, Durchfall, Übelkeit
E221–E227	magenreizend, allergisierend
E230–E232	Endgültige toxikologische Beurteilung steht noch aus
E249–E252	Nitrite sind gesundheitlich problematisch (Bildung von Nitrosaminen!)
E310–E312	wie E102
E320–E321	allergisierend
E338–E341	Störung des Phosphat/Kalziumverhältnisses
E407	allergisierend; im Tierversuch: Geschwürsbildung, Störungen im Immunsystem
E414	allergisierend
E450–E452	wie E338
E620–E625	können das «China-Restaurant-Syndrom» auslösen
E952	in den USA verboten, auf Grund von umstrittenen Studien (Krebsverdacht)
E1105	allergisierend (Hühnerallergiker sollten diesen Stoff meiden!)

Lebensmittelgruppen im Überblick

Obst, Gemüse, Hülsenfrüchte, Kartoffeln und Pilze

Seit vielen Jahrtausenden gehören Obst- und Gemüsepflanzen zur Ernährung des Menschen. Zunächst verzehrten unsere Vorfahren Wildfrüchte, Wildgemüse und Wildgetreide. Erst später wurde der steigende Bedarf an diesen Nahrungsmitteln durch systematischen Anbau gedeckt. Auch beherrschten früher andere Obst- und Gemüsearten die Szene. So galten im alten Ägypten Lotoswurzeln als Delikatesse. Plinius der Ältere (23–79) weist auf in Honig gekochte Zwiebelarten hin. Lilienwurzeln waren in China und Japan lange Zeit eine Gaumenfreude. Mit Linsen und anderen Hülsenfrüchten musste dagegen die arme Bevölkerung vorlieb nehmen. Römische Schriftsteller bezeichneten aus diesem Grund die Hülsenfrüchte als Speise der Proletarier. Erst Plinius der Jüngere (61/62–113), der immer wieder die Schlemmereien der Reichen anprangerte, schätzte die urwüchsige Volksnahrung aus Hülsenfrüchten.

Die beliebteste Beere

Wie sieht es heute mit dem Obst- und Gemüseverzehr aus? Obst und Gemüse stehen in der Gunst des Volks ganz oben. Wir sind verrückt nach knackigen, herrlich duftenden Apfelsorten, samtweichen Pfirsichen, appetitanregenden Salaten und schmackhaften Gemüsegerichten. Bedeuten doch diese Produkte für den Konsumenten Gesundheit, aber auch eine kulinarische Abwechslung für den verwöhnten Gaumen. Doch müssen wir genau hinschauen, was wir einkaufen und verzehren. Darüber später mehr.

Der Gemüseverbrauch ist in Deutschland kontinuierlich gestiegen. Interessant ist die Tatsache, dass nur 40% des Gemüses aus einheimischer Produktion stammen, während 60% importiert werden. Am häufigsten werden folgende Produkte gekauft: Tomaten, Zwiebeln, Weiss- und Rotkohl, Gurken, Karotten, Blumenkohl, Kopfsalat und Bohnen. Die Tomate ist übrigens auch des Schweizers und Österreichers liebste Beere.

«5 am Tag» – da sind uns die Südländer voraus!

In den USA, einigen EU-Ländern, der Schweiz und in Österreich sind Organisationen am Werk, die 5 Portionen Obst und Gemüse für den täglichen Verzehr fordern. Die Aktionen wurden deshalb ins Leben gerufen, weil viele Menschen Gemüse- und Früchtemuffel sind. Schweizer nehmen durchschnittlich nur die Hälfte der geforderten Menge auf. Im Vergleich zu Deutschland verzehrte jeder Schweizer im Jahr 2003 nur 156 g Gemüse pro Tag, das entspricht 57 kg pro Jahr. Bei den Früchten sieht es etwas besser aus (Verzehr im Jahr 2001: 76 kg). Jeder Österreicher isst 95 kg Obst und 102 kg Gemüse im Jahr.

Im europäischen Vergleich liegen die Deutschen, Österreicher und Schweizer im unteren Tabellendrittel. Den höchsten Gemüseverzehr registriert man in Griechenland, Italien, Spanien und Portugal. Der Konsum soll dort mindestens doppelt so hoch sein wie in Deutschland.

Als ich einige Leute aus meinem Bekanntenkreis mit der Forderung «5 am Tag» konfrontierte, schauten alle ungläubig drein, und sie sagten, das seien aber viele Portionen. Es ist auf keinen Fall zu viel, denn wer süsse Naschereien weglässt und als Zwischenmahlzeit Obst oder Gemüsestängel (z. B. geschnittene Karotten, Paprika, Kohlrabi) konsumiert, kann das geforderte Quantum leicht schaffen. Dabei ist es gleichgültig, ob Sie 3 Portionen Obst und 2 Portionen Gemüse oder an diesem oder jenem Tag mehr Gemüse und weniger Obst verzehren. Schlemmen Sie nach Herzenslust! Ob das Traumziel der Gesundheitskampagne – täglicher Verzehr von 600 g Obst und Gemüse – je erreicht wird, bleibe dahingestellt. Aber man soll die Hoffnung ja nicht aufgeben.

Fruchtsaft massvoll trinken

Ernährungsexperten raten, Fruchtsäfte nicht reichlich zu trinken. Sie enthalten viel Zucker und viele Kalorien. Wie Studien in den USA ergaben, ist der Fruchtsaftkonsum für das Übergewicht von Vorschulkindern mitverantwortlich. In den USA gibt es viele Säfte, die noch mit Zucker angereichert sind, damit diese schön süss schmecken. Bei uns gibt es auch diese Zuckersäfte, aber man hat die Wahl, Säfte mit der Bezeichnung *«ohne Zusatz von Zucker»* zu kaufen. Dies ist beispielsweise der Fall beim Orangensaft *«Hohes C»*. Dieser enthält 35 mg natürliches Vitamin C pro 100 g. Der fruchteigene Zucker beträgt 9 g. Wer also einen halben Liter Orangensaft konsumiert, hat schon 45 g Zucker intus.

Konventionelle Fruchtsäfte werden gefiltert, oft mit Gelatine und Enzymen behandelt, bis sie völlig klar sind. Oft werden Fruchtsäfte durch Erhitzen im Vakuum konzentriert und später wieder rückverdünnt. Dadurch gehen wertvolle Vitamine kaputt. Der so behandelte Saft wird dann mit synthetischen Vitaminen aufgepeppt, damit der Verbraucher seine Vitamine bekommt.

Bio-Säfte werden nach dem Pressen geschleudert, um Trübstoffe abzutrennen, dann werden sie einige Sekunden bei 80 bis 85 °C pasteurisiert. Wird das nicht durchgeführt, beginnt der Saft schnell zu gären. Bio-Säfte enthalten keine synthetischen Vitamine.

Auch die meisten konventionellen Säfte werden pasteurisiert. Auf Grund einer mangelnden Pasteurisation musste *Coop* (Schweiz) im Jahr 2004 die Flaschen von moussierenden Traubensäften zurückrufen. Es bestand die Gefahr, dass Flaschen im Extremfall explodieren könnten.

Weniger Krebs und Herzinfarkt

Ziel der Aktion ist es, Gesundheitsvorsorge zu praktizieren. Ein regelmässiger Obst- und Gemüseverzehr kann dazu beitragen, Krebserkrankungen sowie Herz-Kreislauf-Erkrankungen vorzubeugen und das Immunsystem zu stärken. Aber nicht nur das, die meisten sind kalorienarm und sättigend. Die pflanzlichen Lebensmittel bieten sich hervorragend zur Gewichtsreduzierung an, weil sie weniger Kalorien und Fett enthalten als tierische Lebensmittel.

Bei der *Nurses Health Studie* an über 70 000 Frauen kam heraus, dass der reichliche Verzehr von grünblättrigem Gemüse, Nüssen und Leinsamenprodukten das Risiko für tödliche Arrhythmien (plötzlicher Herztod) um 46% vermindert. Dabei scheint die Alpha-Linolensäure einen antiarrhythmischen Effekt zu haben.

Wer regelmässig Obst isst, behält seinen «Adlerblick», wie die *«Medical Tribune»* (2004-28) berichtet. Wer dreimal Obst am Tag isst, vermindert das Risiko für eine altersbedingte Makuladegeneration (Erkrankung der Netzhaut des Auges) um 36% im Vergleich zum Konsum von weniger als der Hälfte dieser Portion.

Eine Kost, die reich an Vitamin C ist, vermindert auch das Schlaganfallrisiko, wie amerikanische Studien ergaben (*«Medical Tribune»*, 2004-4).

Gemüse und Obst gehören übrigens zur Lebensmittelgruppe mit der höchsten Dichte an lebenswichtigen Stoffen. Gemüse und Obst sind wahre Schatzkammern, gefüllt mit Vitaminen, Mineralstoffen, Enzymen, sekundären Pflanzenstoffen und Ballaststoffen. Wir decken inzwischen über 50% unseres Vitamin- und Mineralstoffbedarfs durch Obst und Gemüse.

Schwacher Magen: Chirurg ass viel Obst und Gemüse

Stephen Smith, Oberchirurg im Bellevue-Krankenhaus von 1854–1911, Gründer der *Amerikanischen Hygienegesellschaft* und Vorsitzender der *Wohltätigkeitsgesellschaft* in New York, erreichte ein biblisches Alter von 99,5 Jahren. Er schrieb: «*Weder frische Luft noch Gymnastik können das Leben erheblich verlängern, wenn man sich verkehrt ernährt oder zu viel isst. In meiner Jugend litt ich am Magen und wurde dadurch auf einfache Nahrung hingeführt, die in Getreideprodukten, Gemüse und Obst besteht.*» Ironisch sagte er in diesem Sinne: «*Zur Kunst, alt zu werden, gehört ein schwacher Magen, auf den man Rücksicht zu nehmen nicht vermeiden kann.*» Quelle: «Gesundheit durch richtige und einfache Ernährung» von *Mikkel Hindhede*, Johann Ambrosius Barth-Verlag, Leipzig 1935.

1. Obst

40 000 verschiedene Obstsorten

Weltweit kennen wir 40 000 verschiedene Obstsorten. Aber nur wenige haben es in die Beliebtheitsskala geschafft.

Raten Sie einmal, welche die beliebteste Obstsorte ist! Es ist der Apfel, gefolgt von der Banane, Apfelsine (Orange), Clementine, Pflaume, Birne, Tafeltraube, Erdbeere und vom Pfirsich.

Interessant ist der Pro-Kopf-Verbrauch an Obst. Der Wert für 2002/2003 setzt sich aus 60,2 kg einheimischen Obstsorten und 58 kg aus eingeführten Erzeugnissen zusammen. Die Schweizer essen weniger Obst als die Deutschen.

Laut Schweizerischer Gesellschaft für Ernährung betrug der Obstverzehr im Jahr 1994 78 kg und 2001 nur noch 75,5 kg.

Inhaltsstoffe: Obst zeichnet sich durch einen hohen Gehalt an Vitaminen und Mineralstoffen aus. Weitere Inhaltsstoffe sind organische Säuren, Ballaststoffe (Cellulose, Pektine) und Aromastoffe.

Tabelle 7: Obstsorten auf einen Blick

Kernobst	Äpfel, Birnen, Quitten
Steinobst	Aprikosen, Kirschen, Pfirsiche, Nektarinen, Pflaumen bzw. Zwetschgen, Renekloden (ist eine Edelpflaume), Mirabellen
Beerenobst und Wildfrüchte	Brombeeren, Erdbeeren, Heidelbeeren, Himbeeren, Johannisbeeren, Preiselbeeren, Stachelbeeren, Tafeltrauben, Ebereschen, Holunderbeeren, Hagebutten, Sanddornbeeren, Schlehen, Wacholderbeeren
Exoten und Zitrusfrüchte	Ananas, Bananen, Clementinen, Kiwis, Orangen, Grapefruit, Zitronen
Schalenobst	Esskastanien, Erdnüsse, Haselnüsse, Cashewnüsse, Kokosnüsse, Makadamianüsse, Mandeln, Paranüsse, Pekannüsse, Pistazien, Walnüsse

Natürliche Schadstoffe: Paranüsse und Pistazien sind oft mit Schimmelpilzgiften belastet. In faulendem Obst wurde das Mykotoxin Patulin festgestellt. In einigen Früchten und Beeren kommt auch die Oxalsäure vor. Bis 20 mg Oxalsäure enthalten beispielsweise Brombeeren, Erdbeeren, Himbeeren, Mirabellen, Pflaumen und Stachelbeeren.
Zusatzstoffe und künstliche Schadstoffe: Konservierungsstoffe zum Schutz vor Fäulnis und Schimmelpilzbefall sind besonders auf den Schalen von Zitrusfrüchten und Bananen zu finden. Die häufigsten gebrauchten Mittel sind Biphenyl (E230), Orthophenylphenol (E231/E232) und Thiabendazol (E233).

Zum Wachsen von Zitrusfrüchten kommen Ölsäure, Bienenwachs, Carnaubawachs, Öle und Harze zur Anwendung.

Der kritische Konsument freut sich immer wieder, wenn er Früchte mit dem Vermerk «unbehandelt» bekommt. Er meint, es handle sich um saubere Früchtchen. «Unbehandelt» heisst: Nach der Ernte wird die Frucht keiner weiteren Behandlung unterzogen. Vorher kann durchaus ein Spritzmittel zum Einsatz gekommen sein.

Zusatzstoffe in Obstprodukten: Hier kommen Konservierungsstoffe, Schwefeldioxid (zum Bleichen, Farbstabilisieren und Haltbarmachen), Farbstoffe, acetyliertes Distärkeadipat, kolloidale Kieselsäure, Milch-, Wein-, Zitronen- und Apfelsäure und Ascorbinsäure zur Anwendung.

Konventioneller Anbau: Im Obstbau kommen etliche Pestizide zum Einsatz. In ausländischem Obst (z.B. in Erdbeeren) wurden sogar in Deutschland, der Schweiz und in Österreich verbotene Substanzen entdeckt. Erdbeeren aus Spanien, Marokko und Ägypten waren teilweise stark belastet, wie das Magazin *«Öko-Test»* in den Jahren 2004 und 2005 berichtete. Auch in Tafeltrauben wurden erhebliche Mengen an Pestiziden entdeckt. So wurden laut Greenpeace bei 35% der Proben die gesetzlichen Grenzwerte erreicht oder bis zum 14fachen überschritten. In einigen Trauben wurde sogar ein Cocktail von 8 verschiedenen Pestiziden aufgefunden.

Diagramm 1: Pestizidrückstände in konventionell angebauten Tafeltrauben, 2004

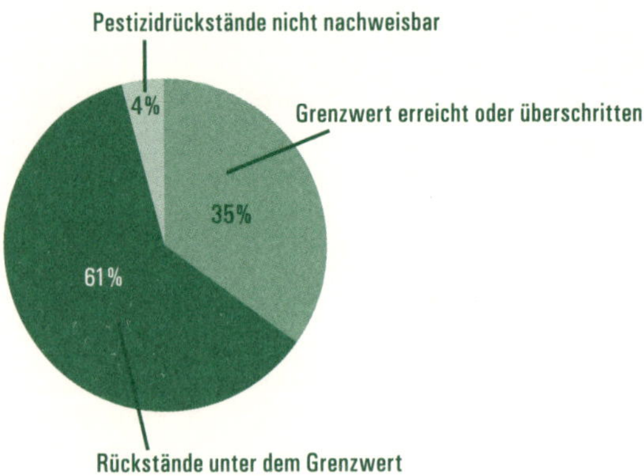

Quelle: Einkaufsnetz Greenpeace, 2004 (www.greenpeace.de)

Auch Trockenfrüchte sind häufig belastet. Wie das Kantonale Laboratorium in Basel mitteilte, sind in Trockenfrüchten häufig Schweflige Säure bzw. Sulfite, Sorbinsäure bzw. Sorbate und Schwermetalle aufzufinden. 44 Proben wurden im Mai 2003 untersucht. 7 wurden beanstandet (Deklarationsmängel, Zusammensetzung). 3 Proben stammten aus biologischem Anbau, eine davon enthielt den Grenzwert an Blei. Die meisten der untersuchten Trockenfrüchte stammten aus der Türkei, Thailand und Amerika.

Bei *Nüssen* werden im konventionellen Anbau und bei der Lagerung Herbizide, Bleichmittel und Methylbromid (Begasung) verwendet. Bio-Produkte sind unbelastet.

Feigen und Nüsse können jedoch giftige Stoffwechselprodukte (Aflatoxine) von Schimmelpilzen enthalten. Die Bildung wird durch Feuchte und Wärme begünstigt.

Der Chemie-Apfel

Viele Menschen kaufen Äpfel mit den Augen; doch werden zunehmend die inneren Qualitäten beachtet. Ein schöner, grosser, wurmfreier Apfel gilt aber immer noch als besonders vitaminreich und aromatisch.

Damit der Konsument immer optisch ansprechende Produkte kaufen kann, ersann die EG unsinnige Qualitätsnormen für Tafeläpfel. Äpfel müssen einwandfrei rund sein, dürfen kaum Stiel- und Schalenfehler aufweisen und müssen eine bestimmte Grösse haben. Es gibt die Qualitätsnormen *«Klasse Extra», «Klasse I»* und *«Klasse II»*.

Durch diese Verordnungen wird der erwerbsmässige Obstanbau immer mehr intensiviert. Der Düngemittel- und Spritzmittelverbrauch erreicht immer grössere Dimensionen.

Die Güteklasse könnte man als optische Täuschung bezeichnen, da nur die äusseren und nicht die inneren Werte eines Apfels zur Beurteilung herangezogen werden. So kann es durchaus sein, dass ein Apfel der Extraklasse nach nichts schmeckt und nach nichts riecht und auch eine gehörige Portion Pestizidrückstände und Schwermetalle enthält.

Bevor der Apfel in den Händen des Verbrauchers landet, hat er bereits einen Grosseinsatz mit der chemischen Keule hinter sich. So gibt es Vorblüte-, Blüte-, mehrere Nachblütespritzungen, Obstmadenspritzungen, Schorf- und Lagerspritzungen. Es kommen aber auch Wachstumsregler zur

Anwendung. Sollte der Apfel trotz dieser massiven Behandlung unansehnlich werden (Schalenbräune), dann hilft ein Antioxidationsbad. Damit der Apfel auch 6 Monate später noch Käufer findet, wird er in Kühlhallen in einem Kohlendioxid-Gemisch oder einer Ozon-Atmosphäre gelagert. Die Folge: Der Apfel verliert den letzten Rest an Geschmack und Aroma.

Alternativer Anbau: Greenpeace fand in biologisch angebauten Tafeltrauben keine Pestizidrückstände. Wie die Untersuchungsämter von Baden-Württemberg herausfanden, ist ökologisch angebautes Obst und Gemüse zu 93 % frei von Pestizidrückständen.

Diagramm 2: Obst und Gemüse aus Bio-Anbau und konventionellem Anbau

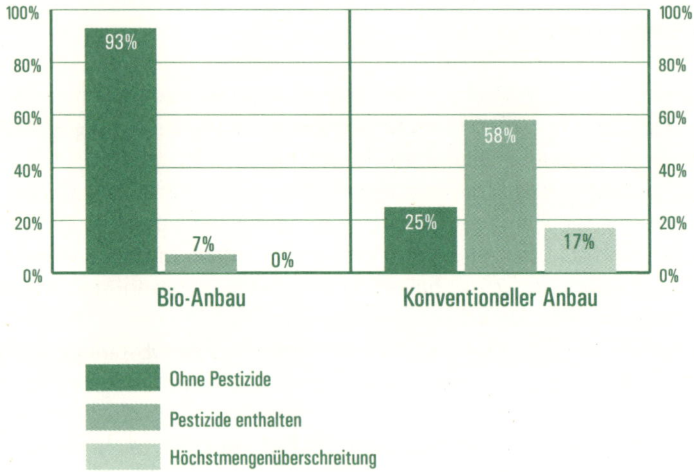

Quelle: Untersuchungsämter Baden-Württemberg, 2004.

Tipps rund ums Obst

- Kaufen Sie nur frische *Erdbeeren* oder pflücken Sie diese Früchtchen direkt vom Feld. Frische Erdbeeren haben das beste Aroma.
- Wenn Sie *Erdbeeren* im Körbchen kaufen, prüfen, ob matschige oder verschimmelte drin sind. Oft werden die nicht so schönen und angeschlagenen unten versteckt. Sollte man eine faule oder schimmlige Erdbeere entdeckt haben, dann sortieren Sie diese sofort aus. Innerhalb kurzer Zeit sind dann sonst auch die anderen verschimmelt.
- Beim Kauf von *Zitrusfrüchten* darauf achten, dass die Früchte zumindest unbehandelt sind oder, noch besser, aus biologischem Anbau stammen.
  Sollten Sie einmal Zitrusfrüchte, die mit einem Schalenbehandlungsmittel besprüht wurden, gekauft haben, dann empfiehlt es sich, Folgendes zu beachten: Die Schalen der Früchte vor dem Schälen oder Pressen waschen und die Hände nach dem Schälen säubern. Durch die Benutzung eines Haushalttuches während des Pressvorganges wird eine Kontaminierung der Hände verhindert.
- Die *Schalen von behandelten Zitrusfrüchten* sind für den Verzehr ungeeignet. Wollen Sie Zitronen- oder Orangenschalen zum Backen verwenden, müssen Sie immer solche aus biologischem Anbau verwenden.
- *Orangensaft* sollte das Fruchtfleisch enthalten, ungezuckert, nicht rückverdünnt, frei von Konservierungsmitteln und rückstandskontrolliert (Schwermetalle, Pestizide) sein. Die Orangen, die zu Saft verarbeitet werden, sollten ebenfalls aus biologischem Anbau stammen.
- *Tafeltrauben und Erdbeeren* aus biologischem Anbau bevorzugen. Bioware hatte laut Untersuchungen gar keine oder nur Spuren von Pestizidrückständen.
- *Äpfel* nie nach Schönheit kaufen. Fleckiges Obst wurde wahrscheinlich nicht behandelt.
- Kleine *Äpfel* bevorzugen. Diese haben oft mehr Vitamine, Mineralstoffe und Aromastoffe als die grossen, wasserreichen Früchte.
- Achten Sie auf die *Apfelsorte*! Die Sorten können beträchtliche Unterschiede im Vitamin-C-Gehalt aufweisen.
- *Äpfel, Birnen und anderes Obst* warm abwaschen und mit einem

trockenen Tuch gut abreiben. Durch diese Massnahmen werden Staub, Schmutz und anhaftende Umweltgifte entfernt.

- *Obst* nicht an Verkaufsständen an der Hauptverkehrsstrasse kaufen (vermehrte Belastung durch Umweltgifte).
- *Wildfrüchte,* die an Sträuchern in der Nähe von Strassen oder intensiv bewirtschafteten landwirtschaftlichen Flächen wachsen, nicht sammeln.
- *Obst,* das in Körbchen oder Verpackungsmaterial angeboten wird, sollte man nachwiegen. Diese Materialien dürfen nicht zum Obstgewicht dazugerechnet werden.
- Ausgebeulte *Obstkonserven* nicht kaufen. Nach dem Öffnen von Konserven, den Inhalt entweder sofort verbrauchen oder in eine Glas- oder Porzellanschüssel umfüllen. Bei Zutritt von Sauerstoff kann sich Zinn aus innen nicht lackierten Dosen herauslösen. Eine Zinnablösung ist an der schwarzen Verfärbung zu erkennen.
- Vor dem Verzehr von *Trockenfrüchten,* besonders von Feigen, diese zerteilen und das Innere begutachten. Bei schwärzlicher Verfärbung die Früchte wegwerfen. Verletzte oder in Packungen gequetschte Früchte nicht kaufen. Ist der Geschmack atypisch, die Früchte sofort ausspucken.

Walnüsse sind gut für Herz und Hirn

Seitdem ich weiss, welches Vitalstoffpaket die Walnüsse (Baumnüsse) darstellen und dem Gehirn zu Höchstleistungen verhelfen, stelle ich immer bei Arbeiten am Computer ein Schälchen Walnüsse auf den Schreibtisch und esse diese wohlschmeckenden Nüsse mit Vergnügen.

Laut einer Studie der *Universität von Pennsylvania,* USA, sind Walnüsse auf Grund ihres Gehaltes an Omega-3-Fettsäuren befähigt, den Cholesterinspiegel zu senken, zugleich wirken sie Entzündungen entgegen. Dadurch werden Ablagerungen in den Arterien verhindert. Wie Prof. *Penny Kris-Etherton* in der Zeitschrift *«Journal of nutrition»* (2004-11) erwähnt, bekämpfen Walnüsse mehrere Risikofaktoren für die Entwicklung einer koronaren Herzkrankheit. Walnüsse enthalten Kalium, Magnesium, Vitamin E, Lezithin, B-Vitamine, Ölsäure, Linolsäure und alpha-Linolensäure (eine Omega-3-Fettsäure) und 11 verschiedene Aminosäuren.

2. Salate und Gemüse

Was ein Salatgegner sagte

Die köstlichen, kalorienarmen und basenüberschüssigen grünen Salate sind nicht nur Förderer des Appetits und der Verdauung; sie wirken auch anregend auf Galle, Leber und Niere. Sie beruhigen (Kopfsalat) und «entschlacken». Rheuma-, Gicht- und Hautkranke profitieren besonders von den genannten Wirkungen. Aber auch für Frühjahrsmüde und Abspeckwillige sind grüne Salate eine Wohltat. Die grünen Blätter von Pflanzen gehören, wie der Vitaminforscher *McCollum* und der schwedische Chemiker *Ragnar Berg* einmal feststellten, zu den wertvollsten Schutznahrungsmitteln, die die Vollwertigkeit jeder Kost sichern.

Es gab und gibt auch Salatgegner. So schrieb vor einiger Zeit ein Autor, Salat enthalte fast nur Wasser und kaum Nähr- und Wirkstoffe, dafür Schadstoffe und besonders viel Nitrat. Er riet vom Verzehr ab und äusserte, Salat wäre für den Menschen so nützlich wie Gras. Ich bin der Auffassung, dass dieser «Fachmann» nichts über die wichtigen Inhaltsstoffe und deren Wirkungen weiss, aber auch nichts über die Möglichkeiten, Schadstoffbelastungen zu reduzieren.

Tabelle 8: Gemüsesorten auf einen Blick

Salat und Blattgemüse	verschiedene Salatsorten, Artischocken, Chicorée, Mangold, Spinat
Fruchtgemüse	Auberginen, Bohnen, Erbsen, Gurken, Kürbis, Melonen, Paprika, Tomaten, Zucchini, Zuckermais
Knollen- und Wurzelgemüse	Ingwer, Maniok, Meerrettich, Karotten (Rüebli), Pastinaken, Radieschen, Rettich, Rote Bete (Rande), Schwarzwurzeln, Sellerie, Rüben, Süsskartoffeln, Topiambur, Wurzelpetersilie
Kohlgemüse	Blumenkohl, Brokkoli, Chinakohl, Grünkohl, Kohlrabi, Rosenkohl, Rot- und Weisskohl, Wirsing
Stängelgemüse	Bambussprossen, Fenchel, Rhabarber, Stangensellerie, Spargel, Stielmus (Rübstiel)
Zwiebelgemüse	Knoblauch, Porree (Lauch), Speisezwiebeln

Inhaltsstoffe: Salate enthalten zwar bis 95 % Wasser, aber auch Mineralstoffe (viel Kalium!), Vitamine und Ballaststoffe. In jedem Salatblatt sind noch weitere Stoffe enthalten, wie Pflanzenfarbstoffe (Chlorophylle, Karotinoide, Flavonoide), Enzyme, hochwertige Eiweissverbindungen, Bitterstoffe und Zitronensäure.

In den Gemüsesorten sind auch eine gehörige Portion Wasser (80 bis 90 %), ebenfalls viele Vitamine, Mineralstoffe (Kalzium, Magnesium, Kalium), einschliesslich Spurenelemente (Eisen), Farbstoffe, Ballaststoffe, Fruchtsäuren, Duft- und Aromastoffe, Enzyme zu finden.

Herausgreifen möchte ich das Vitamin C. Besonders viel ist in Paprika, Meerrettich, Brokkoli, Kohlarten und Spinat enthalten. 100 g Paprika oder Grünkohl decken beispielsweise den Tagesbedarf an Vitamin C (100 mg).

Gesundheitliche Wirkungen: Bisher wissen wir, dass Gemüse und auch Obst, Stoffwechselvorgänge beeinflussen, unsere Abwehr stärken, die Nieren anregen, den Blutdruck und die Verdauung normalisieren, Durchfälle und Verstopfung beseitigen, Hauterkrankungen günstig beeinflussen, Würmer austreiben, die Leistung steigern und eine vorbeugende Wirkung auf Krebs- und Herz-Kreislauf-Erkrankungen entfalten.

Die hässlichsten Tomaten

Der Ökofarmer *Nigel Walker* aus Nordkalifornien bringt die bizarrsten und hässlichsten Tomaten auf den US-Markt. Viele sind matschig, andere aufgeplatzt und vernarbt. Trotzdem sind die Schrumpelfrüchte beliebt und gehen weg wie warme Semmeln. *«Wenn man diese Tomaten probiert hat»*, sagte eine Käuferin, «dann gibt es kein Zurück mehr.» Alle sind vom Geschmack begeistert. Bemerkenswert ist, dass der Farmer 50 vergessene Sorten, die bis über 100 Jahre alt sind, anbaut. So sind die Uralt-Tomaten nicht nur verschrumpelt, sie sind auch mit den schillerndsten Farben versehen. Im Angebot sind grüne, gelbe, beige, lila, pinkfarbene, schokoladenbraune, gepunktete, gestreifte, wurstförmige und pfirsichähnliche Tomaten. Da die Tomaten empfindlich sind, können sie nur mit der Hand geerntet werden, auch vertragen sie keine langen Transporte. Oft kommen Leute auf die Farm und pflücken selber.
Quelle: *«Der Spiegel»*, Nr. 41, 2004 (www.spiegel.de)

«Viagra» aus Bosnien

Es gibt auch in der Schweiz einen Tomatenfreund, der über 800 Tomatensorten kennt und selbst jedes Jahr zwischen 50 und 70 Sorten anbaut. Der Freund der prallen Früchte heisst *Andres Sprecher* und wohnt im solothurnischen Breitenbach CH. In seinem wildromantischen Garten finden wir beispielsweise die Sorten «Viagra» aus Bosnien, «Korrogo» aus dem Senegal, «Earl of Edgecombe» aus Neuseeland. Den Samen der Sorte «Faraon» hat er von einer sibirischen Tänzerin bekommen. Er kann von seinen «Tomatenkindern» nicht genug bekommen, obwohl die Aufzucht nicht immer einfach ist. Daneben finden wir noch ganz andere Pflanzen in seinem Garten. Bemerkenswert sind die 30 verschiedenen Peperoni- und Peperoncinisorten, 20 Sorten Basilikum und 10 verschiedene Pfefferminzarten.

Quellen: Infos zur Tomatenzucht: www.tomandi.ch
Buchtipp: *«Alles Tomaten»* von Andres Sprecher, Bioterra, Dubsstrasse 33, CH-8003 Zürich. «Tomaten vor den Augen» von Renate Bigler-Nägeli, «Natürlich», 2004-7.

Natürliche Schadstoffe: Hier sind insbesondere das Nitrat und die Oxalsäure zu nennen. Zu den oxalsäurereichsten Lebensmitteln gehören auch Mangold, Rhabarber, Spinat, Kakao, Rote Bete, Petersilie, Sellerieknolle und Sauerampfer.

Nach dem Genuss von grösseren Rhabarber-Mengen kann es zu einer Kalziumverarmung kommen, wenn zum Ausgleich nicht genügend Kalzium aus anderen Lebensmitteln (Milch, Milchprodukte) zugeführt wird.

Was Bircher-Benner einer Magenkranken empfahl

Eine chronisch magenkranke Frau wurde von vielen Ärzten erfolglos behandelt. Sie magerte immer mehr ab. Die Ärzte vertraten die Ansicht, der Magen sei hochgradig erweitert und muskellahm. Die Speisen blieben darin liegen. Oft folgten Erbrechungen. *Maximilian*

Oskar Bircher-Benner (1867–1939) verordnete der Frau nach dem damaligen Wissen eine Diät, die gekochte und verfeinerte Speisen enthielt. Aber der Zustand der Patientin besserte sich nicht. Anlässlich eines Kurses des abstinenten Samaritervereins in Zürich schilderte er den Fall dem Präsidenten *Beetz*. Dieser war Vegetarier und ein ehemaliger deutscher Naturheilkundler. *Beetz* empfahl, einen Versuch mit ungekochtem Obst und Gemüse zu machen. Diese Kost galt in Medizinerkreisen als schädlich. Aber *Bircher-Benner* war für andere Ansichten immer offen und wagte einen Versuch. Das Ergebnis war überwältigend. Der Magen und der träge Darm der Patientin arbeiteten wieder, sie kam wieder zu Kräften und gesundete.
Quelle: *«Leben und Werk Bircher-Benner»* von Dr. Ralph Bircher, Bircher-Benner Verlag, Bad Homburg 1959.

Viel Nitrat in Salat und Gemüse

Pflanzen reagieren auf eine intensive Stickstoffdüngung mit Wachstums- und Ertragssteigerung. Das Nitrat wird von den Wurzeln aufgenommen und in alle Teile der Pflanze transportiert. Das Nitrat bzw. der Stickstoff wird zum Chlorophyll- und Eiweissaufbau benötigt. Der Überschuss bleibt unverändert in der Pflanze. Je intensiver ein Feld gedüngt wird, umso mehr Nitrat findet man in den darauf wachsenden Pflanzen. Warum die Pflanze mehr Nitrat aufnimmt als sie benötigt, ist noch nicht geklärt.

Tabelle 9: Salate und Gemüsesorten mit einem hohen, mittleren und niedrigen Nitratgehalt

Nitratgehalt	Gemüsesorte, Salate
Hoher Nitratgehalt (1000–4000 mg/kg Frischware)	Kresse, Spinat (tiefgefroren), Eissalat, Kopfsalat, Rettich, Kohlrabi, Fenchel, Rote Bete (Rande), Radieschen
Mittlerer Nitratgehalt (500–1000 mg/kg Frischware)	Endivien, Mangold, Chinakohl, Grünkohl, Knollensellerie, Spinat, Zucchini, Kohlrüben, Petersilienblätter
Niedriger Nitratgehalt (100–500 mg/kg Frischware)	Rot- und Weisskohl, Blumenkohl, Wirsing, Brokkoli, Chicoree, Karotten (Rüebli), Auberginen, Porree (Lauch), Gurken, Kartoffeln, Hülsenfrüchte
Sehr niedriger Nitratgehalt (unter 100 mg/kg Frischware)	Rosenkohl, Schwarzwurzeln, Zwiebeln, Spargeln, Tomaten, Paprika, Zuckermais, Champignons

Quelle: Umweltinstitut München e. V.

Der Nitratgehalt ist vom Anbaustandort, von der Düngung, Dauer der Sonneneinstrahlung abhängig. Es können also durchaus Schwankungen im Nitratgehalt auftreten.

Geringe Lichtintensität fördert die Nitratanreicherung, starke Lichteinwirkung baut Nitrat ab. Treibhaussalate enthalten mehr Nitrat als Freilandsalate. Den geringsten Nitratgehalt besitzen Salate aus biologischem Anbau.

Nitrate sind relativ harmlos. Die durchschnittliche tägliche Nitrataufnahme beträgt in Deutschland 75 mg pro Person. Bei vegetarischer Ernährung kann der Wert auf 200 mg ansteigen. Auch unser Körper produziert Nitrat und zwar täglich 50 mg.

Krebs durch Nitrosamine?

Das meiste Nitrat wird durch den Organismus über die Nieren ausgeschieden. Ein Teil wird durch eine Bakterienschar schon in der Mundhöhle zu Nitrit umgewandelt. Wenn ein Magen zu wenig Salzsäure produziert oder eine Magenschleimhautentzündung vorliegt, dann siedeln sich gerne Bakterien, die diese Nitrat-Nitrit-Umsetzung bewerkstelligen, an. Nitrite bilden sich übrigens auch bei zu langer und unsachgemässer Lagerung von Salat und Gemüse und wenn gekochte Speisen, wie beispielsweise Spinat, zu lange herumstehen und wieder aufgewärmt werden.

Besonders gefährlich kann Nitrit für den Säugling werden. Erhielten Säuglinge nitrithaltige Nahrungsmittel, entwickelte sich eine Blausucht infolge Hemmung der Sauerstoffübertragungstätigkeit der roten Blutkörperchen.

Nitrit kann mit Eiweissbausteinen (Aminen) zu den krebserregenden Nitrosaminen reagieren.

Nitrosamine bilden sich übrigens auch in der Pfanne, wenn nitrithaltiger Schinken mit dem eiweisshaltigen Käse erhitzt wird.

Tabelle 10: Nitrat in verschiedenen Salaten (Vergleich zwischen biologischem und konventionellem Anbau) in mg/kg

	Konventionell	Biologisch
Salate von Ende Mai bis Anfang Juli	984 mg/kg	495 mg/kg
Salate von Mitte Oktober bis Anfang November	1918 mg/kg	1548 mg/kg

Quelle: «Umweltnachrichten», 2000-90, herausgegeben vom Umweltinstitut München e. V. (www.umweltinstitut.org)

Tipps zu Nitrat, Nitrit und Nitrosaminen

- Reduzierung von nitrat- und nitrithaltigen Lebensmitteln (z.B. - gepökelte und geräucherte Fleisch- und Wurstwaren, Gemüse aus stark *überdüngtem Anbau* und nitratreiches Trinkwasser).
- Vermeidung einer intensiven *Düngung*. Durch eine bedarfsgerechte und sinnvolle Stickstoff-Düngung (z.B. nicht unmittelbar vor der Erntezeit) kann der Nitratgehalt reduziert werden.
- *Saisongemüse* kaufen (nitratarm im Winter sind beispielsweise Kartoffeln, Karotten, Lauch, Zwiebeln, Sellerie, Chinakohl, alle Kohlsorten).
- *Freilandprodukte* und heimisches Gemüse bevorzugen.
- *Salate und Gemüse* aus biologischem Anbau bevorzugen. Südländische Produkte weisen zwar weniger Nitrat auf, dafür enthalten sie auch mehr Pestizide. Deshalb auch hier biologische Produkte vorziehen.
- Öfters *Obst* essen, denn Obst ist in der Regel nitratarm.
- *Salat und Gemüse* frisch verarbeiten oder kurze Zeit kühl und trocken lagern. Gekochtes Gemüse (z.B. Spinat) nicht wieder aufwärmen und verzehren. Beim Herumstehen vermehren sich Bakterien, die Nitrat in Nitrit umwandeln.
- Aufnahme von *Vitamin C* (100 mg bis 200 mg pro Mahlzeit). Auch das Trinken eines Glases frisch gepressten Orangensafts oder das Essen von Obst ist empfehlenswert.
- *Kochen, Blanchieren, Dämpfen und Wässern* senkt den Nitratgehalt.
- Durch das Entfernen von Stielen, Stängeln, Strünken, Rippen und den Aussenblättern wird eine Senkung des Gehaltes erreicht.

Konventioneller Anbau von Gemüse und Salat: Wie das Kantonale Laboratorium in Basel berichtete, werden beim Gemüseanbau zur Bekämpfung von Krankheiten, Schädlingen und Beikräutern bestimmte Chemikalien eingesetzt. So wurden in einigen ausländischen Salaten Grenzwertüberschreitungen bei Fungiziden und Bromid festgestellt. Rückstandsfrei waren lediglich 30%.

Greenpeace untersuchte Gemüseproben aus 6 deutschen Supermarktketten. Bei 27% der Proben wurden die gesetzlichen Grenzwerte für Pestizide überschritten.

Der Paprika erwies sich aufgrund der bisher vorliegenden Untersuchungen als das am stärksten belastete Gemüse der EU (bis 20-mal mehr Pestizide als gesetzlich erlaubt).
Alternativer Anbau: Obst und Gemüse aus Bioanbau ist fast rückstandsfrei. Von 475 Obst- und Gemüseproben, dies berichtet *«Schrot&Korn»* (www.naturkost.de), waren 84,4% rückstandsfrei, 7,6% wiesen nur sehr geringe Spuren auf. Die Spuren stammen meistens aus Altlasten aus dem Boden und sind keinesfalls Folgen einer direkten Anwendung.

Tipps zum Einkauf von Gemüse

Einige wichtige Tipps finden Sie in den Kapiteln *«Die Hohe Schule des Einkaufens»* und *«Essen ohne Risiko?»*

- *Spargeln* müssen frisch sein. Die Frische erkennt man an der Schnittfläche, die nicht holzig sein darf. Diese muss hell und saftig-knackig sein, keinesfalls gelb verfärbt und trocken.
- *Gemüse* aus biologischem Anbau bevorzugen, auch Paprika. Bioware hat laut Untersuchungen gar keine oder nur Spuren von Pestizidrückständen. Bio-Gemüsesorten sind empfehlenswert und die beste Wahl für eine gesunde und sichere Ernährung.
- *Gemüse* nicht an Verkaufsständen an der Hauptverkehrsstrasse kaufen (vermehrte Belastung durch Umweltgifte).

3. Hülsenfrüchte

Es ist unglaublich, aber wahr: Es gibt über 12 000 Sorten von Hülsenfrüchten (Leguminosen). Die wichtigsten Hülsenfrüchte sind Erbsen, Bohnen, Linsen und Sojabohnen. 90% stammen aus Importen.

Die ballaststoffreichen Hülsenfrüchte senken das Cholesterin, regulieren die Dickdarmfunktion, verhindern und beheben Verstopfung, beugen Hämorrhoiden und anderen Darmbeschwerden vor.

Gerichte aus Hülsenfrüchten haben leider immer noch den Ruf eines «Arme-Leute-Essens». Aus diesem Grund sind die nährstoffreichen Hülsenfrüchte kaum gefragt. Jeder Deutsche verzehrt nur 1 kg im Jahr. Das ist bedeutend weniger als das liebe Vieh bekommt.

Wer Hülsenfrüchte nicht gut verträgt, dem bieten sich Keimlinge an. Während des Keimvorganges reichern sich Vitamine an. In Deutschland und der Schweiz sind folgende Samen im Handel: Alfalfa (Luzerne), Bockshornklee, Kresse, Linse, Mungobohne, Radieschen, Rettich, Weizen und entsprechende Mischungen.

Die Keimlinge sind vor allem im Winter eine preiswerte und gesunde Alternative zu den Treibhaus-Produkten.

Der Bohnenkönig

In Solothurn CH wurde früher ein Bohnensonntag gefeiert. Jeder, der in das Ursulamünster eintrat, erhielt eine Bohne. Der Gottesdienstbesucher wurde aufgefordert, für dieses Geschenk für irgendetwas zu beten.

In Deutschland und den Niederlanden feierte man in vergangener Zeit am Dreikönigstag ein Bohnenfest. Man buk einen Kuchen, in dem eine einzige Bohne versteckt war. Dieser Kuchen wurde dann in so viele Stücke geteilt, als Gäste anwesend waren. Derjenige, der das Kuchenstück mit der Bohne ergatterte, wurde zum Bohnenkönig gekürt. Man überliess die Sache aber nicht dem Zufall. Das besondere Stück Kuchen erhielt immer der Wohlhabendste der Gesellschaft. Der Bohnenkönig musste dann, wie berichtet wird, für «erheiternde Getränke» sorgen.

Inhaltsstoffe: Alle Hülsenfrüchte besitzen einen hohen Gehalt an Eiweiss, Kohlenhydraten (überwiegend Stärke und wenig Zucker), Mineralstoffen und Ballaststoffen (Nahrungsfasern). Die Sojabohne hat den höchsten Gehalt an Ballaststoffen, nämlich 21,9 g je 100 g. Dann folgen die Kichererbsen mit 21,4 g und die weisse Bohne mit 17 g/100 g.

Die Sojabohne entält hochwertiges Eiweiss (bis 40%) mit fast allen lebensnotwendigen Aminosäuren und hochwertiges Öl (Sojaöl).

Natürliche Schadstoffe: Die meisten Hülsenfrüchte enthalten natürliche Schadstoffe, wie cyanogene Glykoside (blausäurehaltige Zuckerverbindungen), Lectine und Proteinaseinhibitoren. Diese werden beim Erhitzen zerstört oder im Falle der blausäurehaltigen Zuckerverbindungen wird Blausäure freigesetzt.

Konventioneller Anbau: Da der Anbau von Hülsenfrüchten meist als Zwischenfrucht erfolgt, ist es denkbar, dass Pestizidrückstände vom vorausgegangenen Ackerbau in die Pflanzen gelangen. Während der Lagerung werden die Hülsenfrüchte mit Insektiziden begast.

Alternativer Anbau: Der Anbau erfolgt nach den Richtlinien des ökologischen Landbaus. Die Hülsenfrüchte werden nicht begast.

Tipps für den Einkauf von Hülsenfrüchten

- Da die Hülsenfrüchte in der Regel in Klarsichttüten eingepackt sind, sollte man den Inhalt genau in Augenschein nehmen. Die Hülsenfrüchte sollten sauber, glatt und glänzend sein.
- Sollten Sie kreisrunde *Löcher (Frasslöcher)* oder dunkle Flecken auf den Hülsenfrüchten entdecken, dann hat hier der Erbsen-, Linsen- oder Speisebohnenkäfer sein Unwesen getrieben. Sind viele befallen, dann sollte man sie nicht kaufen. Einzelne befallene Hülsenfrüchte kann man jedoch aussortieren.
- Wer erheblich mit Blähungen zu tun hat, kann *geschälte Hülsenfrüchte* kaufen. Diese sind besser verträglich.
- Samen, die für Keimlinge verwendet werden, sollten aus kontrolliert biologischem Anbau, unbehandelt, frei von Zusatzstoffen, frei von Gentechnik und knackig-frisch sein.

4. Sojabohnen

Liebling der Gentechniker

Die Sojabohne ist in China, Japan und Indonesien schon seit Jahrtausenden bekannt und als Lebensmittel sehr geschätzt. Auch bei uns hat sich die Bohne insbesondere in der Vollwertküche etabliert. Aber nicht nur das, in 30 000 Lebensmitteln sind inzwischen Bestandteile der Sojabohne enthalten. Der grösste Anteil der Bohnen wird jedoch als Viehfutter verwendet.

Leider wurde die Bohne auch ein «Liebling» der Gentechniker. Ziel ist es, nicht nur die Erträge zu steigern, sondern auch teures Saatgut zu produzieren. Inzwischen gibt es kaum noch Länder, die «normales» Soja anbauen. Viele Bauern ergaben sich der mächtigen Genlobby (s. Kapitel «Essen ohne Risiko»).

Wertvolles Eiweiss und Öl

Soja ist eine der eiweissreichsten Pflanzen, die wir kennen. In den Bohnen sind etwa 35% Eiweiss, 18% Fett, 22% Ballaststoffe und 6% Kohlenhydrate. Das Eiweiss ist besonders wertvoll, da es alle 8 essenziellen Aminosäuren enthält. Das Sojaöl ist auch nicht ohne. Es ist reich an mehrfach ungesättigten Fettsäuren. Soja ist im wahrsten Sinne des Wortes ein Mineralstoffpaket. So sind in der Bohne besonders viel Kalium, Magnesium und Kalzium vorhanden, ausserdem einige B-Vitamine, Vitamin E und Folsäure. Des Weiteren finden wir in der Bohne Purine (190 mg/100 g), Protease-Inhibitoren, (diese werden durch Kochen, Fermentieren und Keimen zerstört) und Isoflavone.

Grosse Mengen verwertbares Protein

Auf einem Hektar Land mit Sojapflanzen können 399 kg verwertbares Protein gewonnen werden. Wird das Land für die Rinderzucht genutzt, dann sind die «Erträge» an Eiweiss wesentlich geringer, nämlich nur 22 kg!

Soja und Krebs

Sojaprodukte sind nicht nur hochwertige Proteinlieferanten, sie haben auch eine gesundheitliche Wirkung. So können bestimmte Inhaltsstoffe der Sojabohne (z. B. Isoflavone) den erhöhten Cholesterinspiegel senken, das Krebsrisiko (Brustkrebs, Gebärmutterkrebs) senken, die Knochengesundheit (Osteoporoseprävention) verbessern und Beschwerden in den Wechseljahren (Hitzewallungen) günstig beeinflussen.

Tofu, Tempeh und Miso

Inzwischen haben sich schon viele Sojaprodukte bei uns etabliert. So gibt es Tofu, Seidentofu, Tempeh, Miso, Sojasossen, Sojasprossen, Sojamilch, Soja-Desserts und Soja-Pasteten. Neben diesen Klassikern findet der von der Fleischkost Gemästete und nun auf dem vegetarischen Trip befindliche Zeitgenosse in Reformhäusern, Naturkostläden und in einigen Supermärkten auch Nürnberger, Wiener, Hot Dogs, Teewurst, Fischstäbchen, Frikadellen, Tempeh-Schnitzel, schwäbische Maultaschen oder Tortelloni mit Tofufüllung. Trendprodukte sind Tofu mit Amaranth und Tofu mit Hanfsaat. In der Schweiz gibt es noch ein Produkt aus Sojavollmehl, Sojaeiweiss, Sojaöl, Wasser, Meersalz und Milcheiweiss. Dieses Produkt wird «Yasoya» genannt.

Beim Einkauf von Sojaprodukten gilt es, die Augen offen zu halten und die Zutatenliste genau zu studieren (s. Tabelle).

Tabelle 11: Inhaltsstoffe von Bio-Soja-Sauce und herkömmlicher Sauce

Bio-Soya-Sauce (von Yamato, Reformhaus)	Wasser, Sojabohnen (60 %), Meersalz, Weizen, Alkohol (2 %). Sojabohnen und Weizen aus kontrolliert biologischem Anbau
Soja-Sauce (Bamboo Garden, aus dem Supermarkt)	Wasser, Sojabohnen, Salz, Zucker, Weizen, Geschmacksverstärker Mononatriumglutamat, Gewürze

Tipps für den Einkauf von Sojaprodukten

- Wer nicht unbedingt Geschmacksverstärker aufnehmen möchte, der sollte Sojaprodukte ohne diesen Zusatzstoff kaufen.
- Wer kein Risiko mit Gentechnik eingehen möchte, sollte unbedingt Bio-Lebensmittel wählen.
- Wie *Gudrun Ambros* in *«Schrot&Korn»* (2000-9) berichtet, werden 99% aller in der Welt verkauften Sojasossen im Schnellverfahren hergestellt. Miso und Sojasossen, die es in Reformhäusern und Naturkostläden gibt, haben eine aufwändige Prozedur hinter sich. So werden die genannten Produkte 24–30 Monate in Zedernholzfässern natürlich gereift (traditionelle Herstellung). Die Zutat «Soja» stammt aus kontrolliertem biologischem Anbau. Herkömmlich produzierter Miso enthält künstliche Farb-, Aroma- und Konservierungsstoffe. Also Augen auf beim Studium der Zutatenliste!
- Das texturierte vegetabile Protein (TVP) ist bei Naturkost-Puristen umstritten. Es wird aus Sojaschrot (Abfallprodukt aus der Sojaölgewinnung) in einem aufwändigen Prozess gewonnen und stellt ein «Kunstprodukt» dar.
  Die Bio-Branche hat eine Alternative auf dem Markt. «Sojaschnetzel» und «SoJa». Sie werden ähnlich wie Cornflakes hergestellt, aber ohne Einsatz von Chemie und ohne Gen-Soja. In der Küche können diese Produkte als vegetarisches Hackfleisch oder Geschnetzeltes verwendet werden.

5. Pilze

In den Nachkriegsjahren waren wir alle froh, wenn wir genügend Gemüse aus dem Schrebergarten und Pilze aus Wald und Flur zur Verfügung hatten. Im Herbst war unser Tisch immer reichlich gedeckt mit den herrlichsten Pilzgerichten. Erst allmählich entwickelte sich bei mir eine Abneigung für diese niedrigen, chlorophylllosen Pflanzen. Dieselbe Abneigung sieht man auch bei Kindern, die mit übermässigen Spinatportionen gefüttert wurden. Heute ist es so, dass ich einige Pilze gerne esse, die meisten überlasse ich den anderen Familienmitgliedern. Dazu fällt mir eine nette Anekdote ein. Als uns Verleger *Walter Hess* einmal zum Essen einlud, fragte er nach, ob wir alles essen würden. Da bekam er die Antwort, dass meine Frau kein Hähnchen und ich keine Pilze essen. Da meinte der Gastgeber scherzhaft, seine Frau habe schon ein Essen geplant, nämlich ein mit Pilzen gefülltes Hähnchen ...

Nun müssten sie allerdings umplanen ... Da hatte ein mitfühlender Mensch, dem ich diese Geschichte erzählte, eine glorreiche Idee. Er meinte, meine Frau solle doch die Füllung essen und ich das Hähnchen.

Zurück zu den Pilzen. Die Pilze können wirklich den Speisezettel bereichern. Sie enthalten zwar Geschmacks- und Aromastoffe, die vielen Speisen eine Würze geben, der Gehalt an Nährstoffen ist jedoch gering. Dafür sind in den Pilzen B-Vitamine, Mineralstoffe (Kalium, Phosphor) und eine gehörige Portion an unverdaulichen Ballaststoffen. Pilze sind kalorienarm, schwer verdaulich und verursachen bei etlichen Menschen Blähungen.

Schwermetalle und Radioaktivität in Pilzen: Waldpilze haben die Eigenschaft, Radioaktivität und Schwermetalle (Blei, Cadmium, Quecksilber) anzureichern. Nach dem Reaktorunglück von Tschernobyl (1986) wurde der Verzehr von Wildpilzen nicht empfohlen, da bedenkliche Konzentrationen an Cäsium 137 ermittelt wurden. Inzwischen hat sich die Lage überall beruhigt. Wildpilze in der Schweiz überschreiten derzeit nicht mehr die Toleranzgrenze von 600 Becquerel pro kg Frischgewicht.

Das *Kantonale Laboratorium in Basel* untersuchte Schadstoffe in getrockneten Pilzen (u.a. Morcheln, Steinpilze, Judasohren, Shiitake-Pilze) aus China, Vietnam, Indien, Pakistan, Rumänien und der Türkei. Die Ergebnisse wurden im Bericht vom 11. Juli 2001 publiziert. In 16 von 18 Proben waren erhöhte Konzentrationen von polycyclischen aromatischen Kohlenwasserstoffen (z. B. Fluoranthen, Pyren, Phenanthren) vorhanden. Die Konzentration des kanzerogenen Benzpyrens überschritt jedoch nie den Toleranzwert. Künstliche radioaktive Nuklide konnten nur in Spuren nachgewiesen werden.

Es wurde immer behauptet, Zuchtpilze seien mehr belastet als Wildpilze. Laut Untersuchungen in Deutschland und der Schweiz hat sich dies nicht bestätigt. Kulturpilze enthalten keine bedenklichen Mengen an Cadmium und Quecksilber.

Tipps für den Einkauf und fürs Sammeln von Pilzen

- Achten Sie auf die *Frische*. Frische Pilze haben einen intensiven, charakteristischen Geruch.
  Pilze mit dunklen Verfärbungen nicht kaufen, ebenso Pilze, die lappig und schmierig sind.
- Nur Pilze *sammeln*, die genau bekannt sind. Wer sich unsicher ist, sollte nicht sammeln oder die Pilze bei einer Beratungsstelle identifizieren lassen. In Deutschland und der Schweiz gibt es viele Pilzkontrollstellen (Infos über diese Stellen in der Schweiz unter www.vapko.ch), allerdings weniger als früher.
- Giftige Pilze können durch die «Silberlöffelprobe» nicht von geniessbaren unterschieden werden. Eine Schwarzfärbung wird nämlich durch Spuren von Schwefelwasserstoff verursacht, der beim Abbau von schwefelhaltigen Aminosäuren entsteht. Dies ist ein Zeichen eines in Zersetzung übergegangenen Pilzes.
- Kulturpilze immer den entsprechenden Konservenwaren vorziehen. Sie schmecken aromatischer und enthalten viel mehr Vitamine.
- Bei den Champignons sind verschiedene Handelsklassen festgelegt (I., II. und III. Wahl).

6. Kartoffel und Kartoffelprodukte

Macht die Kartoffel dick und dumm, und gehört sie in den Keller und nicht auf den Tisch, wie böse Zungen behaupten? Wer solche Äusserungen macht, tut der Kartoffel unrecht. Sie enthält nämlich viele lebenswichtige Nährstoffe, ist preiswert, universell in der Küche einsetzbar und kalorienarm. Kartoffeln eignen sich hervorragend zum Abnehmen, sind bestens zu empfehlen bei Herz- und Kreislauferkrankungen. Der rohe Kartoffelsaft schliesslich ist eine Wohltat für Rheuma- und Magenkranke.

Verachtet

Die Kartoffel war einst Speise der Armen. Erst als 1771 eine katastrophale Getreidemissernte eintrat und eine Hungersnot durch die Knolle abgewendet wurde, lobte man sie hoch, und plötzlich wussten sie sogar die Reichen zu schätzen. Welch ein Wandel!

In England war dies lange Zeit anders. Die Kartoffel essenden Iren wurden von den reichlich Fleisch essenden Engländern als minderwertige Menschen eingestuft.

Dr. *Michael Richard Buck*, oberschwäbischer Dichter, Forscher, Gelehrter und Arzt, schrieb in seinem Bändchen *«Medicinischer Volksglauben und Volksaberglauben aus Schwaben»* aus dem Jahre 1865 Folgendes über die Kartoffel: *«Im Oberland, nur da und dort, wird die Kartoffel in grossen Mengen, doch mehr zum Gebrauch als Viehfutter, denn als menschliche Nahrung angebaut, da der Oberschwabe mit seinem Fleischmagen vor der schwachnährenden Kartoffel wenig Respekt hat.»*

Kartoffelprodukte: Zu diesen heute sehr beliebten Kartoffelveredelungsprodukten, wie sie auch genannt werden, gehören Chips, Rösti, Pommes frites, Reibekuchen und Trockenerzeugnisse (für Klösse, Püree, Suppenpulver). Einige dieser kalorienreichen Produkte enthalten eine gehörige Portion Fett (s. Tabelle). Oft werden die Chips und Pommes in gehärtetem Pflanzenfett gebacken, gewürzt und gesalzen.

Tabelle 12: Energiegehalt von Kartoffeln und Kartoffelprodukten je 100g

Gekochte Kartoffeln	50–70 kcal
Rösti, Bratkartoffeln	200 kcal
Pommes frites	290 kcal
Kartoffelchips	540 kcal

In diversen Läden gibt es Kartoffelprodukte (Mischungen für Klösse, Puffer und Kartoffelstock), die aus kontrolliert biologischem Anbau stammen, ungeschwefelt sind und ohne Zusatzstoffe und wertschonend verarbeitet werden. Dabei muss man bedenken, dass die Produkte trotzdem weniger Wirkstoffe aufweisen als die frische Ware, sie sind ausserdem teurer und stellen keine «lebendigen» Nahrungsmittel mehr dar. Um eine längere Haltbarkeit zu erzielen, werden manche Produkte sogar begast (in der Regel mit Stickstoff).

Verleumdet

Zeitweise galt die Kartoffel als ungesund. Man machte sie für die Ausbildung einer Rachitis, Skrofulose oder Lepra verantwortlich.

Friedrich Nicolai schrieb 1785 über seine Eindrücke von einer Reise nach Bayern. Er entrüstete sich, dass die Bauern zwar reichlich Kartoffeln zur Verfügung hätten, diese jedoch nicht selbst assen, sondern den Schweinen verfütterten.

Inhaltsstoffe: Kartoffeln enthalten nahezu 80% Wasser, 15% Kohlenhydrate (Stärke, Rohrzucker, Traubenzucker, Fruchtzucker, Pektine und Zellulose). Der Eiweissgehalt ist mit 2% relativ gering. Jedoch zählt das Kartoffeleiweiss zu den hochwertigsten Pflanzeneiweissen. Die Kartoffel ist reich an Kalium (445 mg/100 g). Einige andere Mineralstoffe bewegen sich im mittleren Bereich. Auch der Gehalt an Vitamin C ist nicht zu verachten. Er ist allerdings sortenabhängig. 200 g frische Kartoffeln würden den Tagesbedarf an Vitamin C etwa zur Hälfte decken.

Mit rund 70 Kalorien pro 100 g weist die Kartoffel etwa 5-mal weniger Kalorien auf als Reis oder Nudeln.

Nährstoffverluste: Während der Lagerung und bei der Zubereitung von

Kartoffeln nimmt der Gehalt an Vitamin C besonders stark ab.
Zusatzstoffe: Die Kartoffelerzeugnisse enthalten Antioxidationsmittel, um den Fett- und Aromaverderb zu verhindern. Damit ein Nachdunkeln die Produkte nicht verunstaltet, kommen Schweflige Säure oder Sulfite, Zitronensäure, synthetische Ascorbinsäure und Phosphate zur Anwendung. Kartoffelpulver für Klösse enthalten Stabilisatoren, Verdickungsmittel und Phosphate (erleichtern die Quellung). Damit alles schön gelb aussieht, kommt noch Lactoflavin (Vitamin B_2) ins Pulver.
Natürliche und künstliche Schadstoffe: Zu den natürlichen Schadstoffen gehört das *Solanin,* das in unreifen oder am Licht ergrünten Teilen vorkommt. Das meiste Solanin ist in der Schale und den Keimen. Reife Knollen weisen zwischen 2 und 10 mg pro 100 g auf.

Durch Kochen geht Solanin teilweise in das Kochwasser über, ohne dass es zerstört wird. Bei Kartoffeln, die nur kleine grüne Stellen und Keime haben, sollte man die Zonen grosszügig wegschneiden. Grüne Kartoffeln oder solche mit grösseren grünen Zonen sollten weggeworfen werden.

Wie sieht es mit dem *Nitratgehalt* aus? Normalerweise zählen die Kartoffeln zu den nitratärmsten Nahrungsmitteln. Der Gehalt liegt meistens weit unter 300 mg/kg. Die Sorten aus biologischem Anbau zeigten dagegen nur geringe oder keine Nitratbelastung.

Um die Keimbildung nach längerer Lagerzeit zu verhindern, erfahren die Knollen eine Behandlung mit *Keimhemmungsmitteln*. Diese können natürlich in das Innere der Knolle hinein diffundieren, erreichen jedoch nach einer Schweizer Untersuchung den 10. Teil des gesetzlichen Grenzwertes. In manchen Ländern ist die Bestrahlung zur Keimhemmung erlaubt.
Konventioneller Anbau: Beim konventionellen Kartoffelanbau kommen auch Beikraut- und Schädlingsbekämpfungsmittel zum Einsatz. Bei unsachgemässer Anwendung kurz vor der Ernte wurden Rückstände in den Knollen nachgewiesen.

Beim Einsatz von Erntemaschinen muss das Kraut vollständig verwelkt sein. Nur so ist ein problemloses Ernten möglich. Damit die Krautfäule nicht in die Knolle wandert, wird vorher das Feld abgespritzt. Es gibt auch ein anderes Verfahren, um das Kraut zu entfernen, nämlich das energieaufwändige Abflammen.
Alternativer Anbau: Biobauern verwenden keine synthetischen Spritzprodukte. Sie entfernen ausserdem das Kraut auf mechanischem Wege.

Tipps und Tricks für den Einkauf von Kartoffeln

- Die richtige *Kartoffelsorte* wählen. Es gibt 3 Kochtypen, die festkochenden Kartoffeln (für Kartoffelsalat, Salz-, Pell- und Bratkartoffeln), die vorwiegend festkochenden Kartoffeln (für Salz-, Pell- und Bratkartoffeln, Pommes frites) und die mehlig festkochenden Kartoffeln (für Püree, Klösse, Suppen, Eintopf).
- Kartoffelsorten:
  Fest kochend: Cilena, Linda, Nicola, Princess, Selma, Stella
  Vorwiegend fest kochend: Agria, Arkula, Berber, Christa, Granola, Laura, Leyla, Marabel, Quarta, Rosara, Satina, Secura, Solara.
  Mehlig kochend: Adretta, Afra, Bintje, Likaria, Ostara, Sistema, Palma, Urgenta.
- Kartoffeln mit *Keimen* oder mit *grünen Stellen* nicht kaufen.
- Geschälte Kartoffeln nicht im Wasser liegen lassen.
- *Rohe Kartoffeln* erst kurz vor der Zubereitung zerkleinern.
- *Kartoffeln in der Schale* in wenig Wasser oder im Dampfkochtopf garen. Die Garzeit möglichst kurz halten.
- Langes *Warmhalten* von Kartoffelzubereitungen vermeiden.
- Wer auf Kalorien achten muss, sollte auf die fettreichen Kartoffelerzeugnisse verzichten. Lieber Pellkartoffeln («Gschwellti») mit Kräuterquark essen.
- *Unbehandelte Kartoffeln* während der Keimruhe verzehren (die Kartoffeln keimen nach 4 bis 5 Monaten aus). Danach sollte man lieber auf Hirse, Hafer, Gerste, Weizen, Roggen, Hülsenfrüchte umsteigen, bis die neuen Erdäpfel erhältlich sind.
- Kartoffeln nicht in der Nähe von Obst *lagern*.
- Rohe Kartoffeln eignen sich nicht zum Einfrieren.

Tabelle 13: Vitamin-C-Verluste nach 4 Monaten Lagerung und beim Kochen geschälter und ungeschälter Kartoffeln in Prozent.

Kartoffelsorte, mit und ohne Schale	Verluste in %
Sorte Solara, mit Schale gegart	52%
Sorte Solara, ohne Schale gegart	65%
Sorte Leyla, mit Schale gegart	67%
Sorte Leyla, ohne Schale gegart	82%

Quelle: «Vitamin C in Kartoffeln», Kartoffelanbau, Nr. 7, 1998.

Getreide und Brot

Die Kultivierung der Getreidearten war die grösste ackerbauliche Kulturtat der Erdenbewohner. Die Nahrung des Menschen bestand Jahrtausende bis zu 80% aus dem vollwertigen Nahrungsmittel Getreide. Auch in unserer Zeit sind Getreideprodukte beliebt. So decken diese Lebensmittel weltweit 50% der benötigten Nahrungsenergie des Menschen (bei uns sind es jedoch nur 20%). 60% der Weltgetreideernte werden als Viehfutter genutzt.

Unsere Vorfahren konsumierten Brot und Suppen aus grob gemahlenem Korn. Erst mit der Verbesserung der Mühlentechnik wurde immer feineres Mehl hergestellt. Das Mehl wurde immer weisser und als besonders «edel» hingestellt, je heller es war.

Beliebtes weisses Mehl

Der dänische Ernährungsexperte *Mikkel Hindhede* (1862–1945) beobachtete, dass amerikanische Müller ein sehr feines und weisses Mehl herstellten, *«das sie zu hohen Preisen an weniger kluge Hausfrauen verkaufen; und das verursacht Verstopfung. Dann tun sie die Kleie in feine Päckchen und verkaufen sie zum 20fachen Preis als Mittel gegen Verstopfung!»* Dann vertrat *Hindhede* die richtige Auffassung, man könne alles preiswerter haben, wenn die Menschen Schrotbrot essen würden.

Ende des 19. Jahrhunderts gab es die ersten Mahner. Einer der bekanntesten war *Sebastian Kneipp*. 1889 schrieb er in seinem Buch

«So sollt ihr leben!» folgende bemerkenswerten Sätze:

«Der Weizen liefert das schmackhafteste und nahrhafteste Brot. Soll man es daher nicht beklagen, dass man gerade aus dem Weizen ein Kunstmehl bereitet, dem die beste Kraft entzogen ist, das wohl fein aussieht, aber wenig nährt und auch den vortrefflichen Getreidegeschmack durch die künstliche Verarbeitung verloren hat? Soll es bei der Menschheit besser werden und Blutarmut und Gebrechlichkeit wieder mehr verschwinden, so muss grosse Sorge darauf verwendet werden, dass unverfälschte Nahrungsmittel überhaupt und besonders gutes Naturmehl in die Küche kommen.»

Auch *Maximilian Oskar Bircher-Benner, Max Otto Bruker, Felix Grandel, Werner Kollath, Alfred Vogel* und *Åre Waerland* setzten sich schon frühzeitig für eine gesunde Nahrung ein. Auch *Johann Georg Schnitzer* plädiert nach wie vor für eine solche Kost. Er fand nämlich heraus, dass eine Nahrung, die viel Weissmehlprodukte und isolierten weissen Zucker enthält, nicht nur den Gebissverfall, sondern auch viele andere Gesundheitsstörungen begünstigt (Infos unter: www.dr-schnitzer.de).

Was Bircher-Benner bei Bauern entdeckte

Maximilian Oskar Bircher-Benner entdeckte die Heilwirkung einer vegetarischen Kost durch eigene Studien und Beobachtungen. Er studierte beispielsweise die Ernährungsgewohnheiten der Bauern in Küttigen/AG (Schweiz). Aus diesem Juradorf unweit von Aarau kamen die Vorfahren der Birchers her. Die Bauern ernährten sich von Hafergrütze, Vollkornbrot, Kartoffeln, Rüben («Chüttiger Rüebli»), frischem und gedörrtem Obst, Mangoldkraut, Bohnen, Kohl und Salat. Nur ab und zu gab es Butter, Eier und Milch. Nach den Ernährungsdogmen des Jahres 1895 hätten die so ernährten Menschen kraftlos und krank sein müssen. Aber das Gegenteil war der Fall. Das Landvolk hatte wohl einen krummen Rücken, war jedoch zäh und kräftig.

Die genannten Ernährungsexperten galten in ihrer Zeit als Aussenseiter. Heute wissen wir dank vieler Studien und Erfahrungen, dass diese Experten mit ihren Empfehlungen Recht hatten.

Grosses Paket an Inhaltsstoffen

Sie werden sich wundern, was in so einem «vollen» Getreidekorn alles enthalten ist: In den Randschichten, die aus Oberhaut, äusserer und innerer Fruchtschale, Samenschale und Aleuronschicht bestehen, sind besonders Mineralstoffe und Ballaststoffe (Nahrungsfasern) enthalten. Das Wertvollste am Korn ist der Keim. Der Keim enthält alle Wirkstoffe, die zur Entwicklung der zukünftigen Pflanze notwendig sind. Der folgende Versuch zeigt das sehr deutlich: Trennt man den ruhenden Keim von einem Korn ab, legt ihn auf ein befeuchtetes Filterpapier, dann wächst zunächst ein Keimling und später eine grüne Pflanze heraus. Die Keimung geht also ohne den Mehlkörper vor sich. Die Analytiker staunten nicht schlecht, als sie die Keime auf ihre Bestandteile hin untersuchten. Mit solch einer Fülle an Wirkstoffen hatten sie nicht gerechnet. Neben Aminosäuren, Phytohormonen, Farb-, Duft- und Aromastoffen wurden fast alle Vitamine und Mineralstoffe, aber auch mehrfach ungesättigte Fettsäuren, Ballaststoffe (Nahrungsfasern) und Enzyme gefunden. Bemerkenswert ist der hohe Eisen-, Kalium-, Magnesiumgehalt. Nicht ohne sind der Gehalt an Lecithin, B-Vitaminen, Vitamin E und alpha-Liponsäure.

Der Mehlkörper dagegen enthält fast nur Kohlenhydrate (Stärke) und Klebereiweiss.

Das volle Korn weist ferner noch sekundäre Pflanzenstoffe (Carotinoide, Flavonoide) auf.

Getreide enthält fast alles, was der menschliche Körper zur Ernährung braucht.

Ballaststoffe oder Nahrungsfasern?

Der Begriff *Ballaststoffe* ist eine veraltete und heute wieder etablierte Bezeichnung für alle unverdaulichen Bestandteile der Nahrung. Früher wurden diese als unnütz angesehen. Man unterscheidet die wasserunlöslichen Ballaststoffe (Füllstoffe) und wasserlöslichen Ballaststoffe (Quellstoffe). Zu den wasserunlöslichen Ballaststoffen gehören die Cellulosen, Hemicellulosen und das Lignin (das sind die so genannten Nahrungsfasern), und zu den wasserlöslichen Ballaststoffen die Pektine, Schleimstoffe, Pflanzengummis und Algengele.

Die Ballaststoffe haben einen Sättigungseffekt, einen positiven Einfluss auf den Fett- und Kohlenhydratstoffwechsel und besitzen eine antikarzinogene Wirkung.

In diesem Buch verwende ich den Begriff *Ballaststoffe,* und wenn wirkliche Fasern vorliegen, beide Begriffe (Nahrungsfasern in Klammer).

Vollkorn gut für Herz und Gefässe

Wer viel Vollkornprodukte verzehrt, tut seinem Körper etwas Gutes an. Nach den bisher vorliegenden Studien entfalten Vollkornprodukte folgende Effekte:

- antioxidativer Schutz,
- Senkung des «schädlichen» LDL-Cholesterins,
- Senkung eines Bluthochdrucks,
- Verringerung des Risikos für Typ 2-Diabetes,
- Vorbeugung von Übergewicht,
- Gefässschutz (Arteriosklerosevorbeugung, geringeres Risiko für Herz-Kreislauf-Krankheiten),
- gesunde Darmflora durch Ballaststoffe (Nahrungsfasern),
- krebshemmender Effekt.

Tabelle 14: Pseudocerealien, Produkte und Verwendungszwecke

Amaranth	Amaranth wird in Südamerika und seit einiger Zeit auch in einigen europäischen Ländern angebaut; die Samen sind sehr klein (1000 bis 3000 Samen wiegen 1 g). Verwendung: Beimischung für Brotmehle, Suppen, Gemüseaufläufe, Müesli-Riegel.
Buchweizen	Das Knöterichgewächs ist eiweissreich. Im Handel sind geschältes ganzes Korn, Grütze, Flocken und Mehl. Verwendung: Beilage zu Fleischspeisen; Breie, Suppen, Aufläufe, Pfannkuchen, Blinis. Einige Wurstsorten enthalten Buchweizengrütze.
Quinoa	Das Gänsefussgewächs wird in Südamerika angebaut. Verwendung: Zutat für Brot, Backwaren und Teigwaren, Suppen, Eintöpfe, Aufläufe, Bratlinge, Klösse, Pfannkuchen, Süssspeisen.

Tabelle 15: Getreidearten, Produkte und Verwendungszwecke

Dinkel, Grünkern	Dinkel gehört zur Weizenfamilie, er entstand wahrscheinlich durch Kreuzung von Emmer und Zwergweizen. Grünkern ist unreif geernteter Dinkel, der kurz nach der Ernte gedarrt wird. Verwendung: Brot, Mehlspeisen. Grünkern wird wegen seines nussartigen Geschmacks für Bratlinge, Suppen, Eintöpfe und Beilagen verwendet.
Gerste	Gerste gehört zu den ältesten Kulturpflanzen. Im Handel sind ganze Körner, Graupen, Mehl und Flocken. Verwendung: Bierherstellung, Malzkaffee, Suppen (berühmt ist die Graubündner Gerstensuppe).
Hafer	Reich an Eiweiss, Fett, Mineralstoffen, Vitaminen und Ballaststoffen (Nahrungsfasern). Im Handel sind ganze Körner, Haferflocken, Instant-Haferflocken, Hafermehl, Hafergrütze. Verwendung: Hackfleischgerichte, Aufläufe, Gebäck, Brot, Säuglingsflaschennahrung, Konzentratnahrung für Sportler, «Porridge».
Hirse	In Afrika ist Hirse ein Hauptnahrungsmittel. Bei uns kommt die goldgelbe Rispenhirse in den Handel. Die geschälten Hirsekörner lassen sich zu Mehl, Griess und Flocken verarbeiten. Verwendung: Beilage zu Gerichten; geeignet für Suppen, Soufflés, Breie und zur Bereitung von Hirsebrot.
Mais	Hauptnahrungsmittel in etlichen Staaten von Amerika. In Peru und Mexiko wurde Mais bereits vor 5000 Jahren angebaut. Zuckermais ist eine süss schmeckende Maisart. Produkte: Cornflakes, Maisstärke, Maisgriess, Maismehl, Maiskeimöl. Verwendung: Polenta, Kukuruz, Tortillas (Maisfladen), Bereitung von Pfannkuchen, Popcorn (Puffmais), Klössen, Kroketten, Bierherstellung, Kuchen, Puddings, Binden von Suppen und Sossen.
Reis	Reis wurde schon vor 5500 Jahren in Thailand kultiviert. Die bedeutendsten Anbaugebiete befinden sich heute in Indien und China. Reis ist Nahrung für die Hälfte der Menschheit. Produkte: Langkornreis, Rundkornreis (Milchreis), Basmati-Reis (Duftreis), Wildreis (Wildgetreideart, die dem Reis verwandt ist), Naturreis, Reismehl, Reisgriess, Reisflocken, Puffreis. Verwendung: Beilage für Gerichte aller Art, für Süssspeisen, Breie, Bestandteil für Frühstücksgetreidespeisen.
Roggen	Roggen hat einen kräftigeren Geschmack als Weizen. Er wird insbesondere zum Brotbacken verwendet. Roggen enthält viel Kalzium und B-Vitamine.
Weizen	Weizen ist das wichtigste Brotgetreide bei uns. Weizen zeichnet sich durch gute Backeigenschaften aus. Produkte: Mehle, Teigwaren, Griess, Flocken. Verwendung: Backwaren, Müesli-Bestandteil.

Anmerkungen: Amaranth, Quinoa, Buchweizen, Hirse, Mais und Reis enthalten kein Gluten (Klebereiweiss). Sie spielen in der Ernährung von Zöliakie-Kranken eine grosse Rolle. Die *Urgetreidearten* (Emmer, Einkorn, Kamut) sind wieder gefragt. Aus dem Emmer wird ein griessähnliches Mehl mit hohem Kleberanteil gewonnen; das Einkorn ist durch Carotinoide gelb gefärbt, und Kamut hat einen nussartigen Geschmack und enthält mehr Fett und Eiweiss als herkömmlicher Hartweizen.

Weisses Mehl in Hülle und Fülle

Wer in einen Supermarkt geht, findet eine riesige Auswahl an Produkten, aber oft nur wenige *Mehlsorten*. Das beliebteste Mehl ist dasjenige mit der Mehltypenzahl 405. In einem Markt, den ich kürzlich aufsuchte, waren vielleicht 100 Packungen Mehl Type 405 zu sehen, während in der obersten Reihe vielleicht 10 Packungen Dinkelmehl Type 630 waren.

Was sagt eigentlich die Mehltypenzahl aus? Diese Zahl gibt den ungefähren Mineralstoffgehalt in mg/100g an. So enthält das Mehl der Type 1050 etwa 1050mg und das Mehl der Type 405 nur noch 405mg Mineralstoffe je 100g. Das weisse Weizenmehl der Type 405 hat die besten Backeigenschaften, aber auch das der Type 1050 kann sich bezüglich dieser Eigenschaften noch sehen lassen.

Je weisser ein Mehl, desto geringer ist der Ausmahlungsgrad (beim Mehl der Type 405 beträgt dieser 40%).

Erhält der Müller aus 100kg Weizen 100kg Mehl, dann spricht man von einem hohen Ausmahlungsgrad (100%).

Tabelle 16: Gehalt an Ballaststoffen (Nahrungsfasern), Mineralstoffen und Vitaminen in Weizenmehlen Type 405 und 1050 (g bzw. mg/100g)

Vitamine, Mineralstoffe, Ballaststoffe	Type 405	Type 1050
Kalium	110mg	205mg
Phosphor	75mg	210mg
Kalzium	15mg	25mg
Magnesium	–	55mg
Eisen	1,5mg	2,2mg
Vitamin B1	0,006mg	0,043mg
Nicotinamid	0,7mg	1,4mg
Ballaststoffe (Nahrungsfasern)	4,0g	5,2g

In Supermärkten, Drogerien, Reformhäusern, Naturkostläden und Mühlen gibt es nicht nur Mehle, sondern auch Backmischungen und Bio-Mehle (s. Tabelle).

Tabelle 17: Biomehle von Coop, Schweiz (naturaplan)

Bio-Mehle	Zusammensetzung und Verwendung
Bio-Bauernmehl	10 % Randschichten, 90 % Mehlkörper, ohne Keimling. Für dieses Mehl werden Weizen und Roggen aus biologischem Anbau gemischt. Verwendung: Bauernbrot, Nuss- und Früchtebrote, Sauerteigbrote, Teig für Wähen und Omeletten.
Bio-Vollkornmehl	17 % Randschichten, 80 % Mehlkörper, 3 % Weizenkeim. Verwendung: Vollkornbrot, dunkler Hefezopf, Pizzateig, verschiedene Wähen, Nussguetzli (Nussplätzchen), Honig-Sesam-Kugeln, Haferflockenguetzli (Haferflockenplätzchen).
Bio-Weissmehl	Nahezu 100 % Mehlkörper des Getreidekorns. Verwendung: Torten, Cakes, Biscuitrollen, Butter- und Teegebäck, Soufflés, Crêpes.

Auf der Suche nach Vollkornbrot

Früher galten die Griechen als die besten Bäcker der Welt. Sie stellten um 300 v. u. Z. schon 70 Brotsorten her. In unserer Zeit gibt es über 300 Brotsorten. 50 % davon sind die traditionellen, regionaltypischen Mischbrote. Beliebt sind auch Weizenbrote, Roggenbrote, Spezialbrote und Vollkornbrote. Zu den Spezialbroten zählen Grahambrot, Knäckebrot, Pumpernickel, Simonsbrot, Steinmetzbrot und 3-, 4- oder 5-Korn-Brote.

Die Bäckerzunft beschwerte sich

Über 15 Jahre beschäftigte sich *Joseph Senn* in Nollingen D mit der Hausbäckerei. Er buk ein aussergewöhnliches Brot. Leute vom Land und der Stadt Rheinfelden waren auf sein Backwerk sehr erpicht. Die Bäckerzunft protestierte energisch gegen die Lieferung von Brot aus dieser Bäckerei in die Stadt. *Joseph Senn* habe das Bäckerhandwerk nicht gelernt, und er müsste die Prüfungen machen und sich als Meister einkaufen, so war die Meinung der Bäcker. *Senn* richtete am 27. September 1788 an die Regierung und Kammer des Oberrheinkreises die Bitte, künftig ungestört Hausbrot backen und dieses an seine Abnehmer verkaufen zu dürfen.

Die Regierung entschied am 17. November 1788 zugunsten des Nollingers. Er durfte ab sofort sein Brot in Rheinfelden verkaufen. Der Magistrat appellierte an die Bäcker in Rheinfelden, doch in Zukunft schmackhaftes Brot zu einem günstigen Preis und richtigem Gewicht zu backen.

Quelle: *«Heimatgeschichte Nollingen, Rheinfelden und Umgebung bis zum Jahre 1922»* von Hermann Steinegger, Verlag Peter Krauseneck, Rheinfelden 1935.

In Deutschland, in der Schweiz, in Österreich und neuerdings auch in Frankreich gibt es wieder sehr viele gute Bäckereien, die vorzügliche Brote nach alter Tradition backen. Das Angebot ist vielfältig. Erfreulich ist, dass in einigen Bäckereien neben den üblichen Vollkornbroten auch Brote und Brötchen aus frisch gemahlenem Getreide gebacken werden.

Vielfach wird jedoch ein Pseudo-Vollkornbrot mit wenig Körnern angeboten. Hier wird der Konsument in die Irre geführt. Der unaufgeklärte Kunde bringt meistens dunkles Brot oder ein Brot mit Körnern auf der Rinde mit «Vollkornbrot» in Verbindung.

Auch im Supermarkt findet man verpackte dunkle Brotsorten, die zwar Roggenvollkornschrot enthalten, aber auch färbende Bestandteile wie Malz oder Karamellsirup. Ich frage mich, was diese färbenden Bestandteile im Brot zu suchen haben. Anscheinend ist dieses Brot sehr beliebt. Der Kunde merkt nicht, dass er übers Ohr gehauen wird.

Der Handel bietet auch Schnittbrot an. So enthielt ein Roggenmischbrot aus dem Supermarkt Verdickungsmittel, Guarkernmehl, die Emulgatoren Mono- und Diglyceride von Speisefettsäuren. Ein anderes geschnittenes Brot enthielt sogar Konservierungsstoffe. Hier kann einem der Appetit vergehen.

Ein köstliches Brot erstehe ich regelmässig im Grünkernladen (Naturkostladen) in Schopfheim D. Wie mir der Besitzer des Ladens, *Jürgen Blaas*, versichert, werden alle Brote mit frisch gemahlenem Bio-Getreide produziert und von 5 Bäckereien geliefert. Bäcker, die sich so viel Mühe geben, verdienen Unterstützung.

Luftbrötchen und Bauernbrote

Leider werfen in Deutschland und sicher auch in anderen Ländern immer mehr Bäcker, die nach guter alter Backtradition backen, das Handtuch. Schuld sind die Grossbäckereien, die immer mehr Supermärkte beliefern oder direkt dort aufbacken lassen. Das urwüchsige, schmackhafte Brot ist leider nicht überall mehr zu bekommen.

Kürzlich kaufte ich in einer Filiale einer Grossbäckerei einen Wasserwecken und einen Dreikornwecken. Diese sahen lecker aus und hatten eine wunderschöne Form. Als ich mit froher Erwartung in die Brötchen hineinbiss, bemerkte ich, dass die fad schmeckenden Brötchen zum überwiegenden Teil aus Luft bestanden. Der Bäcker hatte mit zu viel Lockerungsmitteln gearbeitet. Im Dreikornwecken war so wenig Körnerschrot vorhanden, dass man sie kaum mit der Lupe erkennen konnte.

Sehr gute Bauernbrote bieten Bauernhöfe und Bauernläden an. Die Bauern fungieren als Direktvermarkter. In solchen Läden wie beispielsweise in Schopfheim-Wiechs D sind nicht nur Brote im Angebot, sondern auch Wurst- und Fleischwaren, Gemüse, Obst, Milch und Milchprodukte aller Art.

Eine weitere Möglichkeit besteht darin, das Brot selbst zu backen. Der Handel bietet nicht nur Backmischungen an, sondern auch Getreidekörner. Wer keine Kornmühle besitzt, kann die Körner vor Ort (Reformhäuser, Mühlen, Bio-Läden) mahlen lassen.

Tabelle 18: Gehalt an Ballaststoffen (Nahrungsfasern), Vitaminen und Mineralstoffen in Roggenbrot und Roggenvollkornbrot (g bzw. mg/100 g)

Ballaststoffe, Vitamine, Mineralstoffe	Roggenbrot	Roggenvollkornbrot
Ballaststoffe (Nahrungsfasern)	6,5 g	8,1 g
Natrium	525 mg	525 mg
Kalium	245 mg	290 mg
Magnesium	35 mg	55 mg
Kalzium	30 mg	35 mg
Eisen	2,4 mg	3,0 mg
Zink	1,2 mg	1,5 mg
Vitamin B1	0,18 mg	0,18 mg
Nicotinamid	0,64 mg	1,0 mg

Tabelle 19: Gehalt an Ballaststoffen (Nahrungsfasern), Vitaminen und Mineralstoffen in Weizenbrot (Weissbrot) und Weizenvollkornbrot (g bzw. mg/100g)

Ballaststoffe, Vitamine, Mineralstoffe	Weizenbrot	Weizenvollkornbrot
Ballaststoffe (Nahrungsfasern)	3,2g	7,4g
Natrium	540mg	450mg
Kalium	130mg	220mg
Magnesium	25mg	60mg
Kalzium	60mg	30mg
Eisen	0,74mg	2,0mg
Zink	0,66mg	1,5mg
Vitamin B1	0,085mg	0,25mg
Nicotinamid	0,85mg	3,3mg

Schadstoffe in Getreide

Natürliche Schadstoffe: Mutterkorn, Schimmelpilzgifte (Mykotoxine). Mutterkorn bildet sich besonders in feuchten Sommern an Roggenähren. Der Pilz enthält giftige Alkaloide. Durch die moderne Getreidereinigung wird Mutterkorn entfernt. Der Pilz kann jedoch in naturbelassenes Getreide gelangen und mit Beikrautsamen verwechselt werden. Die Schimmelpilze wachsen besonders gut bei zu feucht und warm gelagertem Getreide.

Laut einer Untersuchung von 49 Proben Getreideerzeugnissen (Maisgriess, Maismehle, Cornflakes, Maiskolben, Polenta, Süssmais, ganze Maiskörner) durch das Kantonale Labor Basel-Landschaft mussten 2 Proben (Cornflakes, Maismehl) beanstandet werden. In diesen Proben wurden Toleranzwertüberschreitungen ermittelt. Bei 16 weiteren Proben lagen die Werte deutlich darunter, oder die Mykotoxine waren nur in Spuren nachweisbar.

Tierische Schädlinge: Getreide kann mit Kornkäfern («dunkle Körner»), Mehlmotten (Gespinste in Mehl) befallen sein. Getreideerzeugnisse, die von Kornkäfern heimgesucht sind, sollte man wegwerfen. Die Drüsensekrete enthalten krebserregende Stoffe.

Ausscheidungen der Mehlmotte machen Getreideerzeugnisse ungeniessbar und verursachen Durchfälle und bei Kontakt Hautentzündungen.
Schadstoffe im konventionellen Anbau: Untersuchungen ergaben, dass die Restgehalte an Pflanzenbehandlungsmitteln seit den 50er-Jahren zurückgegangen sind. Wie das *Kantonale Laboratorium Basel-Stadt* berichtet, kommen zur Eindämmung von Beikräutern im Getreideanbau Pestizide (z. B. Chlorphenoxycarbonsäure) zur Anwendung. Ferner sind auch Vorratsschutzmittel und Wachstumsregler in Gebrauch.
Alternativer Anbau: Getreide aus biologischem Anbau ist weniger belastet als konventionelles. Bei angeblich biologischem Getreide aus dem Ausland sollte man auf der Hut sein. Es wird empfohlen, immer bei zuverlässigen Quellen zu kaufen.

Tipps für den Einkauf von Getreide, Mehl und Brot

- *Angeschimmeltes* und vom *Kornkäfer* befallenes Getreide wegwerfen. Dieses Getreide nicht an Tiere verfüttern.
- Verpacktes Getreide, insbesondere naturbelassenes, nach Mutterkorn durchsuchen.
- Beim Bäcker nachfragen, aus welchem Mehl das Brot gebacken wurde. «Dunkles Mehl» ist kein Qualitätsmerkmal (oft handelt es sich um Roggenmehl, das von Natur aus dunkler ist, oder um Roggen-Weizen-Mischmehl).
- Bei *verpacktem Vollkornbrot* oder anderen Broten immer die Zutatenliste begutachten. Oft sind färbende Zusatzstoffe im Brot, die «Vollwertbrot» vortäuschen.
- Je heller das Mehl, umso niedriger ist die *Mehltypenzahl*. Je höher die Mehltypenzahl, umso mehr Mineralstoffe sind in der betreffenden Mehlsorte. Vollkornbrot enthält gegenüber Weissbrot einen etwa 2- bis 3fach höheren Gehalt an Vitaminen, Mineralstoffen und Ballaststoffen.
- Beim Selbstbacken von Brot mit frisch gemahlenem Getreide sollte Folgendes beachtet werden: Das gemahlene Getreide nicht stehen lassen, sondern sofort zu einem Teig verarbeiten, da sonst Inhaltsstoffe des Keims oxidieren (s. a. *«Backen mit Vollkorn»* von *Dr. Johann Georg Schnitzer*, www.dr-schnitzer.de).

- Beim *Selberbacken* von Brot mit Backmischungen: Genau die Zutatenliste studieren, Mischungen ohne Konservierungsstoffe wählen. Inzwischen gibt es viele Backmischungen zu kaufen. So liefert beispielsweise die *Streich-Mühle* in Wieslet D u.a. folgende Mischungen: Sonnenblumenbrot, Dinkelbrot, Hanfbrot (mit 8% geschältem Hanfsamen), Haferkleiebrot, Wiesentäler Bauernbrot, Alemannenbrot, Bärlauch-Brot, Fitness-Brot und Krustenbrot mit Braunhirse.
- Achten Sie auf das *Mindesthaltbarkeitsdatum*. Weisses Mehl (Type 405) ist am längsten lagerfähig (über 1 Jahr).
- Eine empfehlenswerte Alternative zum Weizenmehl ist *Dinkelmehl* (Type 630 und 812 für Kuchen, Hefegebäck, Spätzle und Type 1050 für Vollkornkuchen).
- Wer eine *glutenfreie Kost* aufnehmen muss, sollte glutenfreies Getreide kaufen. Geeignet sind Amaranth, Quinoa, Buchweizen, Hirse, Mais und Reis (Buchtipp: *«Glutenfrei kochen und backen»*, von *Carine Buhmann*, AT Verlag, Aarau 2004, www.at-verlag.ch).
- Für eine ausgewogene *Ernährung* sollten Sie Mehle mit hoher Typenzahl kaufen.
- Als *Backtriebmittel* kommen Hefe, Sauerteig und Backferment in Frage. Das Backferment ist eine Mischung aus Getreide, Hülsenfrüchten und Honig.
- Das Brot sollte gleichmässig gebräunt aussehen, die Poren gleichmässig und nicht zu feucht sein (beim Drücken mit dem Finger auf die Krume bleibt die Vertiefung bestehen). Das Vollkornbrot sollte nicht zu trocken und krümelig sein.
- Brot nicht offen und nicht im Kühlschrank lagern (es trocknet aus). Am besten lagert man Brot im Brottopf oder in einer Papiertüte im Brotkasten. Die Behälter regelmässig mit Essigwasser reinigen.

Milch und Milchprodukte

«Wenn man ihren Geschmack auf die Zunge bekommt, dieses Gemisch von Frische, Kühle, Unschuld und Süssigkeit, fällt man zurück ins Hirtenzeitalter, und die Welt nimmt ein Bild von Idylle an», schrieb euphorisch der Naturphilosoph, Biologe, Maler und Erzähler *Adolf Koelsch* (1879–1948). In unserem Industriezeitalter hätte wohl der Philosoph nicht so über die malträtierte Milch gesprochen, die heute überall im Handel ist. Aber es gibt sie noch, die ursprüngliche, frische und gehaltvolle Milch, die vielerorts als das vollkommene Lebensmittel gepriesen wird.

Butter, Milch und Rahm vom Biobauern

Als wir kürzlich Butter, Milch und Rahm (Sahne) vom Bio-Bauern erhielten, waren wir überrascht, wie gut sie schmeckten. Besonders die Butter hatte es uns angetan. Sie war aromatisch, gelblich und von weicher Konsistenz. Der Geschmack erinnerte mich an die Butter, die meine Mutter früher aus Rohmilch bereitet hatte. Die Rohmilch bezog sie von einem Bauern, der in den 50er-Jahren die Kühe noch mit der Hand molk. Auch tranken wir genussvoll die rahmige Milch, die kurz vorher das Euter der Kuh verlassen hatte.

Vor kurzem bot sich die Gelegenheit, den Biobauern, der diese schmackhafte Butter produzierte, zu besuchen. *Hildebrand Jost*, der einen landwirtschaftlichen Hof nach ökologischen Richtlinien in der Nähe von Maulburg D betreibt, stand mir Rede und Antwort. Schon sein Vater war ein Anhänger des ökologischen Landbaus. Er führte den Betrieb 50 Jahre lang. Da es in der Gründerzeit wenig Bio-Bauern gab, brauchte sein Vater viel Mut, um sich durchzusetzen.

Als ich im Januar 2005 Butter haben wollte, vertröstete mich *Hildebrand Jost* auf das Frühjahr. Er buttert im Winter nicht, weil die Kühe weniger Milch geben und kein Grünfutter erhalten. Die blasse Winterbutter ist nicht so aromatisch und enthält weniger Vitamine. Auf die unterschiedliche Qualität der selbst hergestellten Butter aus anderen Quellen angesprochen, erklärte der Landwirt, er würde seine Butter mehrfach waschen, damit auch der letzte Rest «Buttermilch» entfernt wird. Die Butter ist dann länger haltbar und schmackhafter.

Hildebrand Jost, der zwischen 16 und 20 Höhenfleckkühe besitzt und diese von Hand melkt, betonte, er müsse einmal im Monat die Milch bakteriologisch untersuchen lassen. Regelmässig finden die Analytiker in der Bio-Milch weniger Keime als bei Verwendung von Melkmaschinen. Das Melken mit der Hand ist natürlich zeitaufwändiger, er benötigt etwa 7 Minuten für eine Kuh. Die Kälbchen dürfen anschliessend an den Zitzen die Restmenge Milch heraussaugen. Eine Kuh liefert etwa 4000 Liter Milch pro Jahr. Die «Turbo-Kühe» aus Mastbetrieben übersteigen die Menge um das 2- bis 4fache. Auch eine Schweizer Kuh zählt inzwischen zu den Spitzenkühen. Nach Angaben des Schweizerischen Bauernverbandes liefert eine solche Kuh im Durchschnitt 5260 kg. Aber es gibt auch Spitzenkühe, die an 310 Tagen 40 kg pro Tag liefern. Dies wäre nach Adam Riese die unglaubliche

Menge von 12 400 kg im Jahr (nach «Tabula», 1998-4).

Wie *Hildebrand Jost* betonte, sind diese Hochleistungskühe nach einigen Jahren «ausgelaugt». Warum diese Kühe so viel leisten, liegt auf der Hand: Sie bekommen eiweiss- und energiereiches Mastfutter.

Und was erhalten die «glücklichen» Kühe unseres Bio-Bauern? Die Kühe dürfen von April bis Oktober im Freien grasen. In der restlichen Zeit bekommen sie in einem luftigen Stall betriebseigene Produkte wie Heu, Futterrüben und Haferschrot. Masthilfsmittel, Leistungsförderer und Beruhigungsmittel kommen nicht zur Anwendung. Krankheiten werden homöopathisch behandelt. Die Tierhaltung ist art- und wesensgerecht, da den Tieren weitgehend ein Leben nach ihren Bedürfnissen ermöglicht wird.

Jost ist ein entschiedener Gegner des Maisanbaus. Warum das so ist, erklärte er mir sehr eindrucksvoll. Der Maisanbau fördert die Bodenerosion, benötigt Spritzmittel, mehr Düngemittel und einen hohen Maschineneinsatz.

Als Alternative empfiehlt unser Bio-Bauer Kleegras. Das Kleegras kann 3-mal im Jahr geschnitten werden und eignet sich auch für die Silage. Warum stellen die Bauern nicht um? Nun, der Maisanbau wird bisher von der EU viel höher bezuschusst als der Anbau von Kleegras. *Jost* hofft auf eine Änderung dieser unverständlichen Bestimmung.

Mit Mais lässt sich auch gut mästen. In der heutigen Zeit sind schnelle Gewichtszuwächse gefragt. Dies geht dann auf Kosten der Fleischqualität. Fleisch und Wurst vom Biohof sind schmackhafter, das kann jeder bestätigen, der einmal solche Produkte genossen hat.

Der Bio-Bauer verzichtet auf Spritzmittel und herkömmliche Düngemittel. Er düngt seine Felder mit Mist und Jauche. Mit diesem natürlichen Dünger bekommt der Boden wieder die Nährstoffe zurück, die die Pflanzen dem Boden entzogen haben.

Die meisten Bio-Betriebe sind in Italien

Wer hätte das gedacht! Die meisten Bio-Betriebe gibt es in Italien, nämlich über 56 000. In Deutschland und Spanien sind etwa je 15 000, in Österreich etwa 18 000 und in der Schweiz 5800 Bio-Betriebe etabliert. Wie *Bio Suisse* meldet, liegt der Kanton Graubünden mit einem Bio-Anteil von 43 % an der Spitze. Zurzeit gibt es in der Schweiz 4500 Produkte, die mit dem Knospen-Label der *Bio-Suisse* versehen sind.

Mehr Vitamine in Bio-Milch

Laut einer Studie des *Dänischen Instituts für Landwirtschaftsforschung* enthält Milch aus biologischer Herstellung mehr Omega-3-Fettsäuren, 50% mehr Vitamin E und 75% mehr Beta-Karotin als Milch von Kühen, die billigeres, aber energiereiches Futter bekamen. Die Kühe von ökologisch bewirtschafteten Höfen erhielten dagegen frisches Gras und Klee als Silofutter.

Milch enthält hochwertiges Eiweiss (80% Casein, 20% Molkenproteine), leicht verdauliches Fett (hoher Anteil an kurzkettigen Fettsäuren und Ölsäure), Kohlenhydrate (Milchzucker), reichlich Kalzium, Kalium und Phosphat, ferner B-Vitamine. Der Gehalt an Eisen und Vitamin C ist dagegen gering.

Malträtierte Milch

Bevor die Milch beim Verbraucher landet, wurde sie gehörig malträtiert. Der Gesetzgeber verlangt eine Erhitzung, um Keime abzutöten, während die Homogenisierung nicht verlangt wird. Die Milch wird deshalb homogenisiert, um eine Abscheidung von Rahm zu verhindern. Die Fetttröpfchen werden bei der Homogenisierung zerkleinert (von 10 auf 1 Mikrometer). Die Ernährungsfachfrau Dr. *Petra Kühne* findet die Homogenisierung falsch, denn es wird nicht nur die Milchoberfläche, sondern auch die Eiweissstruktur verändert. Dies könnte vor allem bei Säuglingen und Kleinkindern zu Unverträglichkeiten führen. So hat beispielsweise der *Demeter-Bund* das Homogenisieren in seinen Richtlinien verboten, während andere Mitgliedsverbände dies zulassen. Dieser Haltung des *Demeter-Bunds* kann ich mich anschliessen.

Auch bei der Milch gilt die Devise: «Je naturbelassener, desto besser.» Aber immer wieder wird vor möglichen EHEC-Infektionen (die Erreger sind die Escherichia-coli-Bakterien) gewarnt und das Erhitzen von Rohmilch empfohlen. Für Kranke und Säuglinge mag dies zutreffen. Wer jedoch regelmässig Rohmilch konsumiert, der «trainiert» sein Immunsystem. Der Milchkonsument wird so gegen verschiedene Keime geschützt.

Tabelle 20: Vitaminverluste in Milch durch verschiedene Erhitzungsverfahren

Verfahren	B-Vitamine	Vitamin C
Pasteurisation	>10%	10–25%
Ultrahocherhitzung	5–20%	5–30%
Kochen	5–20%	15–30%
Sterilisation	10–100%	30–100%

Wer H-Milch vorzieht, sollte Folgendes beachten: Wenn die geöffnete Packung zu lange im Kühlschrank herumsteht, könnten sich kälteliebende Yersinien vermehren. Wegen der Hocherhitzung fehlt der Milch dann die harmlose Konkurrenzflora. Wie *Hans Krautstein* in seiner Arbeit «*Milch – die Qualität machts*» (www.naturkost.de) berichtet, werden Morbus-Crohn-ähnliche Symptome mit den hitzeresistenten Mycobakterien in Verbindung gebracht. Laut einer Untersuchung in England wurde in 2,8% der Milchproben ein solches Mycobakterium, das eine Pasteurisierung überlebte, gefunden.

Milchallergie und Milchzucker-Unverträglichkeit

Für viele Menschen sind Milch und Milchprodukte die Hauptlieferanten für Kalzium. Leider gibt es nicht wenige Menschen mit einer Kuhmilchallergie (Überempfindlichkeit auf bestimmte Milcheiweissstoffe) und einer Milchzucker-Unverträglichkeit (Laktose-Intoleranz). Die Milchzucker-Unverträglichkeit (5% der Mitteleuropäer und bis 80% der Asiaten und Afrikaner sind davon betroffen) entsteht durch den Mangel oder das Fehlen des milchzuckerspaltenden Enzyms Laktase. Es gibt einen erblichen und einen erworbenen Laktase-Mangel.

Bei einer Kuhmilchallergie zeigen sich Hautekzeme, Erbrechen oder Durchfall. Die Kuhmilchallergie tritt bei Säuglingen und Kleinkindern auf. Eine Laktose-Intoleranz äussert sich in Bauchschmerzen, Blähungen und Durchfällen.

Schadstoffe in der Milch

In herkömmlich erzeugter Milch können Rückstände von Tierarzneimitteln sein, ferner Pestizide, Mykotoxine, Schwermetalle und radioaktive Substanzen. Auch Rückstände von Desinfektions- und Reinigungsmitteln, die zur Vorbeugung von Euterentzündungen und Reinigung von Zuleitungen für Melkmaschinen verwendet werden, können in die Milch übergehen. Die Pestizide stammen in den meisten Fällen aus importierten Kraftfuttermitteln. In bestimmten Futtermitteln wie Erdnussschrot und Baumwollsaatschrot können Schimmelpilzgifte vorhanden sein. Nach der Tschernobyl-KKW-Katastrophe reicherte sich radioaktives Material im wässrigen Teil der Milch an (Molke war besonders stark kontaminiert).

Nach Angaben des *Bundesministeriums für Verbraucherschutz, Ernährung und Landwirtschaft* gelten Milch und Milchprodukte nach dem derzeitigen Wissensstand als BSE-sicher.

Tipps für den Milchkauf, Ernährungstipps

- Wegen der *Lichtempfindlichkeit* bestimmter Vitamine sollte man Milch in lichtundurchlässiger Verpackung oder in braunen Flaschen kaufen. Bei Migros (CH) entdeckte ich Milch nicht nur in Tetrapack, sondern auch in lichtundurchlässigen weissen Kunststoff-Flaschen.
- Frische *Voll- oder Landmilch* immer einer H-Milch vorziehen.
- Für den *Rohmilchkauf* empfiehlt die *Schweizerische Gesellschaft für Ernährung* Folgendes: Säuglinge, Kleinkinder und schwangere Frauen sollten keine rohe, unerhitzte Milch trinken. Dies gilt auch für Personen mit einem geschwächten Immunsystem. Rohmilch vor dem Verzehr erhitzen. Die Erhitzung tötet Keime ab, jedoch sind auch Verluste an Vitaminen zu verzeichnen.
- Milch in aufgeblähten Packungen meiden (dies gilt auch für andere Milchprodukte, nicht jedoch für Kefir). Dies deutet auf eine mikrobiologische Veränderung hin.
- Alternativen zu Milch sind *Sojamilch* und *Reismilch*.
  Aber Achtung! Es gibt inzwischen auch Allergien, die durch Sojamilch ausgelöst werden. Soja ist oft genmanipuliert.

- Eine milchfreie Ernährung führt nicht zwangsläufig zur Mangelernährung. *Veganern* wird jedoch eine sorgfältige Nahrungsauswahl empfohlen. Gute Kalziumquellen sind z. B. Grünkohl, Brokkoli, Fenchel, Lauch, Sesam, Sojabohnen, Amaranth, Tofu, Nüsse, Petersilie, Bierhefe, Feigen, Hülsenfrüchte.
- *Kuhmilchallergiker* sollten nicht auf Schaf- oder Ziegenmilch umsteigen, da auch diese Milchsorten allergen wirken können. Die verschiedenen Proteine unterscheiden sich nicht allzu stark voneinander. Um das Allergenrisiko zu mindern, sollte man Säuglinge so lange wie möglich stillen (mindestens 6 Monate). Kommt der kleine Körper nämlich zu früh mit körperfremden Nahrungsbestandteilen in Kontakt, dann entstehen leichter Allergien und Überempfindlichkeiten.
- Bei einer *Milchzucker-Unverträglichkeit* sollte jeder herausfinden, ob er auch andere Milchprodukte wie Joghurt oder Käse verträgt. Es gibt nämlich Menschen, die auch die kleinste Milchzuckermenge (in Süssstoffen, Tabletten, Zahnpasten) nicht vertragen. In vielen Fertigprodukten (Sossen, Backwaren, Schokolade, Wurstwaren) ist übrigens Milchzucker (Laktose) enthalten. Bei Lebensmitteln muss der Milchzucker als Zutat deklariert werden. Wer auf Milchprodukte nicht verzichten möchte, kann Laktase in Tablettenform zuführen oder er konsumiert milchzuckerfreie Milch (z. B. bei Migros erhältlich). Die Laktase-Tabletten wirken jedoch nicht bei jeder Person und nicht bei jedem Essen gleich. Wie *Jessica Knobl* (*«UGB-Forum»*, 2000-2) berichtet, zeigen sie oft keine Wirkung.

Wundersame Vermehrung der Buttermilch

Die bei der Butterherstellung anfallende *«reine Buttermilch»* kommt nach einem Zusatz von 10% Wasser als «Buttermilch» in den Handel. Wie Prof. Dr. *Günter Vollmer* in seinem Lebensmittelführer erwähnt, erfolgt im Sommer als Folge des vermehrten Konsums eine wundersame Vermehrung. Die Hersteller verfälschen die Buttermilch mit gesäuerter Magermilch.

Und was mit dem Joghurt passiert, wurde schon im Kapitel über Zusatzstoffe aufgeführt. Am besten ist es, wenn wir Joghurt selbst bereiten oder Naturjoghurt kaufen und diesen mit Früchten der Saison aufpeppen. Inzwischen gibt es auch Bio-Joghurts mit Fruchtzubereitungen, mit Honig oder mit Fruchtzucker gesüsst.

Bei den Sauermilchprodukten (Dickmilch, Joghurt, Kefir) entstehen je nach Mikroorganismenkultur aus dem Milchzucker verschieden hohe Anteile an rechts- oder linksdrehender Milchsäure. Es wird empfohlen, Produkte mit einem überwiegenden Anteil an rechtsdrehender Milchsäure zu konsumieren, weil diese leicht vom Körper abgebaut werden kann. Die linksdrehende Milchsäure kann dagegen nur langsam umgebaut oder ausgeschieden werden. Der Mensch besitzt nämlich dafür kein Enzymsystem.

Kalorienbewusste Konsumenten können Milchstreichfette kaufen, die aus einem Gemisch aus Wasser, Butterfett, Milcheiweiss, Zitronensäure und Gelatine bestehen.

Während für die Trinkmilch keine Zusatzstoffe erlaubt sind, dürfen in Milcherzeugnissen Dickungsmittel, Phosphate, Citrate, Ascorbinsäureverbindungen, Konservierungsstoffe, Farbstoffe, Aromen und Zucker zugesetzt werden. Schadstoffe, die in der Milch sind, gehen natürlich auch in die Milcherzeugnisse über.

Heilmittel Molke

Schon im Jahr 400 v. u. Z. verordnete der berühmte griechische Arzt *Hippokrates* Eselsmilch und Molke als Heilmittel. Nachkommen schätzten die Molke als Heilwasser, mit dem sich reinigen, ausleiten, entschlacken, aktivieren, regenerieren und abführen liess.

Fürsten, Staatsmänner, Gelehrte, Künstler und Kaufleute pilgerten schon im 18. Jahrhundert nach Gais ins Appenzellerland zur Molkekur. Die Menschen hatten Stoffwechselleiden. Sie waren zu dick, litten unter Gicht, Verstopfung, Darm- und Leberleiden. Am frühen Morgen wurde die Ziegenmolke auf dem Dorfplatz an die Kurgäste ausgeschenkt. Den ersten Schoppen trank man nüchtern, ein 2. und ein 3. folgten in kurzem Abstand. Weitere Kurorte entstanden in nächster Nähe, nämlich Weissbad, Gonten, Heiden, Teufen, Walzenhausen. In Heiden zählte man 1903 um die 10 000 Kurgäste. Auch in Deutschland und Österreich wurden Molkeheilstätten eröffnet.

Die grüngelbe Molke, ein «Abfallprodukt» der Käseherstellung, ist übrigens basenüberschüssig und kalorienarm.

Im Handel gibt es auch ein vergorenes Milchserum (Molkenkonzentrat, z. B. *Molkosan*). Das Milchserum wird aus frischer, teilweise vergorener Molke mit Zusatz von Milchsäure pasteurisiert. Das Molkenkonzentrat enthält viel basisch wirkende L(+)-Milchsäure, welche die Ausbreitung von krankheitsverursachenden Mikroorganismen und Fäulnisbakterien im Darm verhindert.

Käse

Die Käseherstellung haben schon die Sumerer vor 6000 Jahren gekannt. Auf bildlichen Darstellungen am Tempelfries von Ur sind Menschen zu sehen, die Kühe melken und Käse herstellen. Besondere Freunde des Käses waren die Römer, die bereits gesalzene, ungesalzene, harte und weiche Käsesorten kannten. Sie trieben auch mit dem Käse Handel. Im Mittelalter waren es die Klöster, die die Kunst der Käseherstellung weiter pflegten und guten Käse produzierten. So wurde den Mönchen von St. Gallen ein kaiserliches Lob zuteil, als Kaiser *Karl der Grosse* den Käse besonders hervorhob.

Und wie sieht es heute aus? Der Käse ist beliebter denn je. So verzehrte jeder Schweizer oder Deutsche 2003 etwa 20 kg im Jahr. Nur in Griechenland und Frankreich ist der Konsum höher.

In Deutschland gibt es rund 600 Käsesorten. Kein Wunder, dass die Hersteller alles versuchen, mit der Produktion nachzukommen. So werden beispielsweise in der Emmentaler Käserei Kimratshofen jährlich 130 Millionen Liter Milch (darunter sind 6 Millionen Liter Bio-Milch) hauptsächlich zu Allgäuer Emmentaler verarbeitet.

Von der Milch zum Tête de Moine

In der Vergangenheit konnte ich in der Alpkäserei im Freilichtmuseum Ballenberg CH und in einer Schaukäserei in Appenzell die Herstellung von Käse beobachten.

Verfolgen wir einmal die Herstellung von Tête de Moine, der in 9 Dorfkäsereien im Schweizer Jura hergestellt wird (www.tetedemoine.ch).

Die zweimal am Tag angelieferte Rohmilch wird nicht pasteurisiert, sondern nur leicht entrahmt. Die Milch wird spätestens 24 Stunden nach dem Melken verarbeitet. Nach einer Qualitätskontrolle wird die Milch in Kupferkesseln verarbeitet. Die Milch wird gerührt und nicht über 38 °C erwärmt, dann folgt die Zugabe von Lab. Lab ist ein natürliches Produkt aus dem Kälbermagen und verursacht eine Gerinnung der Milch. Nach 30 Minuten ist der Gerinnungsprozess abgeschlossen. Mittels der Käseharfe wird der Käsebruch von der Molke getrennt. Die Käsemasse wird ausgezogen und in die Formen gepresst. Die entstandenen Laibe werden ausgepresst und gewendet, bis keine Molke mehr herausläuft. Die Laibe kommen dann für mindestens 12 Stunden in ein Salzbad. Nun kann der Reifeprozess beginnen.

Der Tête de Moine ist in der Schweiz allgemein bekannt. Man kann ihn mit einem speziellen runden Schaber zu dekorativen Blumen aufarbeiten. Er schmeckt würzig und delikat.

Kein gentechnisch hergestelltes Lab für Schweizer Käse

«Bei der Herstellung von Käse lässt sich gentechnisch hergestelltes Lab verwenden, wobei bereits die Schweizerische Käseunion, die inzwischen liquidiert worden ist, ihren Produzenten allerdings untersagt hat, dieses auch einzusetzen. Die Schweiz will schliesslich ein ‹Naturprodukt› vermarkten.» Dies war bereits in der Zeitschrift «Tabula» (1998-4) zu lesen. Doch inzwischen sind leider 2 genveränderte Labenzyme («Maxiren» und «Chy-Max») zugelassen worden.

Es ist unglaublich, was Gentechniker noch alles vorhaben. So sind Bestrebungen im Gange, transgene Tiere zu züchten, die dann schneller wachsen, resistenter gegen Krankheiten sind und Laktose-arme Milch, Milch mit weniger Fett und mit mehr ungesättigten Fettsäuren oder «menschliche Kuhmilch» (ein Laktoferrin-reicher Ersatz für Muttermilch) liefern. Aber so einfach ist es nicht. Wie die Schweizerische Arbeitsgruppe Gentechnologie (*sag*) berichtet, *«schädigen gentechnische Eingriffe meist die Gesundheit der Nutztiere, und die gentechnische Herstellung von Nutztieren gelingt mit sehr schlechter Ausbeute»* (so sind nur 1 % der benutzten Embryonen brauchbar). Das Schweizer Parlament verbot am 21. März 2003 gentechnisch veränderte landwirtschaftliche Nutztiere. In Art. 9 der *«Gentechnischen Veränderungen von Wirbeltieren»* steht Folgendes: *«Gentechnisch veränderte Wirbeltiere dürfen nur für Zwecke der Forschung, Therapie und Diagnostik an Menschen oder Tieren erzeugt und in Verkehr gebracht werden.»*

Quellen: www.gentechnologie.ch/nutztiere.htm und www.blauen-institut.ch

(Artikel: *«Transgene Nutztiere: Landwirtschaft, Gene Pharming, Klonen»* von Daniel Ammann und Benno Vogel, 50 Seiten.)

Käsesorten auf einen Blick

Laut Käse-Verordnung unterscheidet man heute den Hartkäse (Appenzeller, Parmesan, Gruyère, Emmentaler, Bergkäse, Chester), Schnittkäse (Tilsiter, Gouda, Edamer, Raclette), den halbfesten Schnittkäse (Butterkäse, Edelpilzkäse, Weisslacker), den Weichkäse (Camembert, Brie, Limburger, Romadur, Münsterkäse), den Frischkäse (Hüttenkäse, Mozarella, Schichtkäse, Rahmfrischkäse, Doppelrahmfrischkäse, Quark) und Sauermilchkäse (Mainzer-, Harzer- und Kochkäse). Die Eiweissgerinnung erfolgt bei der Herstellung von Frischkäse und Sauermilchkäse durch Zusatz von Milchsäurebakterien, während die Eiweissgerinnung bei der Produktion der anderen Käsesorten durch Lab erfolgt.

Inhaltsstoffe und Zusatzstoffe

Die Käsesorten enthalten Fett, biologisch hochwertiges und leichtverdauliches Eiweiss und eine geringe Menge an Kohlenhydraten (der Milchzucker ist zum grössten Teil in Milchsäure umgewandelt). Käse enthält viel Kalzium und Phosphor. Aber auch einige fettlösliche Vitamine (A, D, E, K) kommen im Käse vor.

In vielen herkömmlich produzierten Käsesorten sind Aroma-, Farb- und Konservierungsstoffe (Nitrat in Schnittkäse). Um den Käse vor Schimmel zu schützen, wird die Rinde mit Natamycin behandelt, und für den goldenen Farbton von Gouda und Tilsiter wird Bixin, das allergisierend wirkt, verwendet.

Zur Herstellung von Bio-Käse sind nur 4 Zusatzstoffe erlaubt: Soda, Kreide, um den Milchsäuregehalt einzustellen, Kalziumchlorid (erhöht die Wirksamkeit des Labferments) und Trinatriumcitrat für Schmelz- und

Kochkäse. Phosphate sind für Bio-Käse tabu.

«Seit Mai 2002 ist nun auch in der Schweiz – wie bisher in der EU – für Käse die Zugabe von gewissen Konservierungsmitteln erlaubt, eine bei guter Herstellungshygiene unnötige Konzession des schweizerischen Gesetzgebers. Die Schweizer Produzenten lehnen solche Zusatzstoffe für das Naturprodukt Käse ab. Hingegen enthielten alle Proben von italienischen Grana Padano solche Konservierungsmittel, wobei fast bei der Hälfte der Proben diese Zusatzstoffe auf der Packung nicht einmal deklariert waren.»

Quelle: Jahresbericht 2002 des *Kantonalen Laboratoriums Bern*.

Tipps für den Einkauf von Käse

- Der Verzehr von Rohmilchkäse ist für den gesunden Erwachsenen unbedenklich. Kleinkinder, Schwangere, ältere und immungeschwächte Personen sollten auf diesen Käse verzichten.
  Birgit Würth vom Süddeutschen Biokäse Grosshandel MOP hält die Warnungen für übertrieben: «*Für mich sind Rohmilchkäse die gesündesten Käse, alle anderen sind nicht so hochwertig. Auch die Nachfrage unserer Kunden geht in diese Richtung. Ich sehe das so: Schaukeln ist für Kinder gefährlich. Würden Sie Ihren Kindern das Schaukeln verbieten?*» Ich finde, diese Frau hat Recht.
- Käse am besten *am Stück* kaufen und immer frisch aufschneiden. Auch Reibekäse selbst herstellen, da dieser verpackte Käse Trenn- und Säuerungsmittel enthält, ausserdem sind die Käseschnitzel in Schutzatmosphäre verpackt.
- Bildet sich ein *grünlicher Schimmel* auf sehr hartem Käse (Parmesan) genügt es, die befallene Stelle grosszügig auszuschneiden. Befallene andere Käsesorten wegwerfen.
- Wer auf *Penicillin* allergisch reagiert, sollte bei Camembert aufpassen. Der Camembert-Schimmelpilz (Penicillium camemberti) ist mit den Penicillin bildenden Pilzen verwandt und könnte Unverträglichkeiten auslösen.
- Bei konventionell hergestelltem *Schaf-* oder *Ziegenkäse* genügen schon 15% der jeweiligen Milch (der grosse Rest besteht aus Kuhmilch). Bei Bio-Käse wird ausschliesslich nur die Milch der jeweiligen Tierart verwendet.

- Für *Vegetarier* gibt es übrigens auch Käse, bei dem Lab mikrobiell aus Schimmelpilzen hergestellt und eingesetzt wird. Oft wird ein solcher Käse nicht deklariert. Deshalb sollte man immer nachfragen.
- Bei Bio-Käse ist die Verwendung des Lab-Wirkstoffs *Chymosin*, der gentechnisch hergestellt wird, tabu.
- Wenn Sie den tatsächlichen *Fettgehalt* ausrechnen wollen, sollten Sie so vorgehen: Multiplizieren Sie bei Frischkäse den angegebenen Fettgehalt i. Tr. (in der Trockenmasse, also ohne den Wasseranteil) mit 0,3, bei Weichkäse mit 0,5, bei Schnittkäse mit 0,6 und bei Hartkäse mit 0,7.
  Fettgehaltsstufen sind Doppelrahmstufe (60–85%), Rahmstufe (mindestens 50%), Vollfettstufe (mindestens 45%), Fettstufe (mindestens 40%), Dreiviertelfettstufe (mindestens 30%), Halbfettstufe (mindestens 20%), Viertelfettstufe (mindestens 10%) und Magerstufe (weniger als 10%).
- Studieren Sie die Zutatenliste.
- Beachten Sie beim verpackten Käse das Mindesthaltbarkeitsdatum.

EIER

Dioxin-Freilandeier, die gar keine sind

Als in boulevardisierten Medien 2005 in reisserischer Aufmachung berichtet wurde, Freilandeier seien mit Dioxin belastet, war überall ein unglaubliches «Gegacker» zu hören – und zwar nicht in Mastställen, sondern bei Konsumenten. *«Es kann doch nicht sein, dass plötzlich Käfigeier weniger belastet sind als Eier von glücklichen Hühnern, die im Freien scharren und picken können.»* Dies äusserte eine skeptische Frau, die mit mir in einer Schlange an einem Demeter-Marktstand in Schopfheim D stand. Eine andere Kundin, die schon jahrelang Bio-Freilandeier kauft, vermutete sogar: *«Dahinter stecken sicherlich die Hühnerbarone, die ihre Käfigeier absetzen wollen.»*

In der Tat: In letzter Zeit war es so, dass immer mehr Eier aus Freilandhaltung gekauft wurden, ein Zeichen von Tierschutzbewusstsein. Diese Entwicklung ist natürlich den Hühnerbaronen ein Dorn im Auge, die ihre Fabriken umbauen müssen.

Als ich einen mir schon lange bekannten Markthändler, der Eier und Schlachthühner verkauft, kürzlich fragte, wie er seine Hühner hält, meinte er schmunzelnd: *«Die Eier stammen aus Bodenhaltung. Die Hühner dürfen nicht ins Freie, aber die ‹Hähnchen›»* (damit meinte er die Hähne). Wo bleibt hier die Gleichberechtigung?

Zusammen mit vielen Fachleuten erachte ich die Bodenhaltung, die ja eine Stallbodenhaltung ist, als nicht wesentlich besser als die Käfighaltung. Die Tiere stehen dicht gedrängt am Boden (laut deutscher Verordnung dürfen höchstens 9 Hühner pro Quadratmeter Stallboden gehalten werden) und kommen nicht ins Freie. Einige Produzenten lassen die Tiere allerdings auch ans Tageslicht und an die frische Luft. Der Auslauf besteht beispielsweise aus einer eingezäunten Terrasse, die durch ein Dach geschützt ist; Hühner wollen gegen oben immer geschützt sein, ein Schutzverhalten gegen die Raubvögel.

Die Sache mit dem beschränkten Auslauf teilte mir eine Firmensprecherin mit, deren Unternehmen Bio-Eier für ihre Produkte verwendet. Dann fügte sie bei: *«Aus Überzeugung verwenden wir keine Eier aus Freilandhaltung. Denn die Tiere und damit auch die Eier sind in Freilandhaltung nicht vor den Dingen geschützt, die unkontrollierbar von oben herabfallen können. Hierzu zählen sowohl die Luftschadstoffe, die bei Regen in den Boden gespült werden, als auch die Keimbelastung durch den Kot von überfliegenden Zugvögeln.»* Ob die Tiere mit dieser Haltung zufrieden sind, bleibe dahingestellt. Wenigstens leiden sie nicht unter Einsamkeit …

Zum Glück liessen sich die Verbraucher nicht ins Bockshorn jagen; sie kauften weiterhin unbeschwert Freilandeier. Auch meine Familie liess sich weiterhin Freilandeier schmecken, die tatsächlich eine bessere geschmackliche Qualität haben.

Kurze Zeit später (am 4. Februar 2005) tauchte in der Presse die Schlagzeile *«Dioxin-Eier sind gar keine»* auf. Es wurde richtiggestellt, der Dioxingehalt sei vernachlässigbar und im Übrigen ähnlich hoch wie in Käfigeiern.

Dr. *Werner Bartens* von der *«Badischen Zeitung»* kommentierte diesen Skandal treffend: *«Der vermeintliche Skandal liess sich beachtlich instrumentalisieren – mit tatkräftiger Unterstützung der Medien, die einer gezielten Lobbyarbeit auf den Leim gingen. Sie müssen sich vorwerfen lassen, bei ein paar scheinobjektiven Messdaten gleich die grosse Affäre zu wittern und darüber die Massstäbe zu vergessen.»*

Eine solche Lobbyarbeit kam den «Hühnerbaronen» natürlich sehr gelegen. Sie wollen schliesslich noch ihre Geldbeutel gierig füllen, bevor ihnen die Käfighaltung verboten wird (dies soll ab 2012 der Fall sein, während in der Schweiz die Käfighaltung schon seit dem 1. Januar 1992 verboten ist). Es ist unglaublich, aber wahr: In Deutschland gibt es 34 Millionen Legehennen, davon etwa 85% in Käfighaltung. Fast 29 Millionen Tiere müssen leiden!

Was bleibt als *Fazit* zu sagen? Viel Gegacker um nichts. Was wünsche ich mir als Verbraucher? Die verantwortlichen Redakteure sollten in Zukunft besser recherchieren, kritisch denken lernen und sich mit reisserischen Meldungen zurückhalten, denn sie schüren nur Angst und Verwirrung. Selbst zur Auflagensteigerung taugen solche Ausrutscher nicht.

Zudem sollte jedermann Tendenzen entschieden entgegentreten, die eine tierquälerische Haltungsform befürworten. *«Wer Produkte aus artgerechter Haltung kauft, tut damit nicht nur sich selbst Gutes, sondern fördert eine Landwirtschaft, die gerade nicht zur weiteren Entstehung von Umweltbelastungen beiträgt»,* so *Martin Cammerer,* Landwirtschaftsmeister aus Bad Krotzingen-Tunsel D in einem Leserbrief an die *«Badische Zeitung»* vom 9. Februar 2005.

Tatsächlich, ein Denken in Zusammenhängen könnten wir allmählich schon gebrauchen. Gegacker im Hühnerhof ist Musik, solches aus den Medien aber schwer erträglich.

Was sind «Eier aus Freilandhaltung»?

Hühner sollten tagsüber mindestens 6 Stunden am Tag Zeit zum Laufen, Scharren und Picken im Freien haben. Die Auslauffläche pro Huhn sollte mindestens 4 Quadratmeter betragen. Die Bestandsdichte darf höchstens 2500 Hühner pro Hektar Auslauffläche betragen. Die Auslauffläche sollte zum grössten Teil bewachsen sein. Wie *«foodwatch»* berichtet (www.foodwatch.de), kommen die Hennen tatsächlich auf die Weide, *«doch manche Freilandbetriebe ähneln eher Bodenhaltungsbetrieben, weil sich viele Hühner – bedingt durch die Stallsituation – gar nicht nach draussen trauen»*.

Bei der ökologischen Legehennenhaltung steht den Tieren mit 6 Quadratmetern je Huhn eine grössere Auslauffläche zur Verfügung. Die Hühner bekommen ausserdem ökologisch erzeugte Futtermittel.

Verboten ist den Erzeugern von Bio-Eiern die Verwendung von Gen-Futtermitteln.

Eiweiss mit hoher biologischer Wertigkeit

Das Eiweiss im Ei, das reichlich essenzielle Aminosäuren enthält, hat eine hohe biologische Wertigkeit. Es rangiert noch vor Milch, Fisch und Fleisch und noch vor Weizen, Sojabohnen und Hülsenfrüchten.

Daneben weist das Ei noch Wasser, Fett, Vitamine und Mineralstoffe auf. Im *Eidotter* sind ausserdem *Lecithin* (6,8 g/100 g Hühnereigelb) und *Cholesterin* (1,3 g/100 g) vorhanden.

Der Gehalt pro Ei der Gewichtsklasse L (63 bis 73 g) an Cholesterin beträgt etwa 277 mg und an Lecithin 1900 mg.

Dotterfarbe und Schadstoffe

Die Dotterfarbe lässt sich durch Fütterung mit pigmenthaltigem Futter (Mais) oder mit Zusätzen von natürlichen oder naturidentischen Carotinoiden beeinflussen. Der Dotter bekommt dann eine orangerote Farbe. Ein solcher Dotter ist nicht gesünder als ein blasser. Erhält das Huhn Zusätze von Algenpulver, Leinsamen und Leinsamenöl, sind die Eier reich an Omega-3-Fettsäuren.

An Schadstoffen können im Ei Rückstände von Arzneimitteln, Schimmelpilzgiften und Schwermetallen (wenn Fischmehl verfüttert wird, das mit Quecksilber und Arsen belastet ist) sein. Warum Arzneimittelrückstände? Bei der intensiven Haltung kommen vorbeugend und akut oft Medikamente gegen Darmerkrankungen, Wurmbefall und Infektionen zum Einsatz. Eier dürfen dann nur nach einer Wartezeit in den Handel kommen.

Tipps für den Einkauf von Eiern

❀ Achten Sie besonders auf die Kennzeichnung der Eier (in allen EU-Staaten wurde die Kennzeichnung vereinheitlicht). Wie *«foodwatch»* betont, sollte man nur solche Eier kaufen, deren Erzeugungsweise man gutheisst. *«Diese kleine Entscheidung hat grosse Auswirkungen, wie Eier heute und in der Zukunft erzeugt werden»*, so *«foodwatch»*.

1. Stelle: Haltungssystem
0 = Ökologische Erzeugung
1 = Freilandhaltung
2 = Bodenhaltung
3 = Käfighaltung*

2. und 3. Stelle: Herkunftsland
DE = Deutschland
BE = Belgien
NL = Niederlande
FR = Frankreich
CH = Schweiz

4. bis 10. Stelle: Legebetrieb mit Stallnummer

Deutsche Bioland-Eier aus ökologischer Erzeugung weisen z.B. folgende Nummer auf: 0-DE-0800611 (DE-006-Öko-Kontrollstelle)
*Wie schon erwähnt, ist die Käfighaltung in der Schweiz seit 1992 verboten.

- Achten Sie auf den *Haltbarkeitsstempel*. Die Mindesthaltbarkeit für Eier beträgt maximal 28 Tage nach dem Legen. Laut deutscher *Hühnerei-Verordnung* sollen die Eier innerhalb von höchstens 21 Tagen an den Verbraucher abgegeben worden sein.
- Eine Überprüfung der *Gewichtsklasse* (S, M, L, XL) mit dem Preis ist angebracht.
- Oft wird der Verbraucher mit einem schönen Bild von freilaufenden Hühnern auf der *Verpackung* getäuscht. Nehmen Sie deshalb die ganze Packung unter die Lupe und suchen Sie nach einem Hinweis auf das Haltungssystem. Auch der Aufdruck *«Eier aus Körnerfütterung»* kann den Verbraucher täuschen. Oft stammen diese Eier aus Käfighaltung. Die Haltungsform ist dann meistens unter dem Knick der Front abgedruckt und nicht gleich sichtbar. Wer seine Hühner mit mindestens 60% Getreide füttert, darf seine Eier als «Getreide-Eier» verkaufen.
- *Frischetests*: Wie frisch ein Ei ist, erkennt man an der Höhe der Luftkammer. Bei einem frischen Ei ist die Luftkammer klein, bei einem älteren Ei ist die Luftkammer gross (Wasser verdunstet). An einem gekochten Ei ist dies sehr schön zu sehen, wenn man das Ei der Länge nach durchschneidet. Wenn der Dotter zur *Eischale* hin verlagert ist, war die Luftkammer gross. Sind bei einem aufgeschlagenen Ei, das man im Profil betrachtet, Dotter und Eiklar hochgewölbt, liegt ein frisches Ei vor. Bei einem alten Ei sind Dotter und Eiklar abgeflacht. Ein frisches Ei darf ausserdem beim Schütteln kein Geräusch verursachen.
- Bei Herstellung von Speisen, die *rohe Eier* enthalten (Zabaione, Tiramisu), ganz frische Eier verwenden. Frische, saubere Eier sind im Inneren nahezu keimfrei.
- Eier immer im Eierfach des *Kühlschranks* aufbewahren.
- Eier im Eierkarton immer auf Beschädigungen hin überprüfen. Solche Eier nicht kaufen.

Fleisch, Fleischprodukte und Fisch

«Fleisch ist ein Stück Lebenskraft» oder *«Fleisch bringt jeden Kranken wieder auf die Beine»*. So oder ähnlich wurde früher für den Fleischverbrauch geworben. Diese Aussagen stiessen in der Nachkriegszeit auch bei meinen Eltern auf Wohlwollen. So kam Fleisch zunächst sporadisch und dann immer häufiger auf den Tisch. Wurde ein Familienmitglied krank, dann wurde eine kräftige Brotsuppe, bestehend aus Rindfleischbrühe, Brotstückchen und Knoblauch, gereicht. Damit sich die Gesunden nicht ansteckten, mussten alle diese «Medizin» schlucken beziehungsweise löffeln. Dass alle von einer Knoblauchwolke umgeben waren, spielte keine Rolle. Hauptsache, wir wurden nicht krank.

Da wir damals auf dem Land wohnten, bezogen wir das Fleisch und die Wurst vom Landmetzger oder von Bauern, die häufig eine Hausschlachtung vornahmen. Damals drangen kaum Skandale an die Öffentlichkeit. Wir kannten auf dem Dorf in Bayern nur eine artgerechte Tierhaltung. Überall sahen wir freilaufende Hühner, Enten und Gänse.

Und wie sieht es heute aus? In den letzten Jahren wimmelte es nur so von Skandalen (s. Kapitel *«Essen ohne Risiko»*). Da wurden die Fleischesser auf eine harte Probe gestellt. Nicht wenige wurden zu Vegetariern. Als die Berichte über Käfighaltung, Tiermast, Masthilfsmittel und BSE aus den Schlagzeilen verschwanden, kehrten viele wieder an ihre Fleischtöpfe zurück. Diejenigen, denen die Skandale noch in den Ohren klingen, achten jetzt vermehrt auf Qualität, die natürlich ihren Preis hat, auf die Herkunft und Tierhaltung. Bei billiger Massenware machen die sensibilisierten Verbraucher jetzt einen grossen Bogen. Und das ist gut so.

Fleisch bei Unterernährung

Eine Unterernährung wurde früher immer mit einem Mangel an Eiweiss in Verbindung gebracht. Der junge Arzt *Maximilian Oskar Bircher-Benner* wurde im Zürcher Industriequartier oft mit mangelernährten Patienten konfrontiert. So steckte er einmal einer Arbeiterfrau ein Geldstück zu und empfahl ihr, Fleisch und Wurst zu kaufen.

Erst später entdeckte er die Heilwirkung der vegetarischen Rohkost. Quelle: *«Leben und Lebenswerk Bircher-Benner»* von Dr. Ralph Bircher, Bircher-Benner Verlag, Bad Homburg 1959.

Fleischverzehr nimmt ab

Der Fleischverzehr in Deutschland nahm in den letzten 4 Jahren von 63,3 auf 60,5 kg ab. Der Fleischverzehr in der Schweiz liegt auch in diesem Bereich. Eifrigere Fleischesser sind die Spanier und Franzosen, während die Skandinavier am wenigsten Fleisch konsumieren. 50% des Fleischverzehrs entfallen bei uns auf Wurst und sonstige Fleischerzeugnisse. 2003 verzehrte jeder Deutsche 31 kg dieser Produkte.

Das beliebteste Fleisch stammt vom Schwein (40%), gefolgt von Geflügelfleisch (11%), Rind- und Kalbfleisch (9%).

Das Label mit dem Marienkäfer

Interessant ist, was der *aid Infodienst Verbraucherschutz, Ernährung, Landwirtschaft* mit Sitz in Bonn D berichtet. Der Marktanteil von Ökofleisch beträgt 2 bis 3%. Das Ökofleisch muss nach den Vorgaben der

EU-Öko-Verordnung produziert werden. Schwerpunkte sind artgerechte Tierhaltung und Fütterung mit ökologischen Futtermitteln. Kranke Tiere werden zunächst mit pflanzlichen oder homöopathischen Mitteln behandelt. Die so produzierten Produkte dürfen mit einem Bio-Siegel (nach EG-Öko-Verordnung) ausgezeichnet werden.

In der Schweiz haben sich über 15 000 Bauern der *IP-Suisse* (integrierte Produkte) angeschlossen. Die integrierte Produktion ist ein Mittelding zwischen Bio- und Intensivlandwirtschaft. Für die Labelanforderung (Qualitätszeichen ist der Marienkäfer) müssen folgende Forderungen erfüllt werden: Keine Wachstums- und Leistungsförderer, keine gentechnisch veränderten Produkte, keine Fütterung mit Tiermehl-Produkten, Einsatz von Medikamenten nur auf Verordnung des Bestandstierarztes, Einhaltung der Anforderungen zur Haltung der Nutztiere, Fütterung des Grossviehs vorwiegend mit betriebseigenem Futter, Einhaltung der artgerechten Transportbedingungen. Diese Produktionsrichtung spielt eine in zunehmendem Masse ökologiebewusste Rolle.

«Die Konsumenten sollen beim täglichen Genuss die Gewissheit haben, dass es sich dabei um ein Schweizer Produkt in Topqualität handelt», verkündet *IP-Suisse* im Internet (www.ipsuisse.ch).

Am 1. September 2004 wurde die *«Suisse Garantie»* ins Leben gerufen. Die landwirtschaftlichen Produkte mit dem Herkunftszeichen *«Suisse Garantie»* müssen in der Schweiz hergestellt und verarbeitet sowie ohne gentechnisch veränderte Pflanzen und Tiere produziert sein und von umweltschonend arbeitenden Betrieben stammen (Infos unter www.suissegarantie.ch).

Verzicht auf Fleisch, Alkohol und Sex

In einem 1834 erschienenen Buch empfahl der Pfarrer *Sylvester Graham* (1794–1851) – nach ihm wurde das berühmte Grahambrot benannt – den Verzicht auf Fleisch, Alkohol, Tabak, Tee, Zucker, Gewürze und Sex. Graham empfahl damals schon eine lactovegetabile Diät mit viel Vollkornbrot, Gemüse, Obst und Beeren.

Er stiess zu jener Zeit natürlich bei der fleischessenden Bevölkerung in den USA – an manchen Tagen wurden 3 Fleischmahlzeiten konsumiert – auf Widerstand. Einer meinte, die asketischen Vegetarier würden nicht mehr potent genug sein, um ihre

Frauen zufrieden zu stellen (Graham empfahl den Verheirateten nur zu einem einmaligen Sex im Monat). Des Weiteren schreibt *Albert Wirz*: *«Ein anderer beschreibt ein Abendessen nach Art von Graham als eine Versammlung ausgemergelter Mumien, die sich mit kannibalischen Gelüsten gegenseitig beäugen, sich dann aber mit dem Verzehr von ‹Kartoffelleich› zufrieden geben.»*
Quelle: *«Die Moral auf dem Teller»* von Albert Wirz, Chronos Verlag, Zürich 1993.

30 000 Hähnchen auf engstem Raum

Wer einmal einen modernen überdimensionierten Hühnerstall gesehen hat, wird schockiert sein. Dies war auch bei mir so, als ich die Sendung *«Huhn, Pute, Schwein — ist Fleisch immer Qualität?»* am 31. Januar 2005 im Rahmen der Sendereihe *«Die Sprechstunde»* des Bayerischen Fernsehens sah. Da waren etwa 30 000 Hähnchen in einer riesigen Halle zu sehen. Sie sassen nicht in Käfigen (welch ein Trost!), sondern hüpften auf dem mit eingestreutem Stroh bedeckten Boden herum. Die bedauernswerten Tiere bekommen ihr Futter und Wasser computergesteuert durch Leitungen geliefert. Eine Tierärztin, die sich in dieses Tohuwabohu wagte, schritt forsch mit Adlerblick herum und sortierte die kranken Tiere aus.

Die Haltung bei Puten ist nicht anders. Es werden ihnen sogar die Schnäbel gekürzt, damit sie Artgenossen nicht verletzen. Zum Abwetzen ihrer Schnäbel gibt es in so einem Stall keine Möglichkeit.

In dieser Sendung wurde auch auf die artgerechte Haltung hingewiesen. Bei dieser Haltung müssen die Tiere neben dem Stall genügend Auslauffläche im Freien haben. Erhalten die Tiere Futter aus biologischem Anbau, dürfen die Hähnchen als Bio-Hähnchen verkauft werden. Bei den Puten ist eine artgerechte Haltung noch nicht so publik, da die am häufigsten verwendete Rasse, die weisse «Big Six», wetterempfindlich ist. Ein weiteres Kriterium ist, dass die Puten im Stall mehr Gewicht ansetzen. Aber es gibt eine Alternative. Zurzeit wird eine Freilandhaltung mit einer robusteren Rasse aus England, den Bronze- oder Kellyputen, ausprobiert.

Für die Qualität ist das Futter von besonderer Bedeutung. In der Regel erhalten die Hähnchen und Puten kontrolliertes Getreide und Sojaschrot.

Hähnchen, Poularden und Kapaune

Stubenküken sind kleine, junge Hähnchen, die 3 bis 5 Wochen alt sind. Das Fleisch schmeckt ziemlich fad.

Hähnchen sind 6 bis 8 Wochen alt und haben ein Gewicht von 750 bis 1250 g erreicht.

Poularden werden nach 10 bis 12 Wochen geschlachtet und haben ein Gewicht von 2 bis 2,5 kg.

Suppenhühner dürfen länger leben (12 bis 15 Monate) und stammen aus dem Legebetrieb. Nach 15 Monaten ist Schluss mit dem Eierlegen. Sie eignen sich nur für eine Hühnersuppe.

Kapaune sind quasi die Eunuchen unter den männlichen Hühnern. Die kastrierten Vögel bringen 3,5 kg auf die Waage. Wie die *«AOK Baden-Württemberg»* in der *«Schlemmerpost»* berichtete, gibt es heute nur wenige Kapaune zu kaufen. Die Aufzucht ist teuer, und die Vögel schmecken auch nicht besser als Poularden.

Die *Qualität* des Hühnerfleisches hängt von folgenden Faktoren ab: Rasse, Mastdauer (bis zur 12. Woche nimmt die Qualität zu), Fütterung (bestimmt die Wachstumsgeschwindigkeit). *«Je mehr Bewegung, Licht und frische Luft das Huhn bekommt, desto besser entwickelt sich seine Muskulatur»*, wie in der *«Schlemmerpost»* vom 18. März 2005 zu lesen war.

«Tierfabriken wieder salonfähig»

Unter dieser Schlagzeile berichtete der «Tages-Anzeiger» vom 6. März 2005 über eine Verordnung des Bundesrats in Bern, der Schweine- und Hühnerproduzenten erlaubt, 50% mehr Tiere zu halten. So können jetzt 27 000 Masthühner (früher lag die erlaubte Höchstgrenze bei 16 000) und 1500 Schweine (früher 1000) auf engstem Raum gemästet werden. Da jubilierten die Grossproduzenten und die Tierschützer schrieen zu Recht auf. *Jacques Chavaz*, stellvertretender Direktor des *Schweizer Bundesamtes für Landwirtschaft*, verteidigte die Verordnung wie folgt: *«Mit den neuen Höchstbeständen tragen wir zur besseren Wettbewerbsfähigkeit von Vollerwerbsbetrieben bei, ohne die Verordnung gleich ganz aufzuheben.»*

Die armen Schweine

Unter den Fleischsorten am beliebtesten ist das Schweinefleisch. $^{2}/_{3}$ des gesamten Fleischverzehrs stammen vom Schwein. Dafür werden die Schweine gemästet, was das Zeug hält. Die armen Schweine müssen bei der intensiven Mast in künstlich beleuchteten Ställen auf Vollspaltböden ihr Dasein fristen. Dann bekommen sie ein «Topfutter» mit all den erlaubten Zusätzen (u.a. synthetische Aminosäuren, gentechnisch veränderte Stoffe, Leistungsförderer). Inzwischen verzichten viele Mäster freiwillig auf gentechnisch manipuliertes Getreide und auf Antibiotika. Nicht, weil sie die Tiere und Menschen so sehr lieben, nein, weil sie den Widerstand der Verbraucher spüren und sie sonst ihre Schweine nicht mehr verkaufen können. Es ist wirksam, wenn die Konsumenten ihre Macht ausspielen.

Antibiotika im Schnitzel

Es gibt sie noch, die «schmackhaften» Antibiotika-Schnitzel. Laut der Zeitschrift *«Öko-Test»* wiesen fast $^{1}/_{3}$ der getesteten Schweineschnitzel Rückstände von Antibiotika auf. Nach wie vor würden zu viele dieser Medikamente in der Tiermast eingesetzt. Noch eine erschreckende Feststellung: Die auf dem Fleisch vorhandenen Bakterien waren gegen mindestens ein Antibiotikum resistent, in einem Fall sogar gegen 8 Mittel. *«Solche Mehrfachresistenzen seien problematisch, weil es so auch beim Menschen immer schwieriger werde, ein wirksames Medikament zu finden»,* dies war in der Zeitung *«Die Welt»* am 2. März 2005 zu lesen. Auch die Verbraucherschutzministerin *Renate Künast* betonte in einer Stellungnahme, dass *«der falsche Umgang mit Antibiotika die Gesundheit der Verbraucher gefährdet»*. Bis Ende 2005 sollen Antibiotika als Mastbeschleuniger in der EU endlich verboten werden.

«Dopingmittel» für Masttiere

Hormone («Dopingmittel für Masttiere» bzw. Anabolika) sind übrigens in der EU und in der Schweiz als Leistungsförderer verboten. Das ist gut so. Andere Länder gehen damit legerer um. In den USA sind solche

Masthilfsmittel erlaubt, und ihr Einsatz ist sogar die Regel. Ohne diese Mittel hätten die Fleischproduzenten wohl Lieferschwierigkeiten, um den riesigen Bedarf an Steaks und Hamburgern abzudecken. Vielleicht fördert das «Hormonfleisch» den Appetit oder es gibt noch ganz andere Wirkungen, die wir nur vermuten können; es ist anzunehmen, dass es auch die Gewichtszunahme bei Menschen fördert, die ihrerseits zu Fleischlawinen werden ...

«Hormonfleisch» darf übrigens nicht in die EU eingeführt werden. Seit dem 1.1.2000 ist in der Schweiz, laut *«Bundesamt für Gesundheit»*, eine Verordnung in Kraft, wonach Importfleisch, bei dessen Produktion Hormone zum Einsatz kamen, deklariert werden muss (s. Kapitel «Essen ohne Risiko»). Vorsichtige meiden US-Lebensmittel konsequent.

USA: Viel Fleisch, wenig Kartoffeln

Während eines USA-Aufenthaltes bemängelte der dänische Arzt und Ernährungswissenschaftler *Mikkel Hindhede* (1862–1945), dass in Restaurants
5-mal so viel Fleisch wie Kartoffeln serviert wird. Dazu Hindhede: *«Während meiner letzten Reise in den Vereinigten Staaten von Amerika habe ich viele Male bei der Bestellung von Essen gesagt: Geben Sie mir wenig Fleisch, aber viele Kartoffeln! Aber, obwohl es für den Gastwirt weit billiger gewesen wäre, war das nicht zu erreichen. Wollte man mehr Kartoffeln haben, so mussten sie extra bezahlt werden. Die Welt ist von Sinnen!»*
Quelle: *«Gesundheit durch richtige und einfache Ernährung»* von Mikkel Hindhede, Johann Ambrosius Barth Verlag, Leipzig 1935.

Wenn die armen Schweine in Stress geraten

Geraten die überzüchteten Schweine unter Stress – das ist beispielsweise der Fall bei den unsäglichen Tiertransporten –, reagiert der Schweinekörper mit einer Adrenalinausschüttung. Das macht sich dann mit einer beschleunigten Fleischreifung nach der Schlachtung bemerkbar. Das Fleisch ist blass, wässerig und schlaff. Der Verbraucher

wundert sich dann, wenn das Schweinefleisch (*PSE-Fleisch*) dann in der Pfanne schrumpft und trocken schmeckt. Daneben gibt es noch das *DFD-Fleisch*, welches ein dunkles, festes und trockenes Rindfleisch darstellt und ebenfalls ein Qualitätsmangel ist.
PSE (engl., von «pale», «soft» und «exudative»).
DFD (engl., von «dark», «firm» und «dry»).

Inzwischen wurde das Deutsche Landschwein weitestgehend stressfrei gezüchtet. *«Dies ist für alle ein Vorteil; denn der Kunde scheint auf Qualität wieder mehr Wert zu legen»*, vermeldete das Bayerische Fernsehen in der Sendung *«Die Sprechstunde»* am 31.1.2005. Man achte auf die Wortwahl *«dies ist für alle ein Vorteil»,* gemeint sind damit das arme Schwein, das sein Leben nun nicht mehr beim Transport – infolge Stresstod – aushaucht, sondern erst später (also nicht unbedingt ein Vorteil!), und der fleischgeile Verbraucher, der nun stressfreies Fleisch geniessen kann.

B-Vitamine und reichlich Eiweiss und Fett

Natürlich kann jeder Mensch ohne Fleisch leben. Aber die meisten bevorzugen Fleisch, weil sie damit ihre Gelüste befriedigen können. Fleisch enthält hochwertiges Eiweiss, Fett, Eisen, Kalium, Magnesium, Phosphor, Zink, B-Vitamine, aber auch Purine und Cholesterin. Fleisch kann auch Arzneimittelrückstände, Hormone und Pestizidrückstände enthalten.

Die *Innereien* sind gute Quellen für Vitamin A, B-Vitamine, Mineralstoffe, Spurenelemente. Sie weisen jedoch viel Cholesterin und Purine auf. Wer nicht auf Innereien verzichten möchte, der sollte diese auf Grund der Schadstoffbelastung (Leber, Niere) – u. a. mit Cadmium und anderen Schadstoffen – höchstens gelegentlich verzehren.

Wie *vistaverde* (www.vistaverde.de) berichtete, sind in den letzten 20 Jahren die Belastungen mit Blei, Cadmium und Quecksilber deutlich zurückgegangen. Allerdings sind noch immer in bestimmten Gegenden infolge des Reaktorunfalls in Tschernobyl 1986 manche Tiere (Reh- und Schwarzwild) mit dem Cäsium-Isotop 137 belastet. Damit kein kontaminiertes Fleisch in den Handel kommt, müssen die Tiere noch viele Jahre lang kontrolliert werden.

Neue Rinderart in der Schweiz

Erwähnen möchte ich bei dieser Gelegenheit auch das Fleisch des *Galloway-Rinds*. Dieses Rind gilt als Paradebeispiel für die Extensivhaltung und lagert genetisch bedingt vermehrt hochungesättigte Fettsäuren der Pflanzen (Grünfutter) in sein Fleisch ein. Das Galloway-Rind ist eine neue Rinderart in der Schweiz (in Deutschland wurden diese 1978 aus Schottland eingeführt) und zählt zu den ältesten Rinderrassen Europas. Es ist langlebig, genügsam und besitzt die Fähigkeit, Futter von weniger guten Weiden in hochwertiges Fleisch umzusetzen.

Infos: Hofgut und Hofmetzg Farnsburg, CH-4466 Turmalingen, E-Mail: hofgut@farnsburg.ch

Die Qualität von Rindfleisch hängt von tierspezifischen Faktoren (Rasse, Kategorie, Teilstück) und von Umweltfaktoren (Fütterung/Haltung, Transport/Schlachtung und Kühlung/Reifung) ab.

Tipps für den Einkauf von Fleisch

- Viele sind der Ansicht, Fleisch schmecke am besten, wenn es bei einem vertrauenswürdigen Metzger gekauft wird.
- *Qualitätsmerkmale:* Schweinefleisch sollte gleichmässig rosa bis dunkelrosa, Kalbfleisch rosa bis hellrot (nicht weiss), Rind- und Wildfleisch dunkelrot sein. Ist das Wildfleisch leicht bräunlich verfärbt, ist es nicht mehr frisch.
  Marmoriertes Fleisch ist in der Regel aromatischer, saftiger und zarter als ganz mageres. Fett ist nämlich ein Geschmacksträger und –verstärker. Fleisch sollte fest sein und einen frischen Glanz haben. Kein schmieriges Fleisch kaufen.
- Um Verpackungsmüll und gesundheitliche Beeinträchtigungen durch Herauslösen von Weichmachern aus Kunststoffen zu vermeiden, können Sie auch eigene Gefässe mitbringen.
- Erkundigen Sie sich nach der Herkunft des Fleischs und nach den Haltebedingungen der Tiere. Fleisch sollte von «glücklichen Tieren» stammen, also von Tieren, die naturnah ernährt wurden, genügend Auslauf hatten und auch nicht mit Medikamenten voll gestopft wurden. In Deutschland und der Schweiz gibt es

zahlreiche Bauern, die die strengen Anforderungen verschiedener Organisationen (z. B. die Konsumenten-Arbeitsgruppe, *IP-Suisse, Bioland, Demeter, ANOG, Gäa, Naturland*) erfüllen. Auch die Markenfleischinitiative *Neuland* wirtschaftet nach strengen Richtlinien für artgerechte Tierhaltung.

- Nur qualitativ hochwertiges Fleisch kaufen. Billigware stammt meist aus dem Ausland und sollte nicht im Einkaufskorb landen.
- Bestehen Sie an der Fleischtheke darauf, dass das *Tatar* («Schabefleisch») oder Hackfleisch frisch hergestellt wird. Sie können aber auch das entsprechende Fleisch kaufen und dann zu Hause durch den Fleischwolf drehen.
- Beachten Sie den Fettgehalt: Tatar und Beefsteakhack besitzen einen Fettgehalt von höchstens 6%, Rindfleischhackfleisch von höchstens 20% und Schweinehackfleisch (Mett) höchstens 35%.

Trockenfleisch und Schinken

«Da wurde, um mich als Gast zu ehren, mittags Speckbrühe mit eingeschnittenem Brot, und darauf eine sehr umfangreiche Schüssel Salat und ein grosses Stück geräucherter Speck aufgetragen. Diesen Speck legte immer ein Tischnachbar dem anderen auf den Teller, und jeder schnitt sich ein Stück ab, so ging er so lange im Kreise herum, bis nichts mehr übrig war.» Dies berichtet *August Meitzen* über die Mahlzeiten der Schwarzwälder aus dem Jahre 1848. Und wie sieht es heute aus? Der Schwarzwälder Speck und entsprechende Produkte aus der Schweiz haben an Popularität nichts eingebüsst. Wir schätzen den Speck als Bestandteil einer zünftigen Brotzeit, die wir nach anstrengenden Wanderungen serviert bekommen. Der mild-würzige Schwarzwälder Schinken mit dem feinen Raucharoma wurde weltweit zu einer festen Marktgrösse.

In Deutschland, Österreich und der Schweiz wird das Räuchern des Schinkens bevorzugt, in Mittelmeerländern die Lufttrocknung. Aber auch die Schinken aus Italien (Parma-Schinken) oder aus Spanien (Serrano, Ibérico) erfreuen sich auch bei uns wachsender Beliebtheit.

Aber aufgepasst: Der Schinken braucht, wie guter Wein, Zeit für die Reifung. Nur so kann sich ein unvergleichliches Aroma entwickeln. Luftgetrocknete Schinken benötigen zur Reifung 6 bis 24 Monate, während die geräucherten Schinken mindestens 3 Monate benötigen. Entscheidend für das Aroma sind die Rasse und das Futter, das die lieben Schweine bekommen.

Im Handel sind leider oft im Schnellverfahren produzierte Schinken. Bei diesen Schinken bleiben Konsistenz und Geschmack auf der Strecke. Diese Schinken sind wabbelig, ohne Aroma und schmecken salzig.

Speckseminar im Schwarzwald

In etlichen Orten im Schwarzwald werden so genannte Speckseminare durchgeführt. Hier erfährt der Gast, was Schwarzwälder Schinken ist, wie er schmeckt und wie man diesen isst. Am Ende der Veranstaltung erhält jeder Teilnehmer ein Schinken-Diplom. Eine Besonderheit ist der singende Wirt im Mattenhof (Todtmoos D), der als «*Schinkenpapst*» tituliert wird.
Infos und Anmeldungen bei Familie Kaiser, Todtmoos,
Tel.: 07674-367. Weitere Infos im Internet unter «Speckseminar».

Hier sind einige beliebte Schinkensorten

Ammerländer Katenschinken: Roher, geräucherter Schinken, die Pökelung erfolgt mit Meersalz und braunem Zucker. Er schmeckt mild und leicht süsslich.

Holsteiner Katenschinken: Roher, geräucherter Schinken, die Pökelung erfolgt mit der Hand, er wird mehrere Monate langsam geräuchert (mit Buchenholz). Er schmeckt mild-herb mit einer leicht süsslichen Note.

Schwarzwälder Schinken: Roher, geräucherter Schinken, wird von Hand aus einer speziellen Gewürzmischung aus Pökelsalz, Kräutern, Knoblauch, Pfeffer, Koriander und Wacholderbeeren eingerieben und über Tannenreisig mehrere Wochen in Rauchkammern kalt geräuchert. Dann erfolgt eine Nachreifung von 2 bis 3 Wochen. Der Schinken hat einen unverwechselbaren Rauchgeschmack.

Westfälischer Schinken: Roher, geräucherter Schinken, wird per Hand gepökelt, danach über Hartholzmehl geräuchert. Er schmeckt herzhaft würzig.

Bündnerfleisch: Rohes, luftgetrocknetes Fleisch aus magersten Muskelstücken von Rindern. Das Fleisch wird unter Zugabe von Pökelsalz, Alpenkräutern und einer Gewürzmischung 5 Wochen gelagert (wöchentlich erfolgt eine Umschichtung), dann schliesst sich eine 10- bis 15-wöchige Lufttrocknung bei zirka 12 °C an (Infos unter www.grischuna.ch).

Bündner Bergschinken: Roher, luftgetrockneter Schinken vom Schwein. Er wird in einer Gewürzmischung mit speziellen Kräutern 4 bis 6 Wochen eingelegt, dann erfolgt die Lufttrocknung (5 bis 7 Monate). Während der Trocknung wird der Schinken mehrmals gepresst. Durch diese Prozedur hat der Schinken etwa 50% seines Wassergehaltes verloren. Er ist, laut *Grischuna,* lange haltbar und zart.

Walliser Trockenfleisch: Rohes, luftgetrocknetes Fleisch vom Rind, wird 5 Wochen in einem Gemisch von Salz, Kräutern und Gewürzen gewälzt, anschliessend mehrere Wochen getrocknet.

Coppaschinken: Italienischer, roher, luftgetrockneter Schinken (aus dem Schweinenacken). Der Schinken ist leicht mit Fett durchzogen.

Parmaschinken: Italienischer, roher, luftgetrockneter Schinken. Die Schweinekeulen werden leicht mit Meersalz eingerieben. Der Schinken enthält keine Konservierungs- und Farbstoffe. Es erfolgt eine 12-monatige Reifezeit.

San Daniele: Italienischer, roher, luftgetrockneter Schinken vom Schwein. Die Keulen werden viele Tage mit einer Salzschicht überzogen, das nicht eingezogene Salz wird regelmässig abgestreift und der Schinken von Hand massiert, danach ruht dieser 80 Tage, anschliessend erfolgt eine Lufttrocknung.

Iberischer Schinken: Spanischer, roher, luftgetrockneter Hinterschinken vom Iberischen Schwein (in der letzten Phase der Endmast ernährt sich das freilaufende Schwein von Eicheln). Der Schinken wird mit Meersalz eingesalzen, danach erfolgt die Waschung und eine Lagerung von 1 bis 2 Monaten. Es schliesst sich eine Trocknung (6 bis 12 Monate) und Reifung (9 bis 12 Monate) an.

Serrano Schinken: Spanischer, roher, luftgetrockneter Hinterschinken vom Schwein. Er wird mit Meersalz gepökelt, bei der Salzlagerung vom Salz befreit, anschliessend erfolgt eine Trocknung und Reifung in den Bodegas (spezielle Trockenräume).

Schinken im Test

10 ausgebildete Fleischtester nahmen für die *SF1*-Fernsehsendung *«Kassensturz»* (Sendung am 15. März 2005) 13 Schinkensorten, darunter den Parmaschinken, den Serranoschinken, den französischen Bayonne und Schweizer Rohschinken unter die Lupe. Sie vergaben Noten zwischen 1 und 5. Sie bewerteten, ob der Schinken salzig oder zart ist, ob er ranzig oder muffig riecht. Die Tester fanden grosse Unterschiede. Die Überraschung war, dass die vier besten Schinken aus der Schweiz stammten. Testsieger waren der Walliser Rohschinken von Migros mit der Note 4,1 (69 SFR/kg) und der M-Budget-Rohschinken aus der Schweiz (47 SFR/kg) mit derselben Note. Die ausländischen, teuren Schinken (bis 92,5 SFR/kg) schnitten wesentlich schlechter ab.

Tipps für den Schinkenkauf

- Schinken sollte immer eine dunkelrote Farbe haben, nicht feucht sein, gut schmecken und ein volles Aroma aufweisen. Gekochter Schinken soll rosa sein und beim Schneiden nicht zerfallen.
- Ist der Schinken *blass* und schmeckt er *salzig* oder fad, wurde er im Schnellverfahren produziert, die Tiere hatten zu viel Stress beim Transport und bei der Schlachtung.
- Das Fett des *gekochten Schinkens* soll weiss und fest in der Konsistenz sein. Bei luftgetrockneten Schinken kann die Fettschicht leicht gelblich sein. Dies ist normal. Gekochter Schinken sollte immer feucht sein, er schmeckt dann saftig.
- Der Schinken sollte keine geplatzten *Äderchen* aufweisen (Tier hatte vor der Schlachtung zuviel Stress).
- Nehmen Sie die *Zutatenliste* bei verpacktem Schinken genau unter die Lupe. Schinken, die mit Geschmacksverstärker (Glutamat) hergestellt wurden, sollte man nicht kaufen. Wie *Holger Pfaffenberger*, Fleischermeister aus Partenstein, in einer Sendung des Hessischen Fernsehens berichtet, *«braucht ein gut hergestellter Schinken kein Glutamat, um ein volles Aroma zu bekommen»*.
- Schinken am Stück ist länger haltbar und verliert nicht so schnell sein Aroma und seinen Geschmack.
- Schinken und Bündnerfleisch wird auch in einer Verpackungs-

hülle unter Schutzatmosphäre angeboten. In dieser Atmohülle hält sich das Produkt im Kühlschrank aufbewahrt bis 10 Wochen. Frisch aufgeschnittenes Bündnerfleisch sollte noch am selben Tag verzehrt werden.

Tipp vom Experten: Günter Rosskopf, Koch und Gastwirt aus Lörrach, sagte mir, wie ein Schinken beschaffen sein muss: *«Nicht salzig, gut gelagert, feiner Kerngeschmack, genügend Fett, auch im Muskelfleisch.»* Er bemerkte noch, dass er einen sehr guten Schwarzwälder Schinkenspeck von *Uli Erdmann* (Firma WUFA) und einen hervorragenden luftgetrockneten Kernschinken von *Wolfgang Kalbacher*, Chef der Firma Kalbacher aus Lörrach, bekommen hat.

Was steckt in der Wurst?

«Nichts ist so unergründlich wie der Inhalt der Wurst» heisst es im Volksmund. In der Tat ist es so, denn hier kann ein Metzger alles Mögliche hineinwursteln. In der Regel kommen Muskelfleisch, Bindegewebe, Speck, Organteile, Gewürze, Salz und Wasser in die Wurst. Als Zusatzstoffe sind erlaubt: Umröte- und Konservierungsstoffe (z. B. Nitritpökelsalz, Salze der Ascorbinsäure), Antioxidationsmittel, Phosphate, Milcheiweiss, Geschmacksverstärker, Farbstoffe, Emulgatoren und Trennmittel. 90% aller herkömmlichen Fleischerzeugnisse sind mit Nitritpökelsalz (im Salz sind 0,1 bis 0,5% Nitrit enthalten) behandelt. Das Pökeln dient der Haltbarkeit, Fettstabilität, Farbgebung und Geschmacksbildung.

Die Phosphate erhöhen die Wasserbindungsfähigkeit. Wurst, die viel Phosphat enthält, hat auch viel Wasser.

An Nährstoffen sind in der Wurst Eiweiss, Fette, Vitamine und Mineralstoffe, aber auch Cholesterin und Purine (insbesondere, wenn Innereien verwendet werden).

Die Auswahl an Wurst ist in unseren Landen riesengross. Allein in Deutschland soll es 1500 verschiedene Wurstsorten geben.

In den *Bio-Würsten*, die es inzwischen in allen möglichen Variationen gibt, werden anstelle von Phosphaten Zitronenpulver oder Salze der Zitronensäure (Citrate) verwendet. Auch kommen oft Meersalz, Gewürze und keine anderen Zusatzstoffe in die Wurst. Bio-Metzger nutzen die antibakterielle Wirkung von Kräutern und Gewürzen. Die Arbeitsgemeinschaft ökologischer Landbau hat ihren Mitgliedern freigestellt, auf Nitritpökelsalz zu verzichten oder geringe Mengen anzuwenden. In den Naturkostläden ist die Wurst weiterhin frei von Nitritpökelsalz.

Nitrit gilt übrigens als Ausgangsstoff für die Bildung krebserregender Nitrosamine. Nach Berechnungen von Wissenschaftlern der *Bundesanstalt für Fleischforschung* in Kulmbach, nimmt jeder Mensch täglich 2,5 mg Nitrit aus Fleischerzeugnissen und eine Portion Nitrat (das teilweise im Speichel zu Nitrit reduziert wird) aus pflanzlichen Produkten auf. Ausserdem produziert der Körper bis zu 70 mg Nitrit pro Tag im Stoffwechsel. *Daraus folgt, dass nur etwa 3 % des Nitrits aus gepökelten Fleischwaren stammt"*, so die Bundesanstalt in einer Mitteilung.

Fettbombe Wurst

Die meisten Würste sind wahre Fettbomben. Hier eine kleine Auswahl: Bock- und Bratwurst 25 %, Salami und Cervelatwurst 35 %, Landjäger 43 %, Fleischkäse und Fleischwurst 27 %, Leberwurst und Mortadella 32 %, Mettwurst 37 % und Wiener Würstchen 26 %.

Aber es gibt auch magere Sorten, wie beispielsweise Geflügelwurst, Cornedbeef (6 %) und den beliebten Bierschinken (11 %) oder andere Wurstsorten mit hohem Schinkenanteil.

Tipps für den Wurstkauf

- Beim Kauf einer *verpackten Wurst* die Zutatenliste genau studieren. In besonders «schmackhaften» Wurstwaren ist meistens Glutamat vorhanden.
- Wer auf die schlanke Linie achten muss, der sollte auf den *Fettgehalt* achten oder weniger von dieser Wurst essen.
- Beim Kauf an der *Wursttheke*: Darauf drängen, dass die erste Scheibe und auch die Haut entfernt wird (vorbildliche Märkte entfernen diese automatisch). Immer fragen, wer die Wurst hergestellt hat oder ob sie zugekauft wurde. Auch fragen, nach welchen Richtlinien die Tiere gehalten wurden.
- *Wurst am Stück* hält sich länger als aufgeschnittene Ware.
- Fragen Sie, wie hoch der Anteil an *Muskelfleisch* bei Grillwürsten

oder anderen Produkten ist. Bei Grillwürsten sind das mindestens 75%, bei Delikatess-Grillwürsten 80% und in Bio-Würstchen sind es sogar bis zu 90%.

- Oft bleibt die *Gewürzmischung* geheim. Allergiker, die auf das eine oder andere Gewürz allergisch reagieren, sollten immer nachfragen, ob dieses oder jenes Gewürz in der Wurst ist (*Ökoland* bietet diese Möglichkeit explizit an).
- Als *Hülle* wird entweder Schafsdarm (Saitling) oder Naturdarm (vom Schwein) oder eine Kunststoffhaut verwendet. *Ökoland* setzt bei 2 Wurstwaren einen essbaren Kunstdarm ein, der aus tierischem Eiweiss besteht.

Warum ist Fisch so gesund?

«Fisch schützt vor Schlaganfall und Herzinfarkt», *«Makrele und Hering senken Blutdruck»* und *«Fisch sorgt für geistige Fitness»*, das waren in jüngster Zeit Schlagzeilen. Es waren keineswegs Werbeslogans der Fischindustrie, sondern euphorische Meldungen in der Laien- und Fachpresse über Untersuchungen punkto Fischverzehr und Herzkrankheiten. Auf der Suche nach der «Wundersubstanz» stiess man auf die *Omega-3-Fettsäuren*. Diese sind mitverantwortlich für das Gesundbleiben von Herz und Kreislauf. Sie helfen aber auch dem Gehirn beim Aufbau von Zellmembranen, was wir an der geistigen Fitness spüren. Die Fettsäuren wirken auch entzündungshemmend und sollen sogar einen krebsvorbeugenden Effekt haben.

Positive Tendenzen zeigten sich auch bei der vor einigen Jahren abgeschlossenen Lyon-Studie. Die Testpersonen erhielten hierbei die an ungesättigten Fettsäuren reiche Mittelmeerkost. Dabei scheint nicht allein das Olivenöl für eine Senkung der Infarktrate verantwortlich zu sein, sondern im besonderen Masse auch der reichliche Verzehr von Gemüse und Fisch. Die mediterrane Kost ist also arm an gesättigten Fetten. Wenn wir Mitteleuropäer jetzt verstärkt Olivenöl verwenden, sollten wir unbedingt auch den Verzehr von gesättigten Fettsäuren – enthalten in fetter Wurst, fettem Käse, fettem Fleisch – nachhaltig reduzieren.

Wir sollten zweimal in der Woche 150 bis 200 g fette Seefische (Makrele, Lachs, Hering, Sardine, Thunfisch, Schwertfisch) essen. Wer auf seine Linie achten muss, sollte magere Fischarten wie Kabeljau,

Scholle, Hecht und Schellfisch essen. Diese enthalten jedoch geringere Mengen an Omega-3-Fettsäuren. Wer kein Liebhaber von Fisch ist, kann auch Walnüsse essen oder vermehrt Leinöl, Sojaöl und Rapsöl in der Küche verwenden. Diese weisen eine Menge alpha-Linolensäure auf, die auch eine Omega-3-Fettsäure ist.

Der leicht verdauliche Fisch enthält darüber hinaus hochwertiges Eiweiss, die fettlöslichen Vitamine A und D, wasserlösliche B-Vitamine, die Mineralstoffe Kalium, Magnesium, Phosphor, die Spurenelemente Jod, Eisen und Selen, ausserdem etwas Cholesterin.

Nematoden in Seefischen

In Seefisch kommen ab und zu Nematoden vor. Diese Parasiten befinden sich häufig in den Eingeweiden der Fische (die Nematoden benötigen für ihre natürliche Entwicklung den Fisch als Zwischenwirt). Aus diesem Grunde müssen Fische nach dem Fang sofort ausgenommen werden, um eine Wanderung dieser Parasiten ins Fischfleisch zu verhindern. Um zu vermeiden, dass sich Nematoden im menschlichen Darm festsetzen und dort geschwürähnliche Veränderungen (Anisakiasis) verursachen, sollen Fische nicht roh verzehrt, sondern entsprechend zubereitet werden. Die Nematodenlarven werden dann abgetötet. In Ländern, wo Fisch roh verzehrt wird, ist die Anisakiasis relativ häufig verbreitet.

Mehr Umweltgifte in Zuchtlachsen

Amerikanische und kanadische Forscher untersuchten weltweit Lachse auf Umweltgifte (polychlorierte Biphenyle, Doxine, Toxaphene und weitere). Schottische und dänische Zuchtlachse hatten die höchsten Schadstoff-Konzentrationen, während solche aus Nord- und Südamerika weniger belastet waren. Wie *vistaverde* berichtete, stieg die gehandelte Menge an Zuchtlachs in den letzten 20 Jahren um das 40fache an. Oft werden die Fische mit minderwertigem Fischmehl und Fischöl gefüttert. Über das Futter nehmen dann die Lachse die Umweltgifte auf. Trotz Verschmutzung der Meere ist der wilde Pazifiklachs wenig belastet.

Süsswasserfische und Seefische können auch Arsen, Blei, Cadmium und Quecksilber enthalten. Langlebige Fische (Haifisch, weisser Heilbutt, Thunfisch, Schwertfisch) weisen in der Regel erhöhte Quecksilbergehalte auf. Hochseefische (Makrele, Hering, Seelachs, Rotbarsch, Seehecht, Scholle) sind jedoch am wenigsten belastet. Fische aus den Mündungsgebieten von belasteten Flüssen enthalten erhebliche Mengen an Schadstoffen.

In der Schweiz gibt es die *«Knospe für Fischzucht»* (Bio-Suisse-Label). Die Fischzüchter verpflichten sich, keine Hormone, Antibiotika und Wachstumsförderer einzusetzen, auf allen Stufen Gentechnik auszuschliessen, für eine extensive und artgerechte Tierhaltung und für eine Knospen-konforme Fütterung zu sorgen. Pflicht ist auch eine schonende Verarbeitung und eine Kontrolle vom Teich bis auf den Teller.

Tipps für den Einkauf von Fisch und Meeresfrüchten

Einkauf von frischem Fisch

- Erkennen von *frischem Fisch*: Die Frische des Fisches ist an seinen Augen zu erkennen. Die Augen sollen klar und prall sein (bei trüben, milchigen und eingefallenen Augen ist der Fisch alt). Frischer Fisch hat eine metallisch glänzende Haut, die Schuppen sitzen fest und sind frei von Verletzungen (bei altem Fisch ist die Haut matt, die Schuppen lassen sich leicht lösen). Die Kiemen sind rot (bei altem Fisch sind sie grau oder zeigen bräunliche Blutspuren). Aber Achtung! Es gibt Trickser, wie *«hronline»* berichtet. Diese färben die Kiemen rot ein. Bei Filetkauf achten Sie auf die Fleischfarbe. Ein silbriger Glanz bedeutet, dass das Produkt frisch und saftig ist. Kein Fischfilet kaufen, wenn es milchig, glanzlos und an den Rändern eingetrocknet ist.
  Machen Sie die *Geruchsprobe*. Ein frischer Fisch riecht ganz leicht nach Seetang. Wenn ein Fisch «fischig» riecht, nicht kaufen.
- Beim Kauf an der *Fischtheke* immer darauf achten, dass der Fisch ausreichend mit Eis bedeckt und gekühlt ist.
- *Wildlachse* den Zuchtlachsen vorziehen. Diese sind weniger belastet und enthalten auch mehr Omega-3-Fettsäuren.

Einkauf von tiefgefrorenem Fisch

- In *Beuteln* verpackte Fische sollten keinen «Schnee» aufweisen. Dies ist nämlich ein Hinweis, dass die Kühlkette unterbrochen wurde.
- Kaufen Sie keinen Fisch, der in *durchsichtigen Packungen* in den Tiefkühltruhen der Märkte lagert. Durch Lichteinfluss verändert sich der Geschmack, ebenfalls die Inhaltsstoffe.
- Immer auf das Haltbarkeitsdatum achten!
- Die *Verpackung* sollte immer unbeschädigt sein.
- *Tiefgefrorener Fisch* ist billiger als Frischfisch und hat manchmal bessere Frische-Eigenschaften als lange gelagerter «Frischfisch».

Einkauf von Meeresfrüchten

- Eingefrorene *Shrimps* und *Krabben* sollten den Hinweis *«glasiert»* auf der Packung tragen. Die Produkte werden vor dem Schockfrieren mit Eiswasser besprüht, und sind dann besser geschützt.
- Tiefgefrorene *Muscheln* sind nicht empfehlenswert, da diese nicht so gut schmecken, wenig Fleisch haben und austrocknen.
- Riechen angeblich frische *Shrimps* oder *Garnelen* fischig, nicht kaufen. Achten Sie beim Kauf von Garnelen auf die Bezeichnung *«sea water»* (gutes Aroma, frei von Antibiotika). Die Bezeichnung *«fresh water»* bedeutet, dass die Garnelen in Reisfeldern gezüchtet wurden, auch enthalten diese oft Rückstände von Antibiotika. In der Schweiz führt *Coop* Garnelen aus Bioproduktion, zum Beispiel aus neu angelegten Mangrovenwäldern in Vietnam und Ecuador.
- Riechen *Scampi* leicht nach Meer und sind rosafarben, dann sind sie frisch.
- *Muscheln* immer lebend kaufen, sie sollen verschlossen sein. Beim Kochen sollen sich alle Muscheln öffnen. Muscheln, die sich nicht öffnen, wegwerfen (sonst drohen Muschelvergiftungen mit Erbrechen und Durchfall).

Kauf von Fischerzeugnissen

Es gibt eine breite Palette von *Fischerzeugnissen*. Diese werden durch Trocknen, Säuern, Salzen, Räuchern, Erhitzen oder durch Konservierungsmittel haltbar gemacht.

- Die *Zutatenliste* genau studieren. So gibt es beispielsweise Bratheringe oder Bismarckheringe mit Süssstoffen. Herings-Filets in Dosen enthalten oft Stärke, Weizenmehl, Verdickungsmittel (Guarkernmehl, Johannisbrotkernmehl, Natriumalginat) und Milcheiweiss.
- Ausgebeulte oder beschädigte *Dosen* nicht kaufen.
- Auf das *Haltbarkeitsdatum* achten.

Fette und Öle

Immer wieder werden wir mit extremen Diäten und Ernährungsvorschriften aus den USA bombardiert. Als eine kohlenhydratreiche Ernährung empfohlen wurde, waren die Fettliebhaber frustriert und die Metzger machten weniger Umsatz. Dann kam *Robert C. Atkins* (1931–2003), der mit seinem Ernährungsquatsch die Verbraucher in unverantwortlicher Weise verunsicherte. Laut seinen Empfehlungen durfte man *«dicke, süsse Sahne, Butter, Mayonnaise, Käse, Fleisch, Fisch und Geflügel»* essen, so viel man wollte. Da man angeblich bei dieser Nahrung auch abnimmt, stürzten sich viele Abspeckwillige auf diese Diät. Was gab es eigentlich Schöneres als zu schlemmen, ohne auf die Kalorien achten zu müssen. Die *Atkins-Diät* betrachte ich als Mangel- und Fehlernährung, ausserdem enthält diese zu wenig Ballaststoffe (Nahrungsfasern).

Auf jeden Fall sollten wir mit dem Fett sparsam umgehen. Von besonderer Bedeutung ist auch, welches Fett wir konsumieren. Es kommt auf die gute Mischung an, wobei der Anteil an ungesättigten

Fettsäuren erhöht sein soll.

Wir unterscheiden folgende Fettsäuren (jedes Fett setzt sich aus diesen Fettsäuren zusammen):

Gesättigte Fettsäuren (z.B. Palmitin- und Stearinsäure): Enthalten in tierischen Produkten (Schweineschmalz, Fleisch, Milch, Käse, Butter, Eier) und pflanzlichen Produkten (Avocados, Kokosfett, Speiseöle).

Einfach ungesättigte Fettsäuen (z.B. Ölsäure): Olivenöl und in anderen Ölen, Butter, Schweineschmalz.

Mehrfach ungesättigte Fettsäuren (Omega-6-Fettsäuren: Linolsäure, Gamma-Linolensäure, Arachidonsäure. Omega-3-Fettsäuren: alpha-Linolensäure, Eicosapentaensäure, Docosahexaensäure): Die Omega-3-Fettsäuren kommen im Leinöl, Sojaöl, Rapsöl, in Seefischen, Lebertran und die Omega-6-Fettsäuren in bestimmten Pflanzenölen (Sonnenblumen-, Distel-, Weizenkeimöl) und in Margarinesorten vor.

In vielen Ölen dominieren die *Omega-6-Fettsäuren.* Diese sind im Überschuss nicht so günstig (es bilden sich vermehrt entzündungsfördernde Hormone). Deshalb empfehlen die Ernährungsgesellschaften das Verhältnis von Omega-6-Fettsäuren zu Omega-3-Fettsäuren auf 5:1 abzusenken. Besonders günstig sind Leinsamenöl (Verhältnis 0,28:1), Rapsöl (2,2:1) und Olivenöl (8:1). Beim Olivenöl ist das Verhältnis etwas ungünstiger, was jedoch kein Manko ist, denn es enthält noch andere wichtige «Schutzfaktoren».

Das Sojaöl hat übrigens ein Verhältnis von 7,7:1 und das Walnussöl ein solches von 10,2:1.

Was ist gesünder: Butter oder Margarine?

Früher wurde die Butter verteufelt und die Margarine als gesundes und preisgünstiges Lebensmittel gepriesen. In der Butter wurde besonders der Gehalt an Cholesterin als besonders schädlich hingestellt. Um den Margarinekonsum in den 50er-Jahren anzukurbeln, tauchten erste Studien auf, die einen Vorteil der Margarine für die Gesundheit erkennen liessen. Später stellte sich heraus, dass die Studien von der Margarineindustrie finanziert und lanciert worden waren. Die Leute schmierten sich von nun an reichlich Margarine aufs Brot, galt sie doch als gesund. Die Hersteller wurden reich und die Leute nicht gesünder. Was damals niemand wusste: In etlichen Margarinen (besonders in den gehärteten) waren *Transfettsäuren* vorhanden. Da sich diese viel ungünstiger auf den Cholesterinspiegel auswirken als gesättigte Fette, erhöhen sie das Risiko für Herz-Kreislauf-Erkrankungen besonders stark. Nun ist das Naturprodukt Butter wieder «in».

Butter enthält 240 mg Cholesterin je 100 g, 64 % gesättigte Fettsäuren, 33 % einfach ungesättigte Fettsäuren und 3 % mehrfach ungesättigte Fettsäuren.

Standardmargarine weist 20 % gesättigte Fettsäuren, 27 % Ölsäure, 17 % Linolsäure und 2 % Linolensäure auf. Besser schneiden Diätmargarinen ab, die einen überwiegenden Anteil an mehrfach ungesättigten Fettsäuren aufweisen.

Auf jeden Fall schmeckt Butter besser als die beste Margarine. Bei gesunden Menschen sind normale Mengen Butter oder Margarine in Ergänzung mit vorzüglichen Speiseölen unproblematisch. Wer jedoch eine Veranlagung zu Fettstoffwechselstörungen hat, sollte eher zu Diätmargarinen und Ölen greifen.

Öl vom Baum des Lebens

Früher galt der *Olivenbaum* als Symbol des Friedens und der Weisheit, aber auch als Baum des Lebens. In der Bibel kommt der Lebensbaum über 200 Mal vor. Olivenbäume wuchsen schon vor 7000 Jahren. Schon frühzeitig wurde ein schwunghafter Handel mit Oliven und Olivenöl betrieben. Ärzte des Altertums benutzten das Öl für Einreibungen und empfahlen die Einnahme des «flüssigen Goldes» bei Geschlechtskrankheiten und Gallensteinen. Auch heute schwören viele auf das Hausmittel Olivenöl bei Ekzemen, Husten, Kopfschuppen, Milchschorf, Ohrekzemen, Schuppenflechte und Zahnfleischproblemen.

Schon seit einigen Jahren ist bekannt, dass das Olivenöl und die Mittelmeerkost eine gesundheitsfördernde Wirkung bei Herz-Kreislauf-Erkrankungen und Krebserkrankungen ausüben. Dr. *Robert W. Owen* und seine Kollegen aus der Abteilung Toxikologie des Deutschen Krebsforschungszentrums untersuchten, welche Komponenten im Olivenöl besonders wirksam sind. Hier das Ergebnis (*«einblick»*, 2001-1): Die grösste schützende Wirkung entfalteten phenolische Verbindungen (Hydroxytyrosol, Lignane) in kaltgepressten Olivenölen (minderwertige Olivenöle und Keimöle hatten bei weitem nicht die Wirkung). Die

Phenole sind befähigt, «freie Radikale», die u.a. Schäden an der Erbsubstanz verursachen, abzufangen. Die Lignane hemmen das Zellwachstum in Tumoren der Haut und der Brust sowie bei Darm- und Lungenkrebs.

US-amerikanische Forscher entdeckten kürzlich, dass die Ölsäure im Olivenöl die Aktivität eines Gens vermindert, das mit der Entstehung des Brustkrebses in Zusammenhang gebracht wird.

Das Olivenöl hat auch bei uns in den letzten Jahren einen «Boom» ohnegleichen erlebt. 1990 wurden laut *«Tabula»* (2004-1) in der gesamten EU um 990 000 Tonnen Öl verbraucht. Im Jahr 2000 waren es schon 2 Millionen Tonnen. Die bedeutendsten Olivenöl-Produzenten sind in Spanien, Italien und Griechenland.

«Olivenöl passt zu einer leichten, ehrlichen Küche, besonders auch zur Mittelmeerküche mit frischem Gemüse, Salaten und Fisch», betont *Urs Gschwend*, Küchenchef vom Lenkerhof in Lenk/BE (Schweiz).

Raffination macht Öl tot

Judith Moog, die charmante Firmenchefin von *Bio Planète*, Bram (Südfrankreich), bricht eine Lanze für das kaltgepresste und naturbelassene Öl. Sie äusserte in einem Interview der Zeitschrift *«Schrot&Korn»* (2004-12) Folgendes: *«Raffination macht Öl tot. Kaltgepresste Öle aber sind wertvoll, haben viele Vitamine und viele Fettbegleitstoffe.»* Sie lässt Öle das ganze Jahr über immer frisch pressen. Wichtig sind der Geschmack und der Geruch der Öle. *«Es geht nicht darum, keinen Geschmack im Öl zu haben, sondern den arttypischen, der jedoch nicht aufdringlich sein soll – aromatisch, herb, nussig, samenspezifisch»*, erklärte Moog.

Wichtig ist auch die Farbe. Bei ihr ist das Sonnenblumenöl hellgelb, das Sojaöl gelb-orange und das Olivenöl gold-grün (www.bioplanete.com).

Ein Öl macht Karriere

Mitte des 19. Jahrhunderts war Rapsöl als Brennstoff für Öllampen populär, während das Öl heute als Bio-Treibstoff verwendet wird. Nur in Notzeiten wurde das aus den schwarzen Samen gepresste Öl für

Ernährungszwecke gebraucht. Früher enthielt das Rapsöl die giftige Erucasäure, die Wachstumsstörungen und Herzmuskelentzündungen verursacht. Pflanzenzüchtern gelang es in den letzten Jahrzehnten, nahezu erucasäurefreie Sorten zu züchten. Auch der Gehalt an Senfölglycosiden wurde durch Züchtung erheblich verringert.

Rapsöl zeichnet sich durch eine günstige Fettsäurezusammensetzung aus. Rapsöl senkt das als schädlich betrachtete Cholesterin (LDL) und nicht das so genannte «gute» Cholesterin (HDL). Darüber enthält Rapsöl weniger Squalen (baut im Organismus körpereigenes Cholesterin auf) und viel an Pflanzensterolen (ß-Sitosterol), welche ebenfalls cholesterinsenkend wirken.

Seit kurzem gibt es auch kaltgepresstes, natives Rapsöl in Naturkost- und Reformhäusern.

Tipps für den Einkauf von Fetten und Ölen

Olivenöl

- Olivenöl in *dunklen Flaschen* kaufen. Die lichtempfindlichen Vitamine bleiben erhalten.
- Auf das Mindesthaltbarkeitsdatum achten.
- *Teure Öle* sind nicht immer eine Garantie für gutes Öl.
- Das Öl sollte *frisch riechen*, goldgelb mit einem leichten grünlichen Schimmer und dünnflüssig sein. Laut *Anton Grünfelder*, Küchenchef vom Sporthotel Stock im Zillertal, riecht das aus reif geernteten Oliven hergestellte Öl nach Gras, grünen Tomaten, Artischocken, kann aber auch buttrig oder nussig oder nach Mandeln riechen (*«Tabula»*, 2004-1). Schlechtes Öl ist matt, gelb und dickflüssig.
- *Urs Gschwend*, Küchenchef in Lenk, empfiehlt den Kauf von Öl mit der offiziell zertifizierten Ursprungsbezeichnung *DOP* (= Di Origine Protteta). Diese Öle unterliegen strengeren Qualitätsauflagen als das Öl «extra vergine». Auch gibt es ein europäisches Qualitätssiegel für bestimmte Anbaugebiete (D.O.C = Denominazione di origine controllata). Diese Öle werden nach festgelegten Produktionsvorschriften hergestellt und unterliegen strengen Qualitätskontrollen.
- *Olivenöl-Sorten:* Natives Olivenöl extra (extra nativ oder extra

vergine) darf höchstens 0,8 % freie Fettsäuren enthalten. Natives Olivenöl (vergine) darf höchstens 2 % freie Fettsäuren enthalten. Lampantöl darf mehr als 2 % freie Fettsäuren aufweisen. Die Bezeichnung *«Olivenöl»* gilt für eine Mischung aus raffiniertem und Vergine-Öl (maximal 1 % freie Fettsäuren).
«Extra vergine» bedeutet, dass das Öl aus erster, kalter Pressung stammt. Für die Fruchtigkeit erreicht das Öl mindestens 6,5 von 9 Punkten. Migros führt beispielsweise Olivenöle aus Spanien (von *Juan Ballester*, Familienbetrieb im spanischen Tortosa) und Italien (Umbrien). Das Label «Q» (für Qualität) garantiert hoch stehendes Olivenöl extra vergine. So erhielt beispielsweise das Familienunternehmen *Monini* in Umbrien für ihr Öl «Gran Fruttato» die «Silberne Olive». Das Öl (erhältlich bei Migros) weist maximal 0,5 % freie Fettsäuren auf.
Zudem gibt es noch das aus den *Pressrückständen* gewonnene Rohe und Raffinierte Oliventresteröl.

- Der Ausdruck *«kaltgepresst»* bedeutet nicht, dass ein Öl nicht raffiniert, gebleicht oder desodoriert wurde. Diese Verfahren sind nicht deklarationspflichtig (ich finde, das sei ein unmöglicher Zustand). Beim Pressen darf die Temperatur von 40 °C nicht überschritten werden. Raffinierte Öle sind hell, blass und weisen kaum Eigengeschmack auf. Sie sind jedoch länger haltbar. Durch die Raffination werden die Öle bzw. Fette entschleimt, entsäuert, gebleicht oder desodoriert. Diese kommen als Speise-, Pflanzen-, Tafel- oder Salatöle in den Handel.
- *Bio-Öle* sind immer kalt gepresst und nicht raffiniert. Die Öle werden nach dem Pressen lediglich filtriert und dann sofort abgefüllt. Bio-Öle enthalten auch keine chemischen Rückstände. Tester der Zeitschrift *«Ökotest»* (2004-9) untersuchten 21 Olivenöle. Fast jedes 4. Öl der Spitzenklasse «nativ extra» hatte Qualitätsmängel. Alle Bio-Öle schnitten mit «sehr gut» oder «gut» ab.

Rapsöl

- Beim Kauf von Rapsöl darauf achten, dass es *kaltgepresst* ist. Der Raps für Bio-Rapsöl stammt aus kontrolliert biologischem Anbau. Vorbildliche Hersteller drucken auf dem Etikett die Mindesthaltbarkeitsdauer, die Herkunft und die Zusammensetzung auf. Bio-Öl ist garantiert ohne Gentechnik.
- Wer unter einer *Senfallergie* leidet, sollte auch bei kaltgepresstem

Rapsöl vorsichtig sein. Die Speicherproteine von Senf und Raps sind ähnlich.

- Rapsöl *eignet sich* besonders für Salate, zum Dünsten, Kochen und Backen. Das Öl sollte nicht über 140 °C erhitzt werden.

Butter

- Im *Handel* sind Butterfett, Butterzubereitungen, gesalzene Butter, Milchhalbfett, Sauerrahm- und Süssrahmbutter. Bei der in Deutschland bevorzugten *Sauerrahmbutter* fügt man dem Rahm (Sahne) Spezialkulturen von Mikroorganismen hinzu und lässt diesen 20 Stunden «reifen». Es bilden sich Milchsäure, Geschmacks- und Geruchssubstanzen. *Süssrahmbutter* wird aus nicht gesäuerter Milch, Rahm oder Molkenrahm hergestellt. Dann gibt es noch die *mildgesäuerte Butter* (hier werden bei der Herstellung von Süssrahmbutter noch Milchsäure oder Milchsäurebakterien zugefügt).
- Auf das *Mindesthaltbarkeitsdatum* achten. Das Datum wird mit dem Hinweis «gekühlt» angegeben (10 °C).

Margarine

- Die *Zutatenliste* genau studieren. So können in konventionellen Margarinen Konservierungsstoffe, Farbstoffe (Carotine), Emulgatoren, Verdickungsmittel, Milcheiweiss, Salz, Vitamine, Säuerungsmittel, gehärtete Fette und Transfettsäuren enthalten sein.
- Bei *konventionellen Margarinen* erfolgt die Härtung durch chemische Umesterung bei bis zu 200 °C. Es entstehen viele gesättigte Fettsäuren. Vitamine werden zerstört und später wieder zugesetzt. *Bio-Margarine* und *Diät-Margarine* werden nicht künstlich gehärtet. Die Streichfähigkeit wird durch einen Kälteprozess erzeugt. Auf der Verpackung steht dann *«nicht gehärtet»* oder *«ungehärtet»* oder *«nicht umgeestert»*. Neu auf dem Markt sind Margarinen mit *Omega-3-Fettsäuren* (aus Raps- und Leinöl, Meeresalgen, z. B. *«Omega 3»* von Vitaquell) und *Olivenölmargarinen* (z. B. «Olima» von Eden, erhältlich im Reformhaus). «Rapsima» von Eden enthält 65 % Rapskernöl in der Fettkomponente. Die ungehärteten Margarinen sind cholesterinfrei, milcheiweissfrei, lactosefrei und streng natriumarm.
- *Pflanzenmargarine* enthält mindestens 97 % Fett pflanzlichen Ursprungs. In bestimmten Margarinesorten kann neben pflanzlichen Fetten auch ein geringer Anteil an tierischen Fetten sein.

Alkoholfreie Getränke

Lebenselixier Wasser

Wasser dient hauptsächlich als Lösungs- und Transportmittel für Nährstoffe, Enzyme, Hormone und Stoffwechselprodukte. Ohne Wasser gäbe es keinen Transport des Nahrungsbreis durch den Verdauungstrakt, keine Nahrungsaufspaltung durch die enzymhaltigen Verdauungssäfte, keine Aufnahme und keinen Transport der lebenswichtigen Nährstoffe (Mineralstoffe, Spurenelemente, Vitamine, Fett- und Eiweissbestandteile) über die Lymphe und das Blut zu den Organen und Zellen. Wasser ist auch an der Regulierung des Wärmehaushalts beteiligt.

Ausreichend trinken!

Im Allgemeinen wird eine tägliche Zufuhr von Wasser (auch in Form anderer Getränke) von etwa 1,5 Liter und durch die Nahrung von 0,8 Liter empfohlen. Schwangere und Stillende benötigen etwas mehr Wasser, ebenfalls Sportler und Arbeiter, die eine schweisstreibende Tätigkeit ausüben.

In der Regel wird der Wasserbedarf durch den Durst angezeigt. Eine übermässige Flüssigkeitszufuhr ist ebenso falsch wie eine unzureichende.

Oft ist bei älteren Menschen keine ausreichende Flüssigkeitsaufnahme vorhanden, weil bei ihnen das natürliche Durstgefühl manchmal nachlässt.

Durch die reichliche Zufuhr von Flüssigkeiten werden die Nieren «gespült», Stoffwechselprodukte schneller ausgeschieden und der Bildung von Nieren- und Blasensteinen vorgebeugt.

Nicht alle haben sauberes Trinkwasser

Es ist unglaublich, aber wahr: Über 1,1 Milliarden Menschen haben keinen Zugang zu sauberem Trinkwasser. Auf diesen Missstand wiesen kürzlich die Vereinten Nationen hin. Durch verschiedene Massnahmen soll bis 2015 die weltweite Wasserversorgung verbessert werden.

Deutschland, die Schweiz und Österreich sind punkto Wasserversorgung privilegierte Länder. Hier gibt es noch genügend Trinkwasser. Das «unbedenkliche» Wasser – wie unser Lebenselixier auch bezeichnet wurde – muss jedoch in vielen Fällen filtriert, belüftet, desinfiziert und bestrahlt werden; oft wird diesbezüglich des Guten zu viel getan. Durch diese Verfahren werden Schadstoffe wie Nitrat und Pestizide aus der Landwirtschaft oder Arzneimittelrückstände entfernt. Die UV-Bestrahlung, Chlor- oder Ozonzufuhr führt zur mikrobiellen Reinheit; schliesslich darf unser Trinkwasser keine pathogenen Keime enthalten. Aber solche Eingriffe mindern die Wasserqualität. Es geht nichts über ein naturbelassenes Quellwasser.

Wie kommt das *Nitrat* ins Trinkwasser? Schuld daran ist die intensivlandwirtschaftliche Überdüngung der Böden mit Mineraldünger oder Gülle. Im Boden erfolgt die Umwandlung in Nitrat. Die Pflanzen können nur einen Teil des Nitrats aufnehmen. Der grosse Rest gelangt mit dem Regen ins Grundwasser.

Unser Trinkwasser wird laufend auf Schadstoffe untersucht. Grenzwerte dürfen nicht überschritten werden. Ist dies der Fall, verwenden Wasserwerke entsprechende Filter, um den Schadstoffgehalt zu reduzieren.

Wasserfilter im Haushalt können dort sinnvoll sein, wo Trinkwasser aus Privatbrunnen stammt oder durch alte Wasserleitungen fliesst (saures Wasser löst Schwermetalle heraus).

Bevor man einen Filter verwendet, sollte eine Wasseranalyse gemacht werden. Erst dann wird entschieden, welches Filtersystem zur Schadstoffreduzierung in Frage kommt. Aktivkohle hat sich gut bewährt.

Ist Mineralwasser ursprünglich und rein?

Natürliches Mineralwasser ist oft Jahrtausende alt. Es muss aus unterirdischen, natürlich oder künstlich erschlossenen Quellen stammen und von *«ursprünglicher Reinheit»* sein. Dies bedeutet, dass keine Mineralstoffe zugefügt werden dürfen. Zugelassen in den Mineralwasser produzierenden Ländern ist jedoch ein Entzug von Eisen- und Schwefelsalzen und der Entzug oder die Zugabe von Kohlensäure. Warum der Entzug dieser Verbindungen? Das Eisen würde ausflocken, und die Schwefelverbindungen würden dem Wasser einen fauligen Geruch geben. Auch Arsen und Mangan dürfen entfernt werden. Ausserhalb der EU ist eine Entkeimung durch Bestrahlung zum Teil Vorschrift, oft auch unnötigerweise. Ausländisches Wasser, das eingeführt wird, darf nicht bestrahlt worden sein, da laut EU-Recht eine Bestrahlung von Mineralwasser unzulässig ist.

Johann Abfalter, Geschäftsführer bei der oberbayerischen *St. Leonhardsquelle*, geht einen anderen Weg. Er verzichtet auf Ozon. Er leitet über einen Mikroluftfilter Luft in das Mineralwasser und filtriert das oxidierte Eisen über einen Quarzsandfilter aus. Das so produzierte Wasser ist «lebendiges Wasser», wie der Geschäftsführer betonte (www.naturkost.de).

Die Abfüllung von Mineralwasser muss direkt an der Quelle erfolgen, und ein Abtransport in Tankwagen ist nicht erlaubt.

Der Mineralwasserverbrauch

- *Deutschland:* 230 Mineralbrunnen liefern 500 verschiedene Mineralwässer und 70 Heilwässer. Jeder Deutsche trank 123 Liter Mineralwasser (2004). Gesamtabsatz: fast 10 Milliarden Liter pro Jahr (www.mineralwasser.com).
- *Schweiz:* 20 verschiedene Quellen. Pro-Kopf-Verbrauch vor 100 Jahren: weniger als 2 Liter.
  Verbrauch um 1950: unter 10 Liter. Heutiger Verbrauch: deutlich über 100 Liter.
  Gesamtabsatz 1964: 100 Millionen Liter. Heute: über 700 Millionen Liter (www.mineralwasser.ch).

Tipps für den Kauf von Mineralwasser

- Wenn immer möglich *Leitungswasser* trinken, wenn es von guter Qualität ist; in der Schweiz ist das die Regel.
- Die Verwendung von *Ozon* zur Belüftung muss seit dem 1.6.2004 deklariert werden.
- Auf die *Verkehrsbezeichnungen* für natürliches Mineralwasser achten. Es gibt natürliches Mineralwasser ohne Kohlensäure, natürliches kohlensäurehaltiges Mineralwasser, natürliches Mineralwasser mit eigener Quellkohlensäure versetzt, natürliches Mineralwasser mit Kohlensäure versetzt.
- *«Stilles» Mineralwasser* ist ein kohlensäurearmes oder ein kohlensäurefreies Mineralwasser. In der Westschweiz sind diese kohlensäurefreien Mineralwässer sehr beliebt.
- Auf das *Mindesthaltbarkeitsdatum* achten.
- Auf dem Etikett der Mineralwasserflasche befindet sich die Mineralwasseranalyse. So eignet sich mineralstoffarmes Wasser bei Nieren- und Harnsteinen, und wer unter hohem Blutdruck leidet, sollte natriumarmes Wasser trinken.
- Wasser für die Zubereitung von Babynahrung sollte möglichst geringe Mengen an Natrium und Nitrat enthalten. Meist steht auf dem Etikett *«Geeignet für die Zubereitung von Säuglingsnahrung»* (s. Kapitel *«Essen ohne Risiko»*).
- Leitungs- oder Mineralwasser aus der *Region* bevorzugen. Eine Mehrweg-Flasche von der Quelle bis zum Verbraucher legt oft 150 bis 200 km zurück. Flaschen, die aus dem Ausland kommen, legen sogar bis 1000 km zurück (bei solchen Entfernungen stösst ein LKW-Auspuff pro Liter transportiertes Wasser rund 100 Gramm Kohlendioxid aus).
- Inzwischen gibt es Mineralwässer in *PET-Flaschen* (PET = Poly-Ethylen-Terephthalat). In der Schweiz sind bereits ²/₃ der Mineralwässer in PET-Flaschen abgefüllt. Glasflaschen garantieren eine lange Haltbarkeit und keine Geschmacksveränderungen. PET-Flaschen sind unzerbrechlich, leicht. Die Kohlensäure kann etwas rascher entweichen als bei Glasflaschen, bei der Lagerung können Geruchsstoffe durch das Material in das Wasser gelangen.
- *Heilwässer* müssen mindestens 1 Gramm Mineralstoffe pro Liter und einen hohen Anteil an wirksamen Stoffen (z.B. Jod, Eisen,

Schwefel) enthalten. Die Wirksamkeit des Wassers muss durch ein wissenschaftliches Gutachten erbracht werden. Heilwässer sind freiverkäufliche Arzneimittel. Wer Heilwässer zur Krankheitsvorbeugung oder Linderung von Beschwerden verwenden will, sollte sich von einem Arzt beraten lassen.

- *Tafelwasser* ist eine Mischung aus Trinkwasser und natürlichem Mineralwasser. Zusätze, wie Kohlendioxid und Mineralstoffe oder Meerwasser oder Natursole, sind erlaubt. Tafelwasser darf in Tankwagen transportiert werden. Dieses Wasser wird in Kantinen und Gaststätten angeboten.
- *Quellwasser* ist laut deutscher Lebensmittelverordnung (Art. 277) Trinkwasser, das an der Quelle abgefüllt und nicht oder nur mit den für natürliches Mineralwasser zulässigen Verfahren aufbereitet wird.

Mehr Schwung durch Lifestyle-Drinks?

Der Markt der coolen Erfrischungsgetränke oder Lifestyle-Drinks im schrillen Dosen- oder Flaschen-Design ist kaum noch überschaubar. Alle diese Drinks sollen müde, schlappe und ausgelaugte Menschen zu mehr Leistung, Energie und Power verhelfen. Was zuckersüss durch die Kehlen rinnt, enthält neben Wasser ausgefallene und aufputschende Substanzen, aber auch Farb-, Aromastoffe – und viel Kalorien. Ich betrachte diese Getränke mit Skepsis und empfehle gesunde und preiswerte Alternativen.

In einer namhaften Getränkefirma, die ihren Absatz enorm steigern möchte, läuft folgendes Prozedere ab. Der Produktmanager, Abteilungsleiter und Leute von der Entwicklungsabteilung treffen sich regelmässig zu einer Besprechung. Heute lautet das Tagesthema *«Entwicklung eines neuen Lifestyle-Getränks»*. Im Gespräch ist ein neues Getränk, das die Leistung und Konzentration steigern soll. Der für die Produktentwicklung verantwortliche Mann empfiehlt neben Wasser das belebende Koffein mit oder ohne Vitamin E und Coenzym Q10. Damit die Brühe auch schmeckt, kommen Aromen und/oder Fruchtgetränke, eventuell Ginsengzusätze, Vitamine und Mineralstoffe hinzu. Das kalorienarme Getränk enthält keine Zusätze von Zucker und Süssstoffen. Die Teilnehmer der fingierten Besprechung sind interessiert und horchen auf, als die Umsatzentwicklung vergleichbarer Produkte mittels Grafiken demonstriert wird. Es sind überall enorme Umsatzzuwächse zu verzeichnen. Denn, so die Begründung, der moderne Mensch lechzt nach solchen Getränken, fühlt er sich doch immer wieder müde, schlapp und ausgelaugt. Das zu entwickelnde *«Designergetränk»* sei notwendig, um diesen Menschen wieder zu mehr Energie, Power, Wellness und Fun zu verhelfen. Da jubelt das Herz des Firmenchefs, besonders dann, wenn die Gelder reichlich in die Firmenkasse fliessen. Was bleibt dem verantwortlichen Manager übrig, als grünes Licht für die Entwicklung eines solchen Lifestyle-Getränkes zu geben?

Warum sind diese Getränke erfolgreich?

Die neuen Erfrischungsgetränke (Functional-Drinks, Wellness-Drinks, Energy- und Powerdrinks, Fun-Getränke mit Schuss) werden immer im Zusammenhang mit Energie, Power, Wellness und Fun angeboten. Angehörige der Fun-Gesellschaft fahren ungemein auf solche «coolen» Getränke und Versprechungen ab.

So lautete eine Werbebotschaft: *«Fit muss der Körper sein, die Abwehrkräfte allzeit bereit, dann kommt man gesund durch die Jahreszeit.»*

Aber damit noch nicht genug. Die findigen Werbemacher erfinden immer neue Sprüche, die einem Gesundheit vorgaukeln, wenn man die Produkte konsumiert, wie der folgende Leitspruch beweist: *«Eine zusätzliche Vitamin- und Mineralstoffzufuhr bringt Schwung in unseren Energiehaushalt, beseitigt Mangelerscheinungen und führt zu mehr Gesundheit.»*

Der Verbraucher bildet sich dann ein, er habe etwas Gutes für seine Gesundheit getan. Und das ohne Änderung seines Lebensstils.

Die funktionalen Drinks vermitteln, dies stellte kürzlich eine Unternehmungsberatung fest, in den USA ein neues Lifestyle-Gefühl. Früher gab es diese Getränke nur in Reformhäusern, Drogerien und Fitness-Studios; heute sind diese Produkte in jedem Lebensmittelmarkt zu haben. Und das Geschäft floriert. Laut der Unternehmensberatung *Frost & Sullivan* wird sich der Umsatz von 4,7 Milliarden USD im Jahr 2000 auf 12 Milliarden USD bis 2007 steigern. Dies entspricht einer jährlichen Umsatzsteigerung von 14,8%. Davon kann jeder Unternehmer nur träumen.

Coca-Cola blamierte sich gewaltig

Findige Manager von *Coca-Cola* wollten von den ganzen teuren Zusätzen nichts wissen. Sie kamen auf die glorreiche Idee, ein Lifestyle-Getränk zu entwickeln, das fast keine Zusätze aufweist. Natur pur, sollte man meinen. Das Getränk *«Dasani»* wurde entwickelt und mit einer 10 Millionen Euro teuren Werbekampagne eingeführt. Das Getränk wurde als das *«pure stille Wasser»* mit dem *«klaren, frischen Geschmack»* angepriesen. Aber bald kam die Presse dahinter, was Dasani eigentlich ist. Nämlich nur gefiltertes Wasser aus den Leitungen des örtlichen Wasserwerks *«Thames Water»*. Die 0,5-Liter-Flasche des Wassers wurde für 95 Pence (1,43 Euro) verkauft. Dieselbe Menge Leitungswasser war schon für 0,045 Cent, etwa ein Dreissigstel, zu haben.

Die Manager verteidigten ihr Produkt. Sie sagten, es sei kein pures Leitungswasser. Durch spezielle Filter und Umkehrosmose sei ein sehr reines Wasser gewonnen worden. Allerdings musste man wieder Mineralstoffe und etwas Ozon zusetzen, um das Wasser trinkbar, haltbarer und schmackhafter zu machen. Die Firma erntete Hohn und Spott, zumal bekannt wurde, dass das im Londoner Vorort Sidcup – hier wurde das Edelgetränk produziert – von Haus aus schon sehr rein und schmackhaft ist. Die für Trinkwasser zuständige Aufsichtsbehörde stellte fest: *«Der einzige echte Unterschied ist der Preis»*.

Berechtigte Zweifel

Ich stehe der Getränkevermarktung ausserordentlich kritisch gegenüber. Oft haben die Zutaten nicht die Wirkungen, die in der Werbung versprochen werden. Manche Zusätze wie Zwischenprodukte des Eiweissund Kohlenhydratstoffwechsels, kommen in unserem Körper in ausreichenden Mengen vor. Die Wirkung bei Müdigkeit wird hauptsächlich dem Koffein und dem Guaraná zugeschrieben. Der Konsument erhält also mehr Schwung durch das Koffein. Diesen Effekt könnte man auch mit Schwarz-, Grüntee oder Kaffee erreichen.

Tabelle 21: Koffeingehalt in Getränken (mg Koffein pro Tasse)

Kaffee	(Filterkaffee) 50–150 mg
Espresso	25–75 mg
Tee	50 mg
Kakao	bis 50 mg
Cola	20–30 mg/Dose
Energy-Drinks	ca. 80 mg/Dose

Auf die Nebenwirkungen des Koffeins wird nicht immer hingewiesen. Kinder, Jugendliche und empfindliche Erwachsene können schnell überreagieren. Es zeigen sich Schwindel, Herzrasen und Erbrechen.

Claudia Osterkamp-Baerens, Dipl.-Oecotrophologin, machte in der Zeitschrift *«Arbeit und Gesundheit»* (2001-1) treffende Bemerkungen zu den Energy-Getränken: *«Energy-Getränke enthalten in der Regel viel ‹Krimskrams›, deren Wirksamkeit sehr fraglich ist. Für die schlaffen Minuten am Arbeitsplatz ist der gezielte und wohl überlegte Einsatz einer Tasse Kaffee der kostengünstigere Push. Im Übrigen muss die Devise lauten: ausreichend trinken, um die Wasserbilanz des Körpers im Gleichgewicht zu halten. Hier leistet Mineralwasser gute Dienste. Die geballte Power aus der Dose bleibt wohl auch weiterhin Popeye vorbehalten.»*

Auch Dipl.-Oecotrophologin *Ulrike Berges («UGB-Forum»*, 2000-5) ist der Ansicht, dass die süssen Zusatzstoffcocktails aus ernährungsphysiologischer Sicht nicht empfohlen werden können. Zudem ist noch nicht klar, wie sich grössere Mengen dieser Stoffe in Kombinationen auswirken. Auch die künstlichen Farbstoffe (z. B. Chinolingelb, Azorubin, Brillantblau) sind nicht «ohne». Sie sind für allergiegefährdete Personen bedenklich und wohl für niemand gesund.

Was ist im Cola drin?

Es ist ganz interessant zu erfahren, was in Cola drin ist. Neben Wasser ist in Cola eine ganze Menge Zucker vorhanden. In einem Liter sind 24 Stück Würfelzucker aufgelöst, das sind etwa 110 g Zucker. Cola Light enthält Süssstoff (z. B. Aspartam). Weitere Zutaten von Cola sind

Kohlensäure, Farbstoff E 150 d (Zuckercouleur), Säuerungsmittel Phosphorsäure, Aromastoffe und Koffein. Die Zusammensetzung der Aromakomponenten war lange Zeit geheim. In Überresten des Labornotizbuchs von Dr. *John Pemberton*, dem Erfinder von Coca-Cola, war die mysteriöse Aromamischung *7X* aufgeführt. Sie enthielt eine Mischung der Öle von Limone, Orange, Muskat, Zimt, Neroli und Koriander. Pemberton mischte die Öle mit Alkohol und liess die Mischung 24 Stunden stehen. Heute wird kein Alkohol mehr verwendet, auch nicht mehr Extrakte der Coca-Pflanze und Colanuss.

«Kinder-Cola» oder andere koffeinfreie Cola-Getränke enthalten übrigens kein Koffein und keine Phosphorsäure.

Gute und preiswerte Alternativen

Es gibt gute Alternativen zu den Lifestyle- und Sport-Getränken. So empfehle ich dem Breitensportler verdünnten Apfelsaft (2 bis 3 Teile Mineralwasser und 1 Teil Apfelsaft). Das verwendete Mineralwasser sollte reich an Natrium und Chlorid sein, aber auch Magnesium und Kalzium enthalten. Die Energy-Drinks, Sport- oder Iso-Getränke bringen wegen des hohen Kalorien- und Zuckergehalts keine Vorteile für den Freizeitsportler. Für intensive Ausdauersportarten (Marathon, Triathlon, Radsport) können bestimmte Sportlergetränke sinnvoll und notwendig sein.

Empfohlen wird auch ein Honigzusatz zu Sport-Getränken. *«Honig ist eine der effektivsten Kohlenhydrat-Quellen und kann – vor körperlicher Belastung eingenommen – zu gesteigerter Ausdauer führen»*, so resümiert Dr. *Richard Kreider*, Forschungsleiter des Trainings- und Sporternährungslabors der Universität von Memphis seine kürzlich ausgearbeitete Studie mit Honig auf die Trainingsleistung von Sportlern.

Honig wirkt sich nämlich sanft auf den Blutzuckerspiegel aus. Andere Kohlenhydrate wie Traubenzucker, Maltodextrin oder normaler Rohrzucker, die direkt vor dem Training aufgenommen werden, steigern die Insulinausschüttung, machen schneller müde, ausserdem wird das Muskelglykogen (Kohlenhydratspeicher im Muskel) schneller aufgebraucht.

Weitere Alternativen zu den Lifestyle-Drinks sind alkoholfreies Bier, Fruchtsaftgetränke mit 100% Fruchtgehalt ohne Zuckerzusatz, Gemüsesäfte, Früchtetees, Mineralwasser, Molke oder Molkosan, 1:10 mit

Fruchtsaft oder Mineralwasser gemischt. Mixgetränke sind nicht nur gesünder, sondern auch billiger – und selber mixen macht ausgesprochen Spass.

Lifestyle-Getränke auf einen Blick

Functional-Drinks: Sollen bestimmten Krankheiten vorbeugen, die körpereigenen Abwehrkräfte stärken und das Wohlbefinden steigern. Inhaltsstoffe sind Provitamin A (Beta-Karotin), Vitamine C und E und oft auch Ballaststoffe (Nahrungsfasern).

Wellness-Drinks: Sollen Abwehrkräfte und Wohlbefinden steigern. Inhaltsstoffe: Mineralwasser, angereichert mit Koffein, Vitaminen, Milchsäure, Grüntee-Extrakten, vermälztem Getreide, Fettsäuren aus Fischölen und Kräuterauszügen.

Energy- und Powerdrinks: Laut Werbung beleben diese Getränke Geist und Körper. Inhaltsstoffe sind Koffein, Maté- und Guaraná-Auszüge, Taurin, Myo-Inositol, Glucuronolacton, angereichert mit Mineralstoffen, Vitaminen, Farb- und künstlichen Süssstoffen, Zucker, Aromen.

Fun-Getränke mit Schuss: Einfache Mischgetränke mit Bier, Mixgetränke mit Wein, Sekt, Spirituosen und Functional-Drinks mit Bier. Enthalten 2,5 bis 6 Volumenprozent Alkohol.

Infos über Fruchtsäfte im Kapitel über «Obst und Gemüse».
Infos über Alcopops im Kapitel «Alkoholhaltige Getränke».

Tee – ein 5000 Jahre altes Getränk

Schon vor nahezu 5000 Jahren soll der chinesische Kaiser *Shen-Nung* die Vorzüge des Tees gelobt haben. Zu jener Zeit wurde laut einer Legende das erste Teegetränk der Welt «geboren», als einige Blätter eines Teezweiges in einen dampfenden Kessel fielen. Neugierige Zeitgenossen probierten den Trank und waren anscheinend so begeistert, dass sie diesen weiterempfahlen.

Die ersten sicheren Hinweise stammen jedoch aus dem Jahr 350. Damals beschrieb der chinesische Gelehrte *Kuo P'O* den Tee und seine

Verwendung ausführlich. Im 5. und 6. Jahrhundert brachten buddhistische Mönche den Tee nach Japan, und dort wurde er bald zum Nationalgetränk. Etliche Kaiser priesen den Tee in den höchsten Tönen und verherrlichten ihn in Gedichten. 1610 brachten Schiffe der Holländisch-Ostindischen Gesellschaft die ersten Teeladungen nach Europa. Die Kaufleute mussten zunächst gehörig die Werbetrommel für Tee rühren, da die meisten gegen das neue Getränk misstrauisch eingestellt waren. Heute werden weltweit 3 Millionen Tonnen Tee erzeugt.

Wer trinkt den meisten Tee?

Es dauerte jedoch nicht lange, bis sich der Tee in vielen Ländern durchsetzte. Er wurde nach Wasser zum meistkonsumierten Getränk der Welt. An der Spitze der Teetrinker liegen nicht die Engländer, sondern die Paraguayaner. Die Engländer sind jedoch in Europa Spitze; das wird sie trösten.

Hauptanbauländer für Tee sind Indien, China, Sri Lanka, Türkei, Indonesien, die GUS und Japan.

Der Tee wird im Frühjahr (first flush), Sommer (second flush) und Herbst (autumnal) geerntet. Bei Spitzentees werden jeweils nur die Knospe jeden Triebes mit 2 Blättern geerntet (je jünger und zarter die Blätter, desto feiner der Tee). Die Blätter werden meistens von Frauen geerntet. Eine maschinelle Ernte kommt nur bei billigstem Tee in Frage.

Die Blätter sind im frischen Zustand noch völlig geruchsfrei und erhalten erst nach einer aufwändigen Prozedur das unvergleichliche Aroma.

Kaffee und Tee waren Luxusgüter

Noch im 19. Jahrhundert wurden zum Frühstück Suppen aus Hafermehl, Kartoffelsuppe und solche aus geröstetem Mehl serviert. Dies war besonders beim Landvolk und in etlichen bürgerlichen Familien die übliche Kost. Kaffee und Schwarztee waren Luxusgüter. Dr. *Adolf Kussmaul* (1822–1902): *«In dem Freiburger Krankenhause wurde bis 1864 Suppe zum Frühstück verabreicht; die Kranken, namentlich die kranken Köchinnen, rebellierten aber von Jahr zu Jahr mit grösserer Heftigkeit und blieben lieber nüchtern, als dass sie Suppe assen; man sah sich zuletzt gezwungen Kaffee zu geben.»*

Als 2 Damen aus Hamburg, die in Badenweiler kurten, bei der Wirtin auf Schloss Bürgeln chinesischen Tee mit Milch und Butterbrot bestellten, machte die Markgräflerin ein verwundertes Gesicht. Sie sagte jedoch nichts, sondern brachte bald darauf die bestellte Milch, das Butterbrot und einen dampfenden Lindenblütentee. *«Nun war die Reihe, sich zu wundern, an den Hamburgerinnen, und sie bemühten sich vergeblich, der guten Frau begreiflich zu machen, was chinesischer Tee ist»*, so der Landarzt.

Quelle: *«Jugenderinnerungen eines alten Arztes»* von Adolf Kussmaul, Stuttgart 1906.

4 Arten von Tees

Der Tee wird traditionell auf 4 verschiedene Arten hergestellt. Es sind folgende:

Der *weisse Tee* wird als *«Kaiser des Tees»* bezeichnet. Die Bezeichnung «weisser Tee» bezieht sich auf die Härchen an der Blattunterseite der getrockneten Blätter, die ihm eine weiss-silbrige Farbe geben. Der Tee wird nicht fermentiert, sondern wie Heu getrocknet.

Der *grüne Tee* ist nicht fermentierter Tee. Nach dem Pflücken kommen die Blätter sofort in die Fabrik, gelangen aufs Förderband und dann in die Dämpf-Maschine. Die Maschine rollt und trocknet die Teeblätter. Durch die Behandlung mit Wasserdampf wird eine Fermentation verhindert.

Beim *Oolong-Tee* erfolgt eine teilweise Fermentation.

Der *Schwarztee* wird hergestellt durch Welken, Rollen, Fermentieren, Trocknen und Sortieren nach Blatt- und Brokengraden.

Tabelle 22: Koffeinhaltige Pflanzen (Koffeingehalt in %)

Teeblätter	2,2%
Kakaosamen	0,05–0,4%
Guaraná-Paste	4–8%
Kaffeebohnen	0,7–2,6%
Kolanuss	1,5–3,5%
Maté (Blätter)	0,3–1,5%

Anmerkung: Der Koffeingehalt unterliegt, wie bei allen pflanzlichen Inhaltsstoffen, erheblichen Schwankungen.

Tee regt an, aber nicht auf

Koffein (früher Teein, Tein, Thein genannt) ist in allen Teesorten vorhanden (ausgenommen Kräutertees). Weitere wichtige Inhaltsstoffe sind Gerbstoffe bzw. Polyphenole, ätherische Öle, Vitamine, Mineralstoffe und Spurenelemente, Theobromin, Theophyllin. Bis heute wurden über 300 verschiedene Stoffe im Tee nachgewiesen. Mit einer Tasse Tee führen wir etwa 50 mg Koffein zu, das sind etwa 1/2 bis 1/3 weniger als in einer Tasse Kaffee.

«Tee regt an, aber nicht auf», sagt man mit Recht. Das an die Gerbstoffe gebundene Koffein wirkt nicht über das Herz und den Kreislauf, sondern auf das Zentrale Nervensystem und die Gehirnfunktion. Die Gerbstoffe wirken beruhigend auf Magen und Darm. Sie bremsen und steuern gewissermassen die Wirkung von Koffein. Das Koffein wird vom Körper langsam aufgenommen, die belebende Wirkung hält länger an. Beim Kaffeegenuss erfolgt bereits nach 30 Minuten ein Maximum der Wirkung, nach 2 bis 3 Stunden klingt die Wirkung ab.

Wünscht man sich eine stärkere belebende Wirkung von Tee, empfiehlt sich eine Aufbrühzeit von 1–2 Minuten. In dieser Zeit wird ein erheblicher Teil des Koffeins, aber wenig Gerbstoffe, herausgelöst. Soll eine nicht so belebende Wirkung im Vordergrund stehen, wird die Aufbrühzeit auf 4–8 Minuten erhöht (es lösen sich mehr Gerbstoffe heraus).

Tipp: Bei Neigung zu Nervosität und Schlaflosigkeit sollte man weniger Tee zu sich nehmen und länger ziehen lassen. Menschen, die nicht gut schlafen können, sollten den Tee am Morgen oder in den Vormittagsstunden geniessen.

Beanstandungen

Das *Kantonale Laboratorium Basel-Stadt* überprüfte den Teemarkt im Jahr 2003. Von den 37 Proben wurden 24 beanstandet. Beanstandungsgründe waren die Deklaration (18), die Zusammensetzung (8) und Rückstände (3).

Es wurden 11 Grüntees, 9 Schwarztees und 17 Kräuter- oder Früchtetees, darunter 1 Tee aus biologischem Anbau, untersucht. Uns interessieren besonders die Rückstände im Tee. 2 Proben wiesen einen erhöhten Bromidgehalt auf, was auf eine Begasung mit Methylbromid hindeutet. Eine Probe enthielt einen erhöhten Pestizidgehalt und eine Probe den Zusatzstoff Butylhydroxytoluol (BHT, E312). Da dieser im Tee nichts zu suchen hat, wurde das Produkt sofort aus dem Verkehr gezogen.

Vorteile des Grüntees

Grüntee ist Genuss- und Heilmittel zugleich. Die Vorteile des Grüntees liegen auf der Hand: Keine Erhöhung des Blutfettgehalts und des Blutdrucks, enthält keine Röstreizstoffe, hat keine künstlichen Aromastoffe, weist viele auf den menschlichen Körper günstig wirkende Stoffe auf. Grüntee wirkt milder als Schwarztee und entfaltet eine vorbeugende und heilsame Wirkung bei verschiedenen Erkrankungen, bietet unverfälschte Geschmackserlebnisse.

In Ländern, in denen viel Tee getrunken wird, sind bestimmte Krebsarten seltener. Für die vorbeugende Wirkung sind die Polyphenole (insbesondere das Epigallocatechingallat, EGCG) verantwortlich. In neuen Studien konnte nachgewiesen werden, dass das EGCG das Zellwachstum bei Prostatakarzinom hemmte. Dabei hatte Schwarztee eine etwas stärkere Wirkung als Grüntee.

Spitzentees aus Darjeeling

Betrachten wir einmal das Teeanbaugebiet Darjeeling näher. In dieser nordindischen Hochland-Region am Fuss des Mount Everest werden jährlich 8 Millionen Kilogramm Darjeeling geerntet. Für 1 Kilogramm feinsten Darjeeling-Tee müssen 8000 bis 10 000 Blätter von Hand gepflückt werden. 20% der Jahresproduktion erreichen Spitzenqualität. Diese zeichnet sich durch eine Gleichmässigkeit der Blattstruktur aus. Die beste Qualität wird ab einer Höhe von 1500 Metern geerntet. Der Teespezialist *Arend Vollers* äusserte in einem Schreiben: *«Qualitätstees kommen meistens aus dem Hochland, wo Sonne und Wind es den Schädlingen schwer machen.»*

Der Experte betont, dass die Teesorten streng kontrolliert werden und der *«Verbraucher extrem geschützt ist»*.

Tipps für den Einkauf von Tee

- Wählen Sie eine gute *Teequalität*. Die aufgegossenen Blätter und die Teefarbe sollten nicht tintig dunkel aussehen, sondern Farbtöne, je nach Herkunft, Grün, Gelb, Rötlich haben. Dies empfiehlt *Arend Vollers* aus Bremen (Firma Schrader).
  Weitere Empfehlungen von ihm:
  Wer einen Tee trinken möchte, wie die Chinesen ihn lieben, empfiehlt sich eine Teesorte, bei der das Blatt nicht gebrochen ist (z.B. Darjeeling Orange Pekoe, Ceylon Nuwara Eliya, China Keemun). Wer gern Tee mit Honig oder Zucker trinkt, sollte einen extraktreichen Blatt-Tee wählen (z.B. Ostfriesische Blattmischung, Darjeeling Flowery Orange Pekoe, Golden Assam). Für Liebhaber des Tees, die frische Sahne und Kandis zusetzen, empfiehlt sich ein kräftiger Broken (z.B. Assam Golden Flowery Orange Pekoe, Assam BOP Jamguri, Ostfriesische Mischung).
- Inzwischen gibt es auch Tees aus *ökologischem Anbau*. Im Öko-Teegarten wird mit Grünschnitt und Kompost gemulcht.
- Im nordindischen Darjeeling sind die zu Beginn der Pflückperiode im März geernteten *«First Flush»-Tees* milder und feiner als «Second Flush»-Tees.
- *Instant-* oder *Eistees* («Ice Teas») haben mit Tee nicht viel gemeinsam. Sie enthalten viel Zucker und wenig Tee-Extrakt. So sind beispielsweise im Instanttee bis 95% Zucker (davon 25% Traubenzucker) und nur bis 1,2% Schwarztee-Extrakt. Die meisten dieser Tees enthalten künstliche Aromen.
- Im Handel gibt es auch *entkoffeinierten Tee*, der nur noch etwa

0,1 % Coffein enthält.

- Bei *aromatisierten Tees* werden Aromen zugesetzt. Diese sind entweder natürlichen Ursprungs oder aus dem Labor (wohl die meisten). Deshalb immer die Zutatenliste genau unter die Lupe nehmen.

Früchte- und Kräutertees

Meine Grossmutter hatte immer einen gut schmeckenden Haustee parat. Eines Tages verriet sie mir das Rezept. Die Mischung enthielt Hibiscusblüten, Hagebutten, Brombeerblätter und Pfefferminzblätter. Dieser Tee war für uns Kinder immer ein hervorragender Durstlöscher. Ab und zu durften wir ihren Hagebuttenschalentee oder Apfelschalentee, den sie mit Melisse verfeinerte, kosten. Schon damals erzählte sie mir, dass der Apfelschalentee harnsäurelösend und wassertreibend wirkt. Der erfrischende Tee wird auch empfohlen bei Magenleiden, Herzstörungen, Nieren- und Blasenkrankheiten, Rheumatismus, Bluthochdruck und Hautausschlägen. Schon Kräuterpfarrer *Johann Künzle* empfahl den Apfelschalentee zur Nervenstärkung und Blutreinigung.

Hier das Rezept für den Apfelschalentee: 2 gehäufte Esslöffel getrocknete Apfelschalen und 10 g Melissenblätter mit einem halben Liter kochendem Wasser übergiessen. 10 Minuten ziehen lassen. Der Geschmack kann durch Zugabe von Honig und Zitronensaft verbessert werden.

Paradies- und Liebeszauber-Tee

Wer seinen Haustee nicht selbst zubereiten möchte, kann in Apotheken, Drogerien, Naturkostläden und Reformhäusern aus einer Vielzahl von Teesorten einen bestimmten aussuchen. Man wird ganz wirr im Kopf, wenn man das riesige Sortiment durchgeht. So entdeckte ich im Reformhaus *Stutz* in Schopfheim D einen Früh- und Abend-Kräutertee, Gutnacht-Tee, Gutmorgen-Tee, Winter-C-Tee, Omas Lieblingstee, Multi-Vitamin-Früchtetee, Klosterkräutertees, Abwehr-Tee und etliche Kräutermischungen mit Rooibos-Tee. Auch die Frau kann unter etlichen Teesorten wählen. Für sie speziell gibt es den Wechseljahre-Tee und Frauentee. Für Mann und Frau bieten sich der Paradiestee und Liebeszauber-Tee an.

Neugierig, wie ich bin, sah ich mir einmal die Zusammensetzung des Paradies-Tees an. So enthält der *«Paradiestee»* Hibiscusblüten, Apfelfrucht, Fruchtpulver, Hagebuttenschalen, Acerola, Johannisbeerfrüchte und natürliches Aroma.

Im Tee *«Liebeszauber»*, ein Tee aus 1001 Nacht, der einen sinnlich-entspannenden Hochgenuss bringt, hat folgende Ingredienzien: Apfel, Zitronenverbena, Sanddorn, Orangenschalen, Anis, Zimt, Süssholzwurzel, natürliches Aroma, Rosenblüten (2%), Kardamom, Roter Pfeffer und Gewürznelken.

Eine ayurvedische Kräuter-Gewürzmischung, genannt «Spirit», hat folgende Zusammensetzung: Lemongras, Pfefferminze, Ginkgoblätter, Ginsengextrakt, Ingwer und Zimt. Diese Mischung bringt, so verspricht die Werbung, einen wachen Geist und klare Sinne.

Der Kräutertee *«Ying & Yang»* ist eine blumig-fruchtige Tee-Komposition mit Kräutern und Grünem Tee, er schenkt Harmonie und Wohlbefinden.

Erfreulich, dass die meisten Teebestandteile aus ökologischem Landbau stammen.

Wie PCP in den Tee kam

Die *Stiftung Warentest* fand in Früchtetees das Holzschutzmittel Pentachlorphenol (PCP) nicht nur in herkömmlichen Sorten, sondern auch in einem Bio-Wildfrucht-Tee. Recherchen der Herstellerfirma ergaben, dass der chilenische Lieferant die Hagebuttenschalen in mit PCP imprägnierten Holzgestellen getrocknet hat. Die neue Ernte ist nicht mehr belastet (*«Schrot&Korn»*, 2002-1).

Die Stiftung Warentest fand in 30 von 50 Früchtetees erhöhte Werte von Pestiziden.

Empfehlung der *Stiftung Warentest*: Vieltrinker sollten unbedingt rückstandsarme Tees trinken.

Laut *Ökotest*, Jahrbuch 2004, enthielten 25% der untersuchten 17 «Wellness-Tees» (Mixtur aus Kräutern, Gewürzen und Früchten) Schadstoffe, darunter sogar verbotene Pestizide. In einer Importmischung wurden sogar 7 Pestizide nachgewiesen, 5 lagen über den Grenzwerten der Rückstandshöchstmengenverordnung, 3 der Pestizide sind bei uns sogar verboten.

Tipps für den Kauf von Kräutertees

- Kräuter- und Früchtetee bevorzugen, die *rückstandsarm* sind. Oder Sie kaufen am besten gleich Tees, die aus ökologischem Landbau stammen.
  Produkte aus *ökologischem Landbau* sind noch mit einer Öko-Kontrollstellen-Nummer versehen.
- Auf die *Mindesthaltbarkeit* achten.
- Achten Sie auf die *Zutatenliste*.
- Viele Tees sind inzwischen *aromatisiert*. Eingesetzt werden natürliche Aromen und im Labor nachgebaute (naturidentische) Stoffe wie beispielsweise Vanillin. Unter den «natürlichen Aromen» sind auch solche, die aus Holz- oder Pflanzenabfällen mit Hilfe von Enzymen oder Schimmelpilzen gewonnen werden. Einige Bio-Firmen lehnen diese Zusatzstoffe ab, weil sie nicht mit dem natürlichen Geschmack identisch sind. Hier liegt also eine Verbrauchertäuschung vor! Eine genaue Kennzeichnung ist nicht vorgeschrieben.

Kaffee

Aus der Kirsche des Kaffeestrauchs, der in tropischen und subtropischen Ländern gedeiht, wird nach einem aufwändigen Gewinnungsverfahren unser Kaffee hergestellt. Es gibt das Trocken- und Nassverfahren. Beim traditionellen Trockenverfahren werden die Kaffeekirschen in der Sonne getrocknet, dann geschält, poliert und klassifiziert. Beim Nassverfahren – dieses ist aufwändiger und schonender – erfolgt nach der Vorsortierung eine Quellung, dann die Entfernung des Fruchtfleisches, danach das Ablösen der Fruchtfleischreste nach einem Gärungsprozess in 1 bis 2 Tagen, anschliessend werden die Samen gewaschen und getrocknet. Dann folgt das Abschälen der Pergament- und Silberhaut. Am Schluss wird poliert und sortiert. Aus den grünen Bohnen (Rohkaffee) wird endlich durch Mischen und Rösten der Röstkaffee hergestellt.

Weltweite Bedeutung haben nur 2 Kaffeesorten, das sind der *Arabica* (75% der Weltproduktion) und der nicht so teure *Robusta*.

Balzac trank 50 000 Tassen Kaffee

Die Finnen rangieren im Pro-Kopf-Verbrauch beim Kaffee an der Spitze, gefolgt von den Schweden, Holländern und Norwegern. Im Mittelfeld rangieren die Schweizer mit 875 Tassen, die Österreicher mit 850 Tassen und die Deutschen mit 731 Tassen (Zahlen von 1999). Damit ist der Kaffee in den genannten Ländern das beliebteste Getränk.

Ein Kaffeefreund war *Honoré de Balzac* (1799–1850). Er arbeitete wie ein Berserker, meistens 12 Stunden am Tag. Um wach und kreativ zu bleiben, trank er täglich eine Unzahl Tassen starken Kaffee. In seinem Leben soll der kaffeesüchtige Dichter rund 50 000 Tassen Kaffee getrunken haben.

Kaffee galt als giftig

Dr. Michael Richard Buck, oberschwäbischer Dichter, Forscher, Gelehrter und Arzt, scheint kein Freund des Kaffees gewesen zu sein. Er beklagte sich, dass Kaffee immer mehr die kräftigen Hafermuse und Suppen verdränge und die Menschen dadurch *«blasser, nervöser, elender und schwächlicher»* mache. Dann fuhr er in besonders scharfem Tone fort: *«Besser führwahr, es wäre nie eine Bohne in deutsche Lande gekommen, als dass wir mit dem giftigen Trank das Elend ganzer Geschlechtsreihen hineintrinken. Er treibt das Wasser und macht Schweiss.»*

Quelle: *«Medicinischer Volksglauben und Volksaberglauben aus Schwaben»* von Dr. Michael Buck, 1865.

Pharisäer und ein Verlängerter

Am beliebtesten ist der Filterkaffee. In Italien ist es anders, dort rangiert der *Espresso* an der Spitze. Aber in der Zwischenzeit hat sich der

Espresso auch bei uns etabliert, ebenso *Cappuccino, Latte Macchiato* (warme Milch mit einem vorsichtig zugegebenen Espresso) oder *Café au lait* (französische Variante des Milchkaffees).

In Österreich ist der *«grosse und kleine Braune»* populär. Hier handelt es sich um einen doppelten Espresso mit Milch in grosser Tasse bzw. einen einfachen Espresso mit Milch in kleiner Tasse. *«Verlängerter»* ist auch österreichisch. Bei diesem wird ein zubereiteter Espresso mit der doppelten Menge Wasser zubereitet.

«Luzerner Kafi» ist ein teefarbener, dünner Kaffee mit Zucker und Träsch (auch als «Kafi Träsch» bekannt).

Ein *«Pharisäer»* ist ein starker Kaffee mit Rum und einer Haube aus halbfester Sahne (Rahm).

«Muckefuck» oder «Blümchenkaffee»

In Not- und Kriegszeiten mussten unsere Eltern und Grosseltern auf Kaffee verzichten. Was blieb ihnen übrig, als Zichorienkaffee zu trinken? Dieser Kaffee wurde aus der Wurzel einer Wegwartenart, der Wurzel-Zichorie (Cichorium intybus var. Sativum), durch Röstung und Mahlung gewonnen. Ab und zu röstete meine Mutter Eicheln, die sie dann mit der gerösteten Zichorie vermischte. Zichorienkaffee gab es übrigens seit 1806, als *Napoleon I.* für das europäische Festland die Kontinentalsperre verhängte. Mit dieser Aktion wurde die Einfuhr englischer Waren verhindert. Die Blätter der Wurzel-Zichorie wurden übrigens auch als Grünfutter genutzt.

Der Zichorien- oder Getreidekaffee wurde als «Blümchenkaffee» oder *«Muckefuck»* bezeichnet. Der zuletzt genannte Name entstand aus dem französischen «mocca faux», was falscher Kaffee bedeutet. Und der Name *«Blümchenkaffee»* soll in Sachsen geboren worden sein. Dort hatten früher Kaffeetassen innen ein Blumenmuster. Wenn diese Blümchen nach dem Einschenken von Kaffee sichtbar waren, dann lag ein besonders dünner Aufguss vor.

Grossmutter schmuggelte Kaffee

Als der Zöllner die Grossmutter fragte, ob der Kaffee geröstet oder ungeröstet sei, antwortete sie frech: *«Nein, ungeröstet!»* Was blieb dem Beamten übrig, als die Frau gehen zu lassen. Die Mutter, die dabei war, machte der Grossmutter Vorwürfe und meinte, wie könne sie «ungeröstet» sagen, wenn man den Kaffeeduft in der ganzen Zollhalle riecht. *«Nun, das hätte ja der Zöllner auch riechen müssen, und seine Frage wäre überflüssig gewesen»*, stellte sie fest. Zu jener Zeit war nämlich eine kleine Menge ungerösteter Kaffee zollfrei.
Quelle: *«Wie's einstens war zu unsrer Zeit»*, von Paul Löcher (Hrsg.), Schwabenverlag, Ostfildern 1980.

Was ist in einer Tasse Kaffee?

Wenn wir 5 g Röstkaffee in 125 ml Wasser aufbrühen, gehen 50 bis 150 mg Koffein, 50 mg Trigonellin, 140 mg Chlorogensäure und 0,6 mg Nicotinsäure (B-Vitamin) in Lösung.

Tabelle 23: Zusammensetzung von Kaffeepulver in %

Wasser	9–12 %
Eiweiss	10–15 %
Fette	10–15 %
Ballaststoffe (Nahrungsfasern)	20–30 %
Kohlenhydrate	1,5 %
Mineralstoffe	4 %
Koffein	1–2 %
Chlorogensäure	5–7 %
Trigonellin[3]	1 %

[3] *Trigonellin (N-Methylnicotinsäure) wird beim Röstvorgang abgebaut, es entsteht die Nicotinsäure, die im Körper zu Niacin (Nicotinsäureamid) umgewandelt wird.*

Schadstoffe im Kaffee?

Ökotest nahm im Jahre 2003 insgesamt 25 Sorten Kaffee und 7 Sorten Espresso unter die Lupe. 23 der getesteten Kaffeesorten und alle Espressosorten erhielten ein *«sehr gut»*. In allen Pulvern wurde Acrylamid aufgefunden. Diese lagen im tolerierbaren Spurenbereich. Auch das Schimmelpilzgift Ochratoxin A tauchte allenfalls in unbedenklichen Mengen auf. Erfreulich: In der Verpackung waren keine chlorierten Kohlenwasserstoffe nachweisbar (www.oekotest.de und *«Ratgeber Essen, Trinken und Gesundheit»*, 2003-3).

Kaffee und Gentechnik

Die Grossproduzenten von Kaffee sind mit der heutigen Ausbeute nicht immer zufrieden. Sie arbeiten seit Jahren an der Züchtung von Sorten, die ertragreicher sind. Japanische Wissenschaftler arbeiten bereits an gentechnisch veränderten Pflanzen. Der Koffeingehalt der Blätter liesse sich, wie das Fachmagazin *«Nature»* berichtet, um bis zu 70% verringern. Die Forscher hoffen, dass dann auch die Früchte weniger Koffein enthalten. Man könnte sich so den aufwändigen Entkoffeinierungsvorgang sparen. Der koffeinarme Kaffee hätte dann zudem den Geschmack von normalem Kaffee. *Rainer Höfgen* vom *Max-Planck-Institut für Molekulare Pflanzenphysiologie* in Gom bei Potsdam ist skeptisch: *«Ich halte es für ungewiss, dass die Menschen genveränderten Kaffee trinken möchten.»*

Aber damit noch nicht genug. Die Genforscher basteln auch an der Schädlingsresistenz.

Fairer Handel – Einkauf mit gutem Gewissen

Vom Handel mit Kaffee, Tee, Kakao und anderen Produkten profitieren hauptsächlich die Händler und nicht die Kleinbauern vor Ort. Ziel des fairen Handels ist es, den Kleinbauern einen gerechten Lohn zu zahlen. Die Produkte werden unmittelbar an Importeure der Industrieländer verkauft. Zwischenhändler und Spekulanten haben keine Chance. Weitere Ziele: Bauern erhalten langfristige Abnahmeverträge, Verbot der Kinderarbeit, das Zahlen von Tariflöhnen, es herrscht Versammlungsfreiheit, Solidaritätszuschläge garantieren zum Beispiel Alterssicherung, Arbeitsschutzmassnahmen, Schulausbildung für Kinder und eine medizinische Versorgung. Auch umweltverträgliche Anbaumassnahmen werden gefördert. Wie die Verbraucherzentrale Baden-Württemberg berichtet, sind bereits 40% der fair gehandelten Lebensmittel Bio-Produkte.

Das Faltblatt *«Fair schmeckt besser»* wird in den Beratungsstellen der Verbraucherzentrale Nordrhein-Westfalen kostenlos abgegeben (Infos unter: www.verbraucherzentrale-bawue.de).

Produkte werden mit Siegeln und Logos gekennzeichnet. Einige Beispiele dazu: «Max Havelaar», «TransFair» (www.transfair.org), «dritte-welt-partner», «ElPuente», «Eine-Welt TEAM Versand», «gepa», «banafair» und «Hand in Hand».

In Schopfheim gibt es den *«Halleluja-Kaffee»*. Es handelt sich um eine Direktvermarktung von Kaffee durch Dikume (Kamerun).

Tipps für den Einkauf von Kaffee

- Kaffeemischungen mit hohem *Robusta-Anteil* enthalten mehr Koffein als reine Arabica-Mischungen.
- *Robusta-Bohnen* gelten als nicht hochwertig. Die hochwertigen Arabica-Sorten gedeihen in Lagen ab 1200 bis zu 2000 Metern und haben einen Marktanteil von über 70%. Sie sind die qualitativ beste Kaffeeart.
- *Arabica-Bohnen* sind milder im Geschmack und magenfreundlicher als Robusta-Bohnen. Die Robusta-Bohnen enthalten mehr Säure.
- *Gute Kaffeesorten* enthalten Arabica-Bohnen und kaum Robusta-Bohnen.
- Kaffeekenner kaufen nur Bohnen und *mahlen* sie selber. Am Aussehen der Bohne (eine Art Knorrigkeit, Rest der hellen Kaffeehaut) kann man Qualität erkennen. Beim Mahlen und beim Aufguss sollte er angenehm duften (Tipp von *Arend Vollers*).
- Im *Handel* gibt es für jeden Geschmack Kaffee. So kann der Verbraucher zwischen kräftigem, mildem, reiszstoffarmem Kaffee wählen. Eine Besonderheit sind die aus wild wachsenden Kaffeekirschen aus Äthiopien produzierten Kaffeesorten (z.B. Harrar-

Kaffee).

- *Entkoffeinierter Kaffee:* Das Koffein wird mit hyperkritischem Kohlendioxid, mit Wasser oder in seltenen Fällen mit Lösungsmittel entfernt.
- *Reizstoffarmer Kaffee*: Durch ein Spezialverfahren (mit Wasserdampf) werden dem Kaffee Reizstoffe entzogen. Diesen Kaffee trinken magen-, galle- und leberempfindliche Personen.
- *Instant-Kaffee* oder Kaffee-Extraktpulver wird durch Sprüh- oder Gefriertrocknung aus einem konzentrierten Kaffeeaufguss hergestellt. Er kommt jedoch geschmacklich nicht an den normalen Kaffee heran.
- Im Handel gibt es auch *Bio-Kaffee*. Laut einer Studie der Weltbank über *«nachhaltigen Kaffee»* wächst der Markt für diesen Kaffee sehr rasch. Zurzeit liegt der Anteil an diesem Kaffee am Weltmarkt erst bei 1 bis 2%. Weltweit profitieren fast eine Million Familien in 32 Ländern von dieser Anbauart.

Alternativen zum Kaffee

- *Ersatzkaffee*, Kaffeesurrogat, «Muckefuck» oder «Blümchenkaffee». Meistens handelt es sich um einen Früchte- und Getreidekaffee. So enthält z.B. «Bambu Instant» (Kaffee-Ersatz-Extrakt): Zichorien, Feigen, Weizen, gemälzte Gerste und Eicheln und der «Bambu Filterkaffee» Feigen, Roggen, Zichorien und Eicheln (sämtliche Zutaten aus kontrolliert biologischem Anbau). Es gibt inzwischen auch Kaffee-Ersatz mit Dinkel, Süsslupinen, Kichererbsen.
  Die Produkte werden geröstet, bekommen eine kaffeeähnliche Farbe und ähnlichen Geschmack, enthalten jedoch kein Koffein.
- *Espresso aus Dinkel*: Wer nicht auf den «kleinen Schwarzen» verzichten möchte, kann auf einen Espresso aus Dinkel (von *«NaturataSpielberger»*) zurückgreifen. Für den herben Geschmack sorgen Zichorien und Dinkelkörner (aus biologisch-dynamischem Anbau). Er lässt sich in der Espresso-Maschine aufbrühen.

Kakao

Schon vor 3000 Jahren haben die Olmeken aus Kakao ein Getränk hergestellt. Auch die Mayas («cacahuatl») und Azteken («xocoatl») waren dem Kakao zugetan. Die Kakaobohnen dienten auch als Zahlungsmittel. Die spanischen Eroberer waren es, die den Kakao nach Europa brachten. Aber nicht überall gelang der Anbau, da der Kakao nur bei hohen Temperaturen und extremer Luftfeuchtigkeit gedeiht. Die wichtigsten Kakao-Anbauländer finden sich aus diesem Grund in Äquatornähe. 50% der Kakao-Weltproduktion kommt aus Westafrika. Pro Jahr werden weltweit 3 Millionen Tonnen Kakaobohnen geerntet. Bis jetzt sind höchstens 0,5% der Gesamternte biologisch zertifiziert.

26 000 Früchte für 1 Tonne Rohkakao

Der *Kakaobaum (Theobroma cacao)* ist anfällig für Krankheiten und Pilze. Da die Schädlinge den Ertrag dezimieren können, kommen im konventionellen Anbau Pestizide zum Einsatz. *«In Mischkultur-Plantagen ist Dünger überflüssig. Es müssen auch keine Pestizide gespritzt werden, denn diese würden sogar schaden, indem sie Mücken und Fliegen abtöten»*, erklärte *Gualberto Acebey*, der für den Deutschen Entwicklungsdienst arbeitet. Die Bestäubung erfolgt nämlich durch Mücken und Fliegen. Obwohl ein Baum Tausende Blüten hervorbringt, gelingt die Bestäubung nur bei einem Bruchteil. Aus den bestäubten Blüten entwickeln sich die 15 bis 20 cm langen und bis zu 500 g wiegenden Früchte. Es sind etwa 26 000 Früchte zur Herstellung von 1 Tonne Rohkakao nötig.

Die Früchte enthalten 30 bis 60 weissliche Samen, die Kakaobohnen. Die von Hand geernteten Früchte werden aufgeschlagen, die Samen mit dem sie umhüllenden Fruchtfleisch einer bis zu 10 Tage dauernden Gärung (Fermentation) unterzogen. Das Fruchtfleisch löst sich in dieser Zeit von den Bohnen. Während des Gärprozesses entsteht das typische Kakaoaroma. Anschliessend erfolgt die Trocknung der Bohnen, die dabei bis 50% ihres Gewichtes verlieren. Dieser «Rohkakao» ist lagerfähig und kann in die Verbrauchsländer verschifft werden. Nach einer milden Röstung werden die Bohnen gebrochen und von Schale und Keimling befreit. Die Kerne werden gemahlen und unter Druck das Fett (Kakaobutter) abgepresst. Aus dem Presskuchen wird dann durch Mahlen das eigentliche Kakaopulver gewonnen.

Bitterer Nachgeschmack

«Chocosuisse» bezeichnet den Kakaomarkt als einen der *«unstabilsten Rohstoffmärkte»*. So schwankte der Preis für eine Tonne Kakaobohnen von 735 Dollar im Jahre 2000 bis 2000 Dollar im Jahr 2003. Es sind nicht immer schlechte Ernten, sondern im besonderen Masse politische Unruhen, die an schwankenden Preisen schuld sind. Die armen Kakaobauern in den Entwicklungsländern profitieren am wenigsten von hohen Preisen. Aber es gibt welche, die sich eine goldene Nase verdienen. Es sind die Zwischenhändler, die manchmal die Bohnen bis 16-mal verkaufen. Die Verarbeiter von Kakao ziehen sich elegant aus der Affäre. Sie halten grosse Lager, kaufen, wenn der Kakao billig ist und brauchen diesen auf, wenn er teuer ist. 80 % des gesamten Kakao- bzw. Schokoladenmarktes beherrschen 3 US-amerikanische und drei westeuropäische multinationale Konzerne (Infos unter: www.gersterconsulting.ch).

Schon aus den genannten Gründen sollte man den fairen Handel unterstützen. Die *Fair-Trade-Organisation* bekommt, wie *Sarah Schwarz* berichtet, 150 USD mehr für eine Tonne Kakaobohnen als die Verkäufer von konventionellem Kakao. Bio-Bohnen erzielen sogar ein Mehr von 200 USD pro Tonne.

Substanzen erzeugen ein Glücksgefühl

«Kein zweites Mal hat die Natur eine solche Fülle der wertvollsten Nährstoffe auf so einem kleinen Raum zusammengedrängt wie gerade bei der Kakaobohne», schrieb einst euphorisch der Naturforscher *Alexander von Humboldt* (1769–1859). In der Tat ist eine Fülle an wertvollen Nährstoffen in der Kakaobohne.

Die Kakaobohne enthält 40–53 % Kakaobutter, 15 % Eiweiss, 8 % Stärke, 1,5 % Theobromin, 0,3 % Koffein, 7 % Gerbstoffe, Zellulose, Wasser, Mineralstoffe, Spurenelemente, organische Säuren und 400 Aromastoffe. Das Alkaloid Theobromin wirkt ähnlich anregend wie Koffein, nur milder. In kleinen Mengen hat der Kakao oder die Schokolade noch eine besondere Substanz zu bieten: Es ist das Phenylethylamin. Es wirkt ähnlich wie Amphetamine, indem es die Produktion von Dopamin im Gehirn ankurbelt. Diese Substanz regt Teile des Gehirns an, die für Glücks- und Lustgefühle verantwortlich sind.

Tipps für den Einkauf von Kakao

- Kakao sollte dunkelbraun sein und einen angenehmen *Duft* verströmen.
- In stark *entöltem Kakaopulver* sind 8 bis 12 % und in schwach entöltem Pulver mindestens 20 % Kakaobutter.
- Konventionelle *Instant-Kakao-Mischungen* haben jede Menge Zucker. In der Regel sind etwa 77 bis 80 % Zucker und 20 % Kakao in diesen Produkten. *Naturata* und *Rapunzel* bieten solche Mischungen mit der halben Zuckermenge an. In diesen Produkten können folgende Stoffe enthalten sein (alle aus ökologischem Anbau): Rohrohrzucker, Honig, Amaranthmehl, Maissirup, Lecithin und Bourbon Vanille.
- Es gibt auch Kakao aus *fairem Handel* (s. u. Kaffee).
- *Alternative:* Das geröstete und fein vermahlene Fruchtmark der Hülsenfrucht des Johannisbrotbaumes gilt als Kaffeeersatz (Carobkaffee) oder als Kakaoersatz (Carobpulver). Es ist eine Alternative für Allergiker, die Kakao nicht verzehren dürfen. Es ist frei von Theobromin. Es dient auch als Dickungsmittel (Stabilisator E410) für Backwaren, Speiseeis, Marmeladen. 1 g bindet kalt etwa 50 ml und erhitzt bis zu 100 ml Flüssigkeit. Der Naturkosthandel bietet Kekse, Brotaufstriche, Riegel und Carobtafeln (Schokoladenersatz) mit Carob an.

Alkoholhaltige Getränke

Die alkoholischen Getränke gehören bei uns zu den bekanntesten Genussmitteln. Ganz vorne rangiert in der Beliebtheitsskala das Bier. In grösseren Mengen genossen, ist Alkohol schädlich. Nicht wenige, die dem Alkohol zu sehr zusprachen, bekamen Entzündungen der Bauchspeicheldrüse, der Magenschleimhaut, Leberschädigung und Nervenschäden. Ganz zu schweigen von einer erhöhten Suchtgefahr und Gewaltbereitschaft. Darüber hinaus beeinträchtigt Alkohol die Fahrtüchtigkeit, macht leichtsinniger, aggressiver und risikobereiter. Besonders fatal sind Mischgetränke (Alcopops), die der Heranwachsende konsumiert.

In geringen Mengen getrunken, kann Alkohol auch eine gesundheitliche Wirkung entfalten. Laut klinischen Untersuchungen beugen kleine Alkoholmengen einer Arteriosklerose vor, indem Cholesterinablagerungen in den Arterien verhindert werden.

Wer jedoch unter Stress alkoholische Getränke zu sich nimmt, tut sich nichts Gutes an. Alkohol und auch Stress (Distress) bewirken nämlich eine vermehrte Ausscheidung von Magnesium über den Urin. Die Folge ist, dass weniger Magnesium resorbiert wird und bei Dauerbelastung und regelmässig hohem Alkoholkonsum ein Mangel heraufbeschworen wird. Wegen seiner Erregung absenkenden Wirkung wird Magnesium als «Anti-Stress-Mineral» bezeichnet.

Wer einmal einen über den Durst getrunken hat, dem rate ich Folgendes: Mit einem magnesiumreichen Mineralwasser (über 100 mg/Liter) kann man den «Kater» nach einem promillereichen Abend abmildern.

Bier

Bier wurde schon vor fast 5000 Jahren von den Sumerern erfunden. Auf einem Gefäss wurde eine Gravur entdeckt, die Menschen beim Biertrinken zeigen. Offenbar wurde das Bier mit einem Strohhalm getrunken. Das Bier wurde von diesem schlauen Volk auch als Heilmittel gebraucht. Später übernahmen die Babylonier die Bierbereitung. König *Hammurabi* (1728–1686 v. u. Z.) liess 360 Gesetze in eine Dioritstele meisseln. Bei der Entzifferung stiess man auf das erste Reinheitsgebot der Welt. Unter anderem hiess es dort: *«Wer zum Bier andere Zutaten als Gerste und Hopfen nimmt, wird in seinem Brautopf ersäuft.»*

Auch die Ägypter brauten Bier, allerdings mit Zusätzen von Anis, Safran und Honig. Im Mittleren Reich (2050–1750 v. u. Z.) galt das Bier als Lebensmittel, und jedem Ägypter standen mindestens 2 Krüge Bier am Tag zu. Viele Heilmittel der Ägypter enthielten auch Bier. So waren Zubereitungen gegen Hämorrhoiden, Verstopfung, Wurmbefall, Husten und Schmerzen in Gebrauch. Sogar gegen Skorpionstiche sollten «Bierheilmittel» helfen.

Plinius der Ältere (23–79) berichtete, wie Frauen eine reine und glatte Haut bekamen. Sie badeten in Bier (aber auch in Eselsmilch).

Im Mittelalter übernahmen die Klöster die Braukunst. Das Bier war besonders bei den Mönchen beliebt, durften sie das «flüssige Brot» doch während der Fastenzeit reichlich konsumieren.

1516 erliess der bayerische Herzog *Wilhelm IV.* das berühmte bayerische Reinheitsgebot, das als eines der ältesten Lebensmittelgesetze der Welt gilt.

Der Bierdurst hat sich inzwischen weltweit ausgebreitet. Leider gab es überall im Zuge der Globalisierung Brauereizusammenschlüsse. Diese Grosskonzerne (z. B. Interbrew, Antheuser-Busch, SABMiller) bestimmen den Markt. Zum Glück gibt es immer noch kleinere und mittelständische Brauereien, die hervorragendes Bier brauen. Bei denen kaufe ich Biere am liebsten ein.

Woher kommt der Bierbauch?

Immer wieder sieht man an Stränden und in Schwimmbädern Männer mit dicken Bäuchen herumlaufen. Oft höre ich, dies komme vom vielen Biersaufen. Bei näherer Betrachtung der Ernährungsgewohnheiten dieser «schwangeren» Männer kam jedoch heraus, dass am wenigsten der Bierkonsum schuld ist, sondern die übermässige Kalorienaufnahme durch die übrige Nahrung. Ich sah in Bayern des Öfteren solche dicken Männer Bier trinken, dann wurden gehörige Portionen Knödel mit Schweinsbraten oder Schweinshaxen verspeist, dass den Burschen das Fett aus den Mundwinkeln floss. Warum diese Männer einen solchen Appetit entwickeln, liegt auf der Hand. Es sind die Bestandteile im Bier (Hopfen, Malz, Alkohol), die den Appetit auf würzige und kräftige

Gerichte anregen.

Laut einer Studie des *University College of London* konnte kein Zusammenhang zwischen Fettleibigkeit und Bier gesehen werden. Im Rahmen dieser Studie nahm man 891 Männer und 1098 Frauen aus Tschechien unter die Lupe. In diesem Land ist nämlich der Bierkonsum enorm (162 Liter pro Kopf und Jahr).

Ist das Bier so rein?

Nach dem deutschen *Reinheitsgebot* aus dem Jahre 1516 darf Bier nur Gerste, Hopfen und Wasser enthalten. Später kam noch die Hefe dazu. Die Brauereien im deutschsprachigen Raum halten sich sinngemäss noch an dieses Gesetz. Es gab jedoch einige Änderungen. So darf bei der Herstellung von obergärigen Biersorten (Weissbier, Weizenbier, Kölsch, Düssel, Alt) auch Malz von anderen Getreidesorten verwendet werden. Nur für die Bereitung von untergärigem Bier (Pils, Export, Hell, Dunkel, Lager, Märzen) darf nur Gerstenmalz, Hopfen, Hefe und Wasser verwendet werden. Brauereien setzen heute vielfach Hopfenauszüge und Hopfenpulver ein.

Beim obergärigen Bier gibt es eine stürmische Hauptgärung, die Hefe steigt nach oben. Beim untergärigen Bier erfolgt eine verhaltene Hauptgärung, die Hefe sinkt nach unten.

Laut einem Urteil vom 12.5.1987 dürfen auch europäische Biere mit Zusatzstoffen in Deutschland verkauft werden. Die Deutschen schüttelten sich jedoch vor Entsetzen, was ihnen da vorgesetzt wurde. Sie verzichteten auf diese Billigbiere und tranken lieber das reine, deutsche Bier. Ausländische Brauereien wurden aufgeschreckt, fürchteten um ihre Umsätze. Viele brauen inzwischen nach den Grundsätzen des Reinheitsgebotes.

Folgende Rohstoffe und Zutaten in ausländischem Bier waren oder sind noch zulässig: Weizen, Mais, Reis, Stärke, verschiedene Zuckerarten, Enzyme für den schnellen Stärkeabbau, Thiocarbamin, Gibberelinsäure, Acetate, Indolylessigsäure, Kaliumbromat, Abscisinsäure, Peroxodisulfit, Dimethylpolysiloxan als Entschäumer, Ascorbinsäure, Zuckerreduktone, Schweflige Säure und diverse Süssstoffe und Dickungsmittel für die Schaumstabilisierung und Konservierungsstoffe. Da kommt einem das kalte Grausen, wenn man so etwas liest. Hier wird ein ehemals «reines Produkt» verhunzt.

1,4 Milliarden Stangen Bier

Bier ist unglaublich beliebt. Nehmen wir als Beispiel die Bierproduktion in der Schweiz unter die Lupe. Wie der *«Schweizer Brauerei-Verband»* meldete, produzierten die 135 Brauereien im Jahr 2004 4,26 Millionen Hektoliter Bier, das sind 1,4 Milliarden Stangen. Jedes 6. Bier stammte aus dem Ausland, und jedes 3. Bier wurde vom Fass gezapft. Insgesamt flossen 104,5 Millionen CHF Biersteuer in die Staatskasse.

In Deutschland brauten 1279 Brauereien 94 Millionen Hektoliter Bier. Der Bierkonsum betrug im Jahre 2003 – laut Statistischem Bundesamt, Wiesbaden – 114 Liter je Einwohner (ohne alkoholfreies Bier und Malztrunk).

Öko-Test: Das reine Vergnügen

«Öko-Test» untersuchte kürzlich 20 der beliebtesten Lagerbiere Deutschlands, 2 Öko-Produkte und 15 Weizenbiere (s. *«Öko-Test Jahrbuch Essen, Trinken und Geniessen für 2005»*). Alle untersuchten Biere schnitten mit *«sehr gut»* ab. In den Bieren wurden keine zinnorganischen Verbindungen und Schwermetalle entdeckt. Nitrat wurde in unbedenklichen Mengen gefunden, ebenfalls nur winzige Mengen von 2 Schimmelpilzgiften. Am Geschmack, Geruch und Aroma hatten die Tester nichts auszusetzen.

Auch 18 Biermixklassiker wurden auf Schadstoffe, Geruch und Geschmack geprüft. 15 dieser Getränke schnitten mit *«sehr gut»* ab, 3 erhielten die Note *«gut»*. In den mit *«gut»* beurteilten Produkten waren Süssstoffe. Wie Öko-Test berichtet, sparen die Produzenten damit Geld, denn laut Biersteuergesetz müssen sie auf Zucker Steuern zahlen.

Vor einigen Jahren wurden erhöhte Werte von Nitrosaminen im Bier nachgewiesen. Diese Nitrosamine bildeten sich beim Mälzen. Durch Abänderung des technischen Verfahrens wurde inzwischen die Bildung dieses Stoffes erheblich reduziert.

Was ist im Bier?

Die berauschende Wirkung ist dem Alkohol zuzuschreiben (in Bier sind zwischen 3 und 5% Alkohol) und die erfrischende Wirkung der Kohlensäure. Bier hat auch Kalorien. Wer beispielsweise 10 Flaschen Bier zu je 0,5 Liter trinkt, hat bereits seinen täglichen Kalorienbedarf gedeckt. Im Bier sind unter anderem die Mineralstoffe Kalzium, Magnesium, Kalium, die Spurenelemente Kupfer, Mangan und Zink und etliche B-Vitamine vorhanden. Ein interessanter Inhaltsstoff des Hopfens ist Lupulin, der beruhigend und schlaffördernd wirkt.

Bier ist ein guter Durstlöscher und soll, massvoll getrunken, auch gesund sein. Fachleute – es sind nicht immer Brauereifachleute – sind der Meinung, dass Bier einen erhöhten Cholesterinspiegel und Blutdruck senkt sowie Herz- und Kreislauf schützt.

Ich bin der Meinung, man sollte nicht täglich die «Hopfenperle» trinken und der Leber eine Trinkpause gönnen. Dasselbe gilt auch für Wein (s. Empfehlungen im Kapitel über Wein).

So wurde die Bierqualität überprüft

Im 15. Jahrhundert wurde die Bierqualität in Bayern mit dem Hosenboden überprüft. Bierkieser mussten am Tage der Prüfung mit hirschledernen Hosen erscheinen. Bier wurde auf die Sitzbank gegossen; dann setzten sich die Prüfer eine volle Stunde darauf. Während sie zechten, durften sie nicht den Platz verlassen. Blieben die Bierkieser an der Bank kleben, war das Bier in Ordnung.

Schweden testeten Gen-Bier

Der US-Saatgutkonzern *Monsanto* hatte eine «glorreiche» Idee: Man könnte neue Absatzmärkte für Genmais erschliessen. Er wandte sich an eine schwedische Privatbrauerei und schlug vor, doch einen Anteil des Gen-Maises MON 810 für die Malzherstellung zu verwenden. Die Entwicklungskosten wurden natürlich bezahlt. Hocherfreut machte sich der Brauereileiter an die Arbeit und entwickelte das Bier *«Kenth»*. Dies war nur möglich, weil die Schweden kein Reinheitsgebot für Bier kennen.

Die Brauerei warb dann auch mit folgendem Spruch: *«Du hältst gerade ein einzigartiges Produkt in der Hand. Schwedens erstes Lebensmittel mit GMO-Kennzeichnung.»* Die Macher des Bieres argumentierten, laut *«Berliner Zeitung»*, dass der Anbau von Mais für die Landwirtschaft gut sei, denn es kommen weniger Chemikalien zur Anwendung. Das Bier konnte man über die staatlichen Alkohol-Läden kaufen, während die Supermarkt- und Restaurantbesitzer nach Protesten der Bevölkerung kein *«Kenth»* mehr anbieten. Dies war ein weiterer Rückschlag für Monsanto. Mit diesem Widerstand hatten die Monsanto-Oberen nicht gerechnet. Sie erhofften sich Riesenumsätze, weil in Schweden die Abneigung für Gen-Food noch nicht so ausgeprägt war. Aber es ist ein Umdenken im Gange, und das ist gut so.

Ökologische Biere drängen auf den Markt

Inzwischen gibt es etliche ökologische Biere. Laut Angaben des *Neumarkter Lammsbräu* (www.lammsbraeu.de) unterscheiden sich diese Biere von den herkömmlich produzierten in folgender Weise:

Beim Anbau der Rohstoffe kommen keine Kunstdünger und keine chemischen Pflanzenschutzmittel zum Einsatz. Es erfolgt keine Schwefelung von Malz und Hopfen. Bei der Bierproduktion kommen kein Hopfenextrakt und kein Hopfenpulver zur Anwendung, ebenfalls keine Hilfsmittel zur künstlichen Haltbarmachung (z. B. Kieselsäurepräparate, Polyvinylpyrrolidon). Auch ökologisch nachteilige Verpackungen (Dosen, Einwegflaschen, PET) sind tabu.

Man sollte die Bemühungen der Öko-Bierbrauer honorieren und ihre Biere konsumieren.

Tipps für den Einkauf von Bier

- *«Alkoholfreies» Bier* hat noch einen Restalkoholgehalt von maximal 0,5 Volumenprozent. Nicht auf allen solchen Bieren ist der Alkoholgehalt angegeben. Dies sollte geändert werden.
  Beim «alkoholarm» deklarierten Bier sind 1,5 % zulässig.
- Auf dem Etikett findet man bei deutschen, schweizerischen und österreichischen Bieren *«Nach dem Deutschen Reinheitsgebot*

gebraut», ferner die Mindesthaltbarkeitsdauer und die Zutaten. Die Lebensuhr eines Bieres ist nach 6 Monaten abgelaufen.

- *Qualität des Biergenusses* (www.bierakademie.at): Wichtig ist die richtige Form des Glases; die Serviertemperatur soll zwischen 7 und 9 °C betragen, der Schaum soll stabil, weiss, dicht und feinporig sein, Bier soll gelb bis golden glänzen. Das Hopfenaroma soll schwach bis kräftig, der Kohlensäuregehalt gut ausbalanciert und das Bier immer frisch sein.
- Bei *eingetrübtem Bier* wurde dieses zu kalt gelagert.
- Vor dem Einschenken spülen Sie das *Glas* mit kaltem Wasser aus.
- Ältere Biere werden oft zu Aktionspreisen verscherbelt.
- Wurde das Bier *zu warm gelagert*, wird die Haltbarkeit vermindert und es bildet sich kaum Schaum.
- Bier sollte man in Geschäften kaufen, die das Bier *kühl lagern*. Bier, das in der Nähe des Schaufensters in Kästen dem grellen Licht ausgesetzt ist, kauft man besser nicht. Für den Bierfreund ein Graus ist auch die falsche Lagerung von Bierspezialitäten in Regalen (hier gibt es oft einen Wärmestau!). *«Da haben es Butter, Eier und Käse meist besser. Bier liebt die Kühle in dunklen, schattigen Ecken»*, so nachzulesen unter www.bier.de.
- *Alternativen:* Malzbier und Diätbiere. Malzbiere sind schwach gehopft und schwach vergoren, aber süss im Geschmack (zirka 11 g Kohlenhydrate/100 ml). Die Malzbiere sind noch mit Zuckercouleur aufgepeppt, damit es schön gesund aussieht. *Diätbiere* sind für Diabetiker geeignet. Sie enthalten nur noch wenig belastende Kohlenhydrate.

Wein

«Der Wein ist ein Ding, in wunderbarer Weise für den Menschen geeignet, vorausgesetzt, dass das Getränk bei guter und schlechter Gesundheit sinnvoll und im rechten Mass verwandt wird.» Dieses Zitat wird dem griechischen Arzt *Hippokrates* (um 460–370 v. u. Z.) zugeschrieben (in manchen Publikationen wird dieses Zitat auch für Bier gebraucht).

Es gibt eine Unzahl Heilkundige, die den Wein mit bestimmten Zusätzen bei Krankheiten aller Art verordneten. So empfahl *Johann Künzle* den Wermutwein bei Magenleiden, den Johannisbeerwein zur Blutreinigung und Magenstärkung, den Rosmarinwein bei Herzleiden und Wassersucht.

Über den Wein sagt *Sebastian Kneipp* in seinem Werk *«So sollt ihr leben!»*, dass dieser einen wohltuenden Reiz auf den Menschen ausübt und eine *«heitere und leichtere Stimmung»* bewirkt. Des Weiteren meinte Kneipp: *«Der Wein erwärmt die Natur und dient deshalb zu guter Verdauung ... Er ist vielmehr ein Reizmittel. Wer also seine Rettung im Wein sucht, geht irre.»* Er berichtet auch von Hochbetagten, die zeitlebens keinen Tropfen Wein getrunken hatten.

Auf der anderen Seite gibt es heute viele über 80-Jährige, die – so die Meinung dieser Gourmets und Weinkenner – ohne ihren Schoppen wohl nicht so alt geworden wären. Oft wurden diese von Nichtliebhabern des edlen Rebensaftes belächelt und Berichte über ein hohes Alter negiert. Erst durch neuere Forschungen über die gesundheitliche Wirkung eines massvollen Weingenusses wurden die Gegner eines Besseren belehrt.

So soll der Rebensaft eine cholesterinsenkende Wirkung haben, vor Herzinfarkt und Schlaganfall schützen, die Verdauung anregen und die Immunabwehr fördern. Dies gilt nur für mässigen Alkoholgenuss. Wer über die Stränge schlägt, der macht die Wirkungen zunichte oder es werden sogar Krankheiten gefördert.

Es gibt jedoch eine trockene Alternative für Abstinenzler. Auch Rotwein-Pulver verhindert, dass sich das LDL-Cholesterin in den Adern ablagert. Dies wurde in englischen Untersuchungen ermittelt (*«New Scientist»*, 1997-4).

Robert Quinche und der Wein

Robert Quinche (1906–1993), ehemals Schweizer Drogist, exzellenter Pflanzenkenner und Kantonsrat, meinte einmal in einem Interview mit *Ernst Herzig*: *«Ich habe lieber Wein als Spitalrechnungen.»*

Was ist im Wein drin?

Wein soll mehr als 1000 verschiedene Inhaltsstoffe haben. Die wichtigsten sind Wasser, Alkohol (etwa 7–15 %), Kohlenhydrate (Restzucker bzw. unvergorener Zucker), wenig Eiweiss, Säuren (Wein-, Apfel- und Milchsäure), Vitamine (Vitamin C, B-Vitamine), Mineralstoffe und Spurenelemente (Kalium, Kalzium, Magnesium, Eisen, Zink, Jod, Phosphor, Mangan und Selen), Geruchs- und Geschmacksstoffe, biogene Amine (z. B. Histamin) und phenolische Verbindungen (Resveratrol, Quercetin, Catechine). Zu diesen Verbindungen gehören Flavonoide und Gerbstoffe. Besonders Rotweine weisen Gerbstoffe (Tannine) auf. Die Reben produzieren Polyphenole als Schutz vor Krankheiten. Wenn die Pflanzen in Stress geraten – dies ist der Fall bei Infektionskrankheiten, Parasitenbefall oder klimatischen Bedingungen –, dann wird die Produktion von diesen Stoffen angekurbelt.

Weinfreund Theodor Heuss

Theodor Heuss (deutscher Bundespräsident von 1949–1959) schrieb oft erst am späten Abend seine Reden und Bücher. Dabei beflügelte er seinen Geist mit dem einen oder anderen Viertele. Als er mit dem ehemaligen Ministerpräsidenten *Reinhold Maier* in der Villa Hammerschmidt beim Kaffee zusammensass, kamen sie auch auf die Vorbereitung von Reden zu sprechen.

Auf die Frage von *Reinhold Maier*, wie lange er an seiner letzten Rede – er hielt eine über «abstrakte Kunst» – geschrieben habe, entgegnete ihm *Heuss*: *«Im Allgemeinen brauche ich für eine Rede eine Flasche Wein lang. Für diese Rede habe ich dreieinhalb Flaschen Wein lang gebraucht.»*

Auf der Speisekarte im Landgasthof *«Am Rebhang»* in Huttingen (Kreis Lörrach) entdeckte ich einen Spruch von *Theodor Heuss*. Er lautete: *«Wer Wein säuft, der sündigt! Wer Wein trinkt, der betet! Drum lasset uns beten!»*

Vom gesunden Genuss

«Ein Gläschen in Ehren, kann niemand verwehren», lautet ein alter Spruch. Auch die Fachleute der Ernährungsgesellschaften halten sich daran. Sie empfehlen für den gesunden Mann höchstens eine tägliche Menge von 20 g und für die gesunde Frau 10 g Alkohol. Diese Menge entspricht einer Menge von 0,5 Liter Bier oder 0,25 Liter Wein oder 0,06 Liter Weinbrand. Die Frauen dürfen nicht so viel ins Glas schauen, ihnen wird nur die halbe Menge empfohlen. Auch sollte man die genannten Mengen nicht täglich konsumieren. Für Schwangere und Stillende sollte Alkohol tabu sein.

Weinfälscher gibt es immer wieder

In der Vergangenheit sorgten Verfälschungen des Weins für Furore. So ist der Glykolskandal von 1985 noch in guter Erinnerung. Einige Hersteller in Österreich setzten ihrem Wein Diethylenglykol zu, um dem Wein Süsse und Fülle zu geben. Die so gepantschten Weine wurden als Auslese oder in noch besserer Qualität zu einem günstigen Preis verkauft. Zum Glück lebten diese skrupellosen Geschäftemacher nicht in vergangner Zeit, denn sonst wären sie sehr drastisch bestraft worden, wie das folgende Beispiel zeigt.

Drastische Strafen für Weinpanscher

Weinpanscher und Weinfälscher mussten in frühen Zeiten mit drastischen Strafen rechnen. So wurde 1471 der Winzer *Schertweg* aus Überlingen lebendig eingemauert. Sein Vergehen: Er hatte jahrelang dem Wein ein Drittel Wasser zugesetzt.

In den *«Baselischen Geschichten»* (1377–1700) von *Hans Konrad Wieland* wurde ein Fall von Weinpanscherei beschrieben. Als Markgräfler Bauern 1574 verwässerten Wein auf den Basler Markt brachten, wurden die Panscher eine Woche eingesperrt. Die Böden der Weinfässer wurden auf dem Kornmarkt ausgeschlagen und der Inhalt von 18 Saum (1 Saum = 136,51 Liter) Wein floss in die Birsig.

Der Weinverschnitt ist inzwischen legalisiert, aber muss nicht deklariert werden. Im Prinzip weiss der Weintrinker nicht, was in der Flasche ist. Solch eine Spezialbehandlung verdient der Wein nicht.

Welche Zusatzstoffe und Schadstoffe sind im Wein?

Als Konservierungsstoff darf Sorbinsäure verwendet werden, ebenfalls Phosphate und Sulfate zur Förderung der Hefebildung. Ein weiterer Konservierungsstoff ist die Schweflige Säure. Bis heute ist es der Forschung noch nicht gelungen, diese Säure durch andere, weniger kritische Stoffe zu ersetzen. *«Eine bewusste Reduktion der Menge ist daher bestimmt sinnvoll, doch zu tiefe Werte bei zu hohen pH-Werten führen nicht hin zur Qualität»*, so die *Eidgenössische Forschungsanstalt in Wädenswil* (Schweiz).

Beim konventionellen Weinbau kommen Fungizide, Herbizide, Kupfer-Präparate zur Anwendung. Mit diesen Mitteln werden Schädlinge und Krankheiten (Mehltau, Blattfaulkrankheit, roter/schwarzer Brenner, Heu- und Sauerwurm) bekämpft.

Wie Prof. Dr. *Günter Vollmer*, Universität Düsseldorf, in seinem Buch «Lebensmittelführer» (1995) hinweist, waren erhöhte Rückstände im fertigen Erzeugnis nicht von Bedeutung.

Bioweine in Bestform

«Wer sich mit Wein beschäftigt, hat nie ausgelernt. Denn das Elixier Wein ist zu vielfältig und zu facettenreich. – Und wer sich mit der Philosophie des biologischen Weinbaus befasst, findet darin schnell eine zwingende Logik», erklärte *Jürgen von der Mark* («Master of Wine»). *Peter Kropf* vom Bioweinhaus Delinat (www.delinat.com) aus Horn (Schweiz) brachte es auf den Punkt (Tropfen): *«Wer vom Terroir (Boden) spricht und gleichzeitig den Boden mit Fungiziden, Pestiziden und Herbiziden malträtiert, ist heute je länger je weniger glaubwürdig.»*

Bioweine in Österreich: Am 2. Dezember 2003 wurde dem ältesten Weingut Österreichs, dem Nikolaihof in Mautern (Wachau), eine Anerkennungsurkunde von der *«Deutschen Gesellschaft für Umwelt- und Humantoxologie»* (DGUHT) für den weltweit gesündesten Wein überreicht. Es handelte sich um den WWF-Biowein *«Riesling Federspiel»*.

Dazu *Christine Saahs* vom Nikolaihof (www.nikolaihof.at): *«Wir sind schon lange überzeugt, dass die Vitalität und damit der Gesundheitsfaktor eines Weines in seiner Natürlichkeit liegt und bewirtschaften unser Weingut biologisch-dynamisch ohne jegliche Chemie. Nun wurde offiziell gemessen und bestätigt, dass unser Wein damit auch erheblich gesünder für den Konsumenten ist.»*

Die Gesellschaft *DGUHT* kann den Stresszustand des Weines durch Messung des pH-Wertes, des Redoxpotentials und der Leitfähigkeit bestimmen. Durch den biologisch-dynamischen Weinbau kann die Stressbelastung gesenkt werden. Der so produzierte Wein hat dann mehr sekundäre Pflanzenstoffe als herkömmlich produzierte.

Der genannte Biohof befolgt seit Jahren die strengen Richtlinien von *Demeter* (reduzierter Einsatz von Technologie, Verzicht auf chemische Zusatzstoffe, nachhaltige Bewirtschaftung des Bodens, Beachtung der Mondphase bei der Weinlese). Sollte einmal ein Pilz sein Unwesen treiben, dann greift der Winzer frühzeitig ein und spritzt Brennnesseljauche, Baldriantee und homöopathische Medikamente.

Wie mir Frau *Saahs* mitteilte, gibt es noch 2 Weinbaubetriebe in Österreich, die Demeter zertifiziert sind (*Leo Wöber* in Obermarkersdorf und die Familie *Flechl* in Bad Fischau).

Bioweine in Deutschland: In den letzten 20 Jahren ist eine neue Generation von Winzern in Deutschland herangewachsen. Wie *«Schrot&Korn»* (2002-11) berichtet, sind diese Winzer gut ausgebildet und qualitätsbewusst. *«Das hat dem deutschen Wein generell steigende Beliebtheit beim Verbraucher beschert»*, betonte *Wolfram Römmelt* in der genannten Zeitschrift.

Biowinzer und der Verband *Ecovin* bemühen sich auch um den vermehrten Einsatz von pilzfesten Rebsorten. Diese Rebsorten liefern den Regent, Johanniter, Rondo, Bianca oder Staufer.

Das Verbraucherministerium von *Renate Künast* hatte im Jahr 2002 eine gute Idee. Es wurden rund 200 Demonstrationsbetriebe für den ökologischen Landbau ausgesucht. Die Winzer dieser Betriebe sollten ihr Wissen an konventionell arbeitende Kollegen und andere Interessenten weitergeben. Dies ist inzwischen geschehen. Das Interesse war überraschenderweise sehr gross. Alle hoffen nun, dass sich immer mehr

Winzer für den ökologischen Weinbau entscheiden.

Die Roten sind auf dem Vormarsch. Gemeint sind die Rotweine, die sich im ehemaligen Weissweinland Deutschland immer grösserer Beliebtheit erfreuen. Warum das so ist, könnte damit zusammenhängen, dass Bestandteile des Rotweins (Polyphenole) eine besondere gesundheitliche Wirkung entfalten.

Im Gegensatz zu den dunklen, gerbstoffreichen ausländischen Weinen sind die deutschen Rotweine fruchtbetont und nicht allzu schwer.

Besonders erfolgreich sind auch die dunkleren Rotweine, wie Dornfelder, St. Laurent oder Regent.

Bioweine in der Schweiz und Südeuropa: Eine Blindprobe mit einer hochkarätig besetzten Jury in Zürich zeigte Ende 2003 Folgendes: Die biologisch angebauten Weine aus Südeuropa waren den herkömmlich produzierten Weinen ebenbürtig. Verkostet wurden Weine aus der Toskana, dem Rhone-Gebiet und aus Nordspanien. In 2 Fällen waren sie sogar besser.

«Hochstehende Bioweine versprechen mehr als nur Weingenuss, denn sie sind immer auch ein Beitrag zu einem intakten Ökosystem Rebberg», heisst es in einer Presseinformation des Hauses *Delinat*, das über 200 europäische Bioweine im Sortiment hat (www.delinat.ch).

Schon 1998 wurde eine Verkostung durchgeführt (*«Vinum»*, 1998-7/8). Unter 250 Weinen befanden sich 60 aus der Schweiz. 20 heimische Tropfen wurden ausgezeichnet.

Die Richtlinien im Schweizer Bio-Landbau erlauben für den biologischen Rebbau nur natürliche Mittel wie z. B. geringe Dosen Kupfersalz von maximal 4 Kilogramm pro Hektar und Jahr. Für die Weinbereitung gelten stark reduzierte Werte bei der Aufzuckerung, und bei der Konservierung mit Schwefeldioxid (für trockene Weine maximal 30 mg/l freie SO_2). Nicht erlaubt sind Genmanipulationen und der Einsatz von chemisch-synthetischen Pestiziden, auch dürfen zur Konservierung der Weine keine Ascorbin- oder Sorbinsäure zugesetzt werden.

Wie mir *Peter Kropf* vom *Weinhaus Delinat* mitteilte, gibt es in der Schweiz rund 40 Bioweingüter (www.biovin.ch), des Weiteren schrieb er in einer E-Mail: *«Die Schweizer Biowinzer pflegen nebst den traditionellen, europäischen Sorten auch immer mehr interspezifische, pilzwiderstandsfähige Sorten. Etliche dieser Winzer erzeugen hervorragende, eigenständige Gewächse, so zum Beispiel in den Kantonen Graubünden, Genf und Wallis.»*

Tipps für den Kauf von Wein

- Auf dem Weinetikett ist der Alkohol in Volumen-Prozent angegeben. Es entsprechen:
  8,0% Vol. = 62 g Alkohol/Liter
  10,5% Vol. = 83 g Alkohol/Liter
  13,0% Vol. = 103 g Alkohol/Liter
  14,0% Vol. = 110 g Alkohol/Liter
- Kaufen Sie keinen Wein, bei dem der *Korken* an der Flaschenöffnung übersteht. Ist dies der Fall, dann wurde der Wein zu warm gelagert bzw. transportiert.
- Kaufen Sie keinen Wein, bei dem am Hals der Flasche *klebrige Weinspuren* vorhanden sind (beim Transport war der Wein zu hohen Temperaturen ausgesetzt oder der Korken war undicht).
- Ein *Bodensatz* und Kristalle am Flaschenboden («Depot») sind keine Qualitätsminderung.
- Die ideale *Trinktemperatur* für Rotweine liegt zwischen 15 und 18 °C. Bei Weissweinen empfiehlt sich eine Temperatur von 6 bis 12 °C.
- Wer sich unsicher ist, welchen Wein er kaufen möchte, der bekommt in gut sortierten und ambitionierten Supermärkten, Weinhandlungen oder direkt bei der Winzergenossenschaft Weine zum *Probieren* und Infos über Weine.
- Kaufen Sie keinen Wein, der von *Spotlampen* angestrahlt wird. Der Wein kann sich durch die höheren Temperaturen verändern.
- Wer *verstaubte Flaschen* in den Regalen sieht, der weiss, diese Weine sind «Ladenhüter».
- Die *Preisauszeichnung* sollte klar und deutlich sein. An der Kasse überprüfen, ob auch dieser Preis auf dem Display oder Ausdruck erscheint. Ich machte des Öfteren die Erfahrung, dass oft ein höherer Preis (neuer Preis, der noch nicht ausgezeichnet war) berechnet wurde.
- Wenn Sie nach *Bioweinen* in Märkten suchen, kann dies einige Zeit in Anspruch nehmen. Deshalb gleich danach fragen. Ich machte die Beobachtung, dass unter Hunderten herkömmlicher Weine nur 4 Sorten Bioweine vorhanden waren! Ohne Nachfrage würde ich noch heute suchen.
- Auf manchen *Weinetiketten* steht, wozu der Wein passt, auf

anderen wiederum nicht. Als Beispiel für eine exzellente Beschreibung soll der *«Breisacher Vulkanfelsen»* dienen:
Anbaugebiet: Baden
Lage: Breisacher Vulkanfelsen
Rebsorte: Spätburgunder Rotwein
Geschmacksrichtung: trocken
Qualitätsstufe: Qualitätswein b. A.
Serviertemperatur: 15–18 °C
Erzeugerabfüller: Badischer Winzerkeller,
D-79206 Breisach/Rhein
(www.badischer-winzerkeller.de)
Zusatzinformationen: Ein voller, samtig-trockener, dabei recht fruchtbetonter Rotwein mit dezenter Brombeernote und zartem Mandelduft. In der feinen Küche ein Klassiker zu allen Wildgerichten. Harmoniert gut mit Zutaten wie dunklem Fleisch, pikant abgeschmeckten Sossen und Beilagen sowie zu würzigem Käse. Aufgedruckt ist noch der Alkoholgehalt (14,0 Volumenprozent), die Chargennummer, der Jahrgang (z. B. 2003).

- Qualitätsweine mit Prädikat erhalten in Deutschland ein *Weinsiegel* (gelb = trocken, grün = halbtrocken, rot = lieblich).
- Der Handel bietet auch *alkoholfreie Rotweine, Weissweine* und *Sekt* an (auch in Bio-Qualität). Diese werden nach einem modernen Entalkoholisierungsverfahren (Vakuum) hergestellt. Der Restalkoholgehalt beträgt etwa 0,2 %. Er hält sich mit Schraubverschluss 3 Jahre. Da Alkohol ein Geschmacksträger ist, sind die alkoholfreien Weine geschmacklich nicht so vollmundig wie die alkoholhaltigen Tropfen.

Spirituosen

Stärker alkoholhaltige Getränke sind *Spirituosen*. Die meisten dieser Hochprozenter haben einen Alkoholgehalt um 40 Volumenprozent. In den Supermärkten findet man heute eine Unzahl von Likören, Schnäpsen, Cognac-, Whisky- und Weinbrandsorten.

Die Herstellung erfolgt durch Destillation alkoholhaltiger Gärprodukte. Destilliert werden Maischprodukte von 6 bis 10 Volumenprozent Alkohol. Schon seit langer Zeit gibt es in bestimmten deutschsprachigen

Regionen eine Unzahl Hausbrennereien.

Wer sich über die einzelnen Spirituosen informieren möchte, findet im Internet unter www.spirituosen-verband.de ein Lexikon. Ebenfalls Infos zu den Themen *«Alkohol und Verantwortung»* und *«Werbung mit alkoholhaltigen Getränken»*.

Tabelle 24: Diese Wildfrüchte und Obstsorten eignen sich zum Schnapsbrennen

Wildfrüchte	Vogelbeere (Eberesche), Mispel, Kornelkirsche, Hagebutte, Schlehe, Elsbeere, Speierling
Kernobst	Apfel, Birne, Quitte
Steinobst	Zwetschge, Pflaume, Kirsch-Pflaume, Mirabelle, Süsskirsche, Wildkirsche, Weichsel, Pfirsich, Aprikose (Marille)
Beerenobst	Johannisbeere, Stachelbeere, Himbeere, Brombeere, Erdbeere, Heidelbeere, Preiselbeere, Holunder, Weintraube

Infos über das Schnapsbrennen: www.schnapsbrennen.at

Katholischer und evangelischer Schnaps

Wer Kräuterweine, Kräuterliköre, Kräuterelixiere, Kräuter-Edelstein-Elixiere und Kräuterschnäpse einmal selber herstellen möchte, der kann sich in dem Buch *«Liköre und Schnäpse von der Kräuterhexe»* von *Gabriele Bickel* (Kosmos Verlag, Stuttgart 2001) sehr gut informieren. Ein Portrait dieser Frau finden Sie auch in meinem Buch *«Arnika und Frauenwohl»* (Ipa-Verlag, Vaihingen, 2002, zu beziehen auch über www.textatelier.com).

Wie die Kräuterfrau berichtet, gibt es im Badischen 2 verschiedene Schnäpse, den katholischen und den evangelischen. Das hängt damit zusammen, dass der nördliche Teil von Baden überwiegend evangelisch ist und dort meistens Äpfel- und Birnbäume wachsen, während im südlichen katholischen Teil mehr Zwetschgen, Kirschen und Mirabellen heranreifen. Und aus diesem Obst werden die genannten Schnäpse gebrannt.

Alcopops und Viagra-Pops

«Ohne Rigo und Smirnoff wäre jede Party nur halb so lustig. Es schmeckt und man wird schneller breit», so die Äusserung des 16-jährigen *Kevin*. Er befindet sich in guter Gesellschaft, denn seine Kumpels sind auch ganz verrückt nach diesen Getränken. 1995 kamen die ersten Alcopops auf den Markt. Es waren und sind Gemische aus Schnaps und Branntwein mit fruchtigem, süssem Geschmack, die in trendige Flaschen gefüllt wurden. In England werden sogar Alcopops mit aphrodisierenden Kräutern angeboten. Diese Zubereitungen haben in England den Spitznamen *«Viagra-Pops»*.

Die Alcopops enthalten 5 bis 6 Volumenprozent Alkohol. *«Durch den süssen Geschmack, das harmlose Aussehen des Inhalts und die coolen Flaschen vergisst man leider ganz schnell, dass man sich eigentlich Schnaps, Branntwein und Co. genehmigt»*, schrieb die «Techniker Krankenkasse» (www.scoolz.de).

Wie die Weltgesundheitsorganisation (WHO) berichtete, trinken bereits 3,6% der 11-Jährigen regelmässig Alcopops. Im Alter von 15 Jahren greifen fast 15% regelmässig zu diesen Getränken. Dr. *Klaus Hurrelmann* von der Universität Bielefeld sieht es als gefährlich an, dass Alcopops bewusst auf eine junge Zielgruppe ausgerichtet sind.

In Frankreich wurde zuerst eine Sondersteuer auf Alcopops eingeführt, es folgten die Schweiz und Deutschland. Nach Einführung dieser Steuer ging der Verkauf von Alcopops dramatisch zurück. Fachleute rechnen mit einem Rückgang um 95%. Aber die Hersteller fanden einen Ausweg. Sie stellten ihre Produkte auf Bier- und Weinbasis um. Nun können sie wieder von hohen Verkaufszahlen schwärmen, zumal bier- und weinhaltige Alcopops auch an Jugendliche ab 16 Jahren verkauft werden dürfen.

Raphael Gassmann von der Deutschen Hauptstelle für Suchtgefahren in Hamm fordert deshalb eine Steuer auf alle alkoholbasierten Mixgetränke und ein generelles Werbeverbot.

Das ist bitter nötig. Nach meiner Meinung haben einige Gesetzgeber geschlafen und nicht mit der Findigkeit der Hersteller gerechnet.

Wie wir im Kapitel über alkoholfreie Getränke gesehen haben, gibt es gute und preiswerte Alternativen zu den Alcopops, die auch für den Sportler geeignet sind.

Zucker, Honig und Süssstoffe

Wir leben in einer überzuckerten Welt. Die aus dem Zuckerrohr oder der Zuckerrübe gewonnene Süssigkeit (Saccharose), aber auch andere Zuckerarten wie Frucht- und Traubenzucker, ist in so vielen Nahrungsmitteln versteckt, dass man kaum zuckerfreie bekommt. Man muss schon einen detektivischen Spürsinn entwickeln oder viel Zeit zum Suchen mitbringen, um Produkte ohne Zucker zu finden. Versteckter Zucker ist beispielsweise in Wurstwaren, Fertigsossen, Fertigsuppen, Fertigsalatsossen, Marinaden, Gewürzmischungen, Ketchup, Fruchtsaftgetränken, Gemüsesäften, Schokoriegeln, Cola-Getränken, Senf, Essiggurken, eingelegtem Gemüse, Schokoladen, Malzbier-Getränken, Fruchtjoghurts, Energy-Drinks, Molkegetränken mit Fruchtgeschmack, Gummibärchen, Fischkonserven, Instant-Tees, Instant-Kakaomischungen und Instant-Kaffeemischungen zu finden.

Kinder sind Opfer der süssen Verführung

Die Hersteller von Süssigkeiten haben besonders die Kinder ins Visier genommen. Sie locken mit Comics, Stickern, Sammelfiguren und einer auffälligen und aufwändigen Verpackung. Die Minipacks *(«kindgerechte Einzelportionen»)* sind unnötig und verführen die Kinder zum Wegwerf-Verhalten. So sind Kinderjoghurts mit und ohne einrührbare Schoko-Minis, Puddingsorten für Kinder, Brotaufstriche, fruchtsaftähnliche Getränke und Frühstückcerealien im Handel. Es ist unglaublich, aber wahr: In einigen Schokoladen und Riegeln für Kinder sind bis 54% Zucker.

Den Eltern wird in einer raffinierten Werbung eingeredet, dass diese Produkte gesund seien, bekommen doch ihre lieben Kleinen eine *«Extraportion Kalzium»* oder das *«Plus für eine ausgewogene Ernährung»*. Dem ist aber nicht so.

Kindernahrungsmittel sind oft zu süss, zu fett und zu teuer. Auch enthalten die genannten Produkte Farb- und Aromastoffe. Hier wird der kleine Körper schon mit diesen oft allergieauslösenden Zusatzstoffen «bombardiert». Auch die zugesetzten Vitamine und Mineralstoffe übersteigen oft den Tagesbedarf um ein Vielfaches. Kinder benötigen keines dieser Produkte; es gibt gesunde Alternativen. So liefert beispielsweise ¼ Liter Vollmilch den Bedarf an Kalzium. Eine entsprechende Menge Kinderschokolade enthält zwar auch Kalzium, aber dreimal so viel Fett.

Kein Wunder, dass viele Kinder immer dicker werden (Zucker kann nämlich im Körper in Fett umgewandelt werden). Sie essen nicht nur ungesund, sondern bewegen sich zu wenig. Aber vielen Erwachsenen ergeht es ebenso. Sie sind also schlechte Vorbilder.

Fazit: Jede noch so verführerische Werbung muss man kritisch unter die Lupe nehmen und bei Kinderlebensmitteln die Zutatenliste studieren. Jedes Kind sollte eine ausgewogene und abwechslungsreiche Ernährung (viel Obst, Gemüse, Vollkornprodukte) bekommen.

Fördert Zucker Diabetes?

Die Anzahl von Diabetes-Erkrankungen ist in den letzten 40 Jahren rasant gestiegen. Laut einer neuen Studie der *Harvard Universität* sind nicht Fette oder Proteine die Wurzeln des Übels, sondern hauptsächlich die raffinierten Kohlenhydrate.

Inzwischen sind viele andere Wissenschaftler überzeugt, dass sich der Anstieg von Diabetes durch die derzeitige Form der angebotenen Lebensmittel nicht stoppen lässt. Die heutigen Produkte enthalten wenig Ballaststoffe (Nahrungsfasern), dafür eine eskalierende Menge an Zucker. So ist in den USA der Maiszucker ein beliebter Stoff, der in fast jedem Nahrungsmittel vorkommt.

Als die *WHO* eine Empfehlung zu weniger Zuckerkonsum herausgab, jaulte die Nahrungsmittellobby auf und versuchte durch Gegenargumente den Zuckerkonsum anzukurbeln. Sie betonte, die Zunahme von Diabetes werde nicht allein durch Zucker ausgelöst. Die Wissenschaftlerin *Simin Liu* von der *Harvard Universität* betonte ausdrücklich, dass es eindeutige Indizien für die Zunahme von Erkrankungen durch Zufuhr von grösseren Mengen raffinierter Kohlenhydrate gebe.

Alternativen: Ein hoher Verzehr von Vollkornprodukten kann das Risiko für Diabetes (Typ 2) deutlich senken. Dies kam bei einer US-Studie heraus. Wissenschaftler beobachteten in einem Zeitraum von 12 Jahren über 40 000 Männer (*«Am. J. Clin. Nutr.»* 76, 535-540, 2002).

Braucht der Körper Zucker?

«Zucker ist Nerven- und Gehirnnahrung», «Traubenzucker liefert schnelle Energie.» Diese oder ähnliche Äusserungen über Zucker sind etabliert und nicht mehr aus den Köpfen der Verbraucher zu eliminieren. In der Tat benötigen unser Gehirn und unsere Nervenzellen zehnmal mehr Glukose (Traubenzucker) als andere Körperzellen (täglich 120 g). Da eine Speichermöglichkeit fehlt, muss laufend für Nachschub gesorgt werden. Unser Körper kann jedoch Glukose aus allen kohlenhydrathaltigen Lebensmitteln gewinnen.

Die Einfach- oder Zweifachzucker werden rasch im Organismus aufgenommen, gehen schnell ins Blut über und treiben den Blutzuckerspiegel in die Höhe (das Hormon *Insulin* aus der Bauchspeicheldrüse senkt dann den Blutzuckerspiegel).

Ich kann mich noch gut erinnern, wenn wir früher vor wichtigen Prüfungen immer wieder Traubenzuckertäfelchen assen, um so dem Gehirn einen Energieschub zu liefern. Kein Mensch hat uns damals gesagt, dass die Wirkung nicht lange anhält und wir mit den komplexen

Kohlenhydraten (Polysacchariden) einen länger anhaltenden Effekt erreicht hätten. Im Verdauungstrakt wird nämlich die Glukose aus den komplexen Kohlenhydraten langsam aufgespalten und dem Blut zugeführt. Das Gehirn bekommt so kontinuierlich den nötigen Brennstoff geliefert. Dadurch können Müdigkeit, Konzentrationsschwäche und Leistungsabfall vermieden werden.

Darüber hinaus bringt eine kohlenhydratreiche Kost die Bildung von *Serotonin* in Gang. Das Gewebshormon fördert Entspannung und Wohlbefinden und sorgt für gute Laune. Ein Mangel bewirkt demzufolge Depressionen, Missstimmungen, Schlafstörungen und Unwohlsein.

Prof. Dr. *Michael Hamm*, Hamburger Ernährungswissenschaftler, empfiehlt Kombinationen wie Nudeln mit Gemüse, Haferflocken mit Bananen oder eine Reis-Gemüsepfanne.

Komplexe Kohlenhydrate sind enthalten in Vollkornprodukten (Brot, Müesli, Teigwaren, Reis), Gemüse, Kartoffeln und Obst.

Fazit: Unser Körper benötigt also nicht die isolierten Zuckerarten, da er Glukose ja aus anderen Produkten herstellen kann.

Tabelle 25: Die wichtigsten Kohlenhydrate auf einen Blick

Einfachzucker (Monosaccharide)	Traubenzucker (Glukose), Fruchtzucker (Fruktose)
Zweifachzucker (Disaccharide)	Malzzucker (Maltose), Milchzucker (Laktose), Rüben- bzw. Rohrzucker (Saccharose)
Mehrfachzucker (Polysaccharide)	Stärke, Inulin

Tipps für den Einkauf von Zucker und Sirupen

Zucker

- Der weisse Haushaltzucker (Saccharose) ist ein hochgereinigter Stoff und wird bei uns aus der Zuckerrübe gewonnen. Die Rübe enthält 17 bis 24% Zucker. Aus diesem Zucker werden folgende Sorten hergestellt:
  Brauner Zucker (wird aus karamellisiertem Zucker gewonnen), *Einmachzucker, Gelierzucker* (mit Zusatz von Pektin, Zitronen- oder Weinsäure), *Hagelzucker* (grobkörnig, granulierte Raffinade), *Invertzucker* (Saccharose wird durch Säureeinwirkung in Fruktose und Glukose aufgespalten), *Kandis* (grobe Zuckerkristalle, beim braunen Kandis wird noch karamellisierter Zucker beigemischt), *Puderzucker* und *Rohzucker* (brauner, nicht raffinierter Zucker mit Melasseanteil).
- *Dextrose* ist eine andere Bezeichnung für Traubenzucker. Maltodextrin wird aus Stärke hergestellt, besteht aus mehreren Traubenzuckerresten.
- *Rohrzucker* ist raffinierter Haushaltszucker aus dem Zuckerrohr.
  Rohrohrzucker ist geklärter, eingedickter Zuckerrohrsaft, der mit Starterkristallen versehen und nach dem Auskristallisieren zentrifugiert wird. Dieser Zucker enthält etwas Melasse und wenig Mineralstoffe.
  Vollrohrzucker wird aus dem Presssaft des Zuckerrohrs gewonnen. Nach dem Pressen wird der Saft filtriert und eingedickt. Beim Trocknen bilden sich Kristalle, die dann gemahlen werden. Er ist der natürlichste braune Zucker und enthält Vitamine und bis zu 1,5% Mineralstoffe.
- *Melasse* ist ein Nebenprodukt der Zuckerherstellung. Gewöhnliche Melasse dient als Viehfutter und zur Rumherstellung.
- *Vanillezucker*: Weisser Zucker wird mit echtem, fein geriebenem Vanillemark gemischt. *Vanillinzucker* ist ein Gemisch aus weissem Zucker und 0,1% synthetischem Vanillin-Aroma.

Sirupe

- *Rübensirup oder Zuckerrübenkraut.* Dieses Produkt darf nicht mit der Melasse verwechselt werden. Die Herstellung erfolgt aus den Zuckerrüben. Die Rüben werden zerkleinert, gedämpft und gepresst. Der Rübensaft wird unter Vakuum zu einem Sirup eingedickt. Dieser Sirup enthält 62 % Zucker, viele Mineralstoffe (Kalium, Kalzium, Magnesium und Eisen).
- *Glukosesirup* ist Traubenzucker, der aus Stärke hergestellt wird. Der Sirup enthält 16 % Wasser.
- *Ahornsirup* wird aus dem Saft des kanadischen Zucker-Ahornbaumes gewonnen. Der Saft enthält zwischen 2 und 12 % Zucker. Um 1 Liter Ahornsirup zu gewinnen, sind 40 Liter Ahornsaft nötig. Der Sirup wird in unterschiedlichen Graduierungen verkauft. In Kanada sind die Bezeichnungen AA, A, B, C, D gebräuchlich. Bei uns kommen die Sorten A und C in den Handel. Ahornsirup des Grades A ist teurer, hat eine helle Farbe und einen milden Geschmack. Der Sirup des Grades C ist preisgünstiger, hat eine dunkle Farbe und ein fast schon unangenehm süsses Aroma und wird in der Lebensmittelindustrie verwendet.
- *Agavendicksaft* enthält fast nur Fruchtzucker. Er hat eine gute Gelierfähigkeit und eignet sich für Konfitüren, Gelees und Torten. Inzwischen gibt es auch einen Bio-Agavendicksaft aus kontrolliert ökologischem Landbau.
- *Apfel- und Birnendicksäfte* sind beliebte Süssungsmittel bei der Herstellung von Marmeladen, Nachspeisen, Quarkspeisen. Für 1 Liter Dicksaft werden 7 bis 10 Liter Apfel- oder Birnensaft benötigt. Diese Säfte enthalten Fruchtzucker, Mineralstoffe, Vitamine, Geschmacks- und Aromastoffe der Früchte.

Honig – «liebliche Speise der Götter»

In vielen Schöpfungsmythen und Dichtungen wurde die *«liebliche Speise der Götter»* (Homer) gepriesen. Der Honig gehörte zu den wichtigsten Opfergaben. Er versüsste nicht nur die Speisen, sondern erlangte insbesondere bei den Hochkulturen medizinische Bedeutung. Manche Honigrezepte hütete man wie die grössten Geheimnisse. Honigdiebstahl und Preisgabe geheimer Rezepte wurden streng bestraft.

Im Papyrus *Smith* finden wir medizinische Vorschriften und Heilmittel für die äusserliche Anwendung. Beliebt waren Honigsalben mit Rizinus. Es waren Rezepte in Gebrauch, die zum Abführen, Harntreiben, zur Kräftigung, bei Magenverstimmung, Augenkrankheiten und Wunden dienten.

Der Schriftsteller *Theodor Fontane* hat den Honig sehr treffend charakterisiert: *«Richtiger Honig ist wie gute Medizin und hat die ganze Heilkraft der Natur.»* Und *Sebastian Kneipp* stellte fest: *«Ich habe den Honig vielfach verwendet und stets gefunden, dass er von vorzüglicher Wirkung ist. Er löst, reinigt und stärkt.»*

Was ist im Honig drin?

Hauptbestandteil des Honigs ist Invertzucker, ein Gemisch aus Trauben- und Fruchtzucker. Daneben weist das Naturprodukt noch einen geringen Rest Saccharose und andere Zuckerarten auf. Weitere Inhaltsstoffe sind: Eiweiss, Aminosäuren, organische Säuren, Enzyme, geringe Mengen Mineralstoffe, Spurenelemente und Vitamine, Pollen, pflanzliche Farbstoffe (Flavone, Karotine), Azetylcholin und schleimlösende, entzündungshemmende und antibiotische Wirkstoffe. Ausserdem hat Honig über 100 Aromastoffe zu bieten.

Honig ist kaum belastet

Honig ist kaum mit Umweltgiften belastet. Und landwirtschaftliche Kulturpflanzen, die häufig mit Pestiziden besprüht werden, sind kaum Anflugobjekte für die Bienen. Sie bevorzugen andere Trachtpflanzen. Sollten die Bienen doch einmal Gelüste auf die Blüten von Kulturpflanzen haben, dann ist die Aufnahme gering, da die meisten Mittel auf der Pflanze bleiben und nicht in den pflanzlichen Stoffwechsel gelangen.

Reste von Bienenmedikamenten können jedoch in den Honig übergehen. Medikamente werden nämlich zur Bekämpfung der Varroa-Milben und Antibiotika zur Bekämpfung der Faulbrut eingesetzt.

Bio-Honig darf keine solchen Rückstände enthalten. *«Die Bienenstöcke dürfen nur dort aufgestellt werden, wo im Umkreis von 3 km keine konventionelle Landwirtschaft betrieben wird. Die Trachten, aus denen Blütennektar oder Honigtau gesammelt werden, müssen den Richtlinien des kontrolliert biologischen Anbaus entsprechen»*, berichtet die Firma *Eden*. Des Weiteren müssen Haltung und Aufzucht der Bienenvölker bestimmten ökologischen Richtlinien genügen.

Verträglichkeit von Honig

Honig ist leicht verdaulich und gut verträglich. Allergische Reaktionen sind möglich. Es kommt bei empfindlichen Menschen zu Hautausschlägen oder Nesselsucht. Auslöser sind die im Honig enthaltenen Pollen. Es lohnt sich, in diesem Falle die Honigsorte zu wechseln und auf pollenarmen Waldhonig umzustellen.
Vorsicht! Auch Honig kann die Karies fördern.

Tipps für den Einkauf von Honig

- *Helle Honigsorten* sind mild und süss im Geschmack, während dunklere Honigsorten kräftiger sind und einen weniger süssen Eigengeschmack aufweisen.
- *Blütenhonig* (Nektarhonig) wird hauptsächlich aus Blütennektar gewonnen, während der *Honigtauhonig* von zuckerhaltigen Ausscheidungen der Insekten stammen. Honigtau ist Ausgangsstoff für Blatt-, Wald- und Tannenhonige.
- *Honig von guter Qualität.* Die Bezeichnungen *«Auslese»* oder *«Auswahl»* bedeuten überdurchschnittliche Eigenschaften, wie Farbe, gleichmässiges Aussehen, Konsistenz und einen honigtypischen Geschmack und Geruch.
- Qualitätskriterien sind der Enzymgehalt (hochwertiger Honig hat eine hohe Enzymaktivität) und der HMF-Gehalt. HMF bedeutet Hydroximethylfurfural, welches ein Abbauprodukt im Honig ist. Es entsteht bei höheren Temperaturen als im Bienenstock üblich. Ein hoher Wert deutet auf eine Wärmeschädigung hin, sei es bei der Aufbereitung, Abfüllung, beim Transport und bei der Lagerung. *«Je geringer der HMF-Wert, desto schonender wurde der Honig behandelt und desto mehr natürliche Bestandteile sind*

erhalten geblieben», so die Firma *Eden* aus Lüneburg D.

- *Honig im kandierten Zustand* ist kein Honig minderer Qualität. Dieser sollte jedoch gleichmässig kristallisiert und streichfähig sein. Der kandierte Honig sollte eine trockene Oberfläche haben.
- *Honig von minderer Qualität* ist laut *aid* dünnflüssig oder ungleichmässig und grob kristallisiert, weist einen Fremdgeruch oder Fremdgeschmack auf, enthält dunkle Punkte (Schmutzteile) und ist im kandierten Zustand an der Oberfläche feucht oder schmierig.
- *«Kaltgeschleudert»* bedeutet, dass der Honig bei Raumtemperatur ohne Erwärmung geschleudert wird.
- Es gibt auch *biologische Honige* im Handel.

Zuckeraustauschstoffe

Zu den Zuckeraustauschstoffen gehören Fruchtzucker und die Zuckeralkohole. Die Reinprodukte weisen keine Vitamine und Mineralstoffe auf, enthalten Energie und werden vom Körper insulinunabhängig verwertet. Sie machen Diätprodukte für Diabetiker süss. Auch vermindern sie das Kariesrisiko und wirken in grösseren Mengen abführend.

Infos über Zuckeraustauschstoffe

- Die *Zuckeralkohole* (Xylit, Mannit, Maltit, Sorbit, Isomalt, Laktit) sind für Diabetiker geeignet, da diese im Stoffwechsel insulinunabhängig umgesetzt werden.
- Grössere Mengen *Zuckeralkohole* können leicht abführend und blähend wirken.
- *Sorbit, Mannit, Isomalt, Maltit* und *Laktit* haben eine verminderte und *Xylit* keine Kariogenität.
- *Sorbit* und *Maltit* werden aus Stärke, *Xylit* aus Xylose, *Mannit* aus Glukose, *Isomalt* aus Saccharose und *Laktit* aus Laktose gewonnen. Es sind also künstlich hergestellte, hochverarbeitete Produkte.
- Die *Zuckeralkohole* haben meistens eine gleiche oder geringere Süsskraft als Zucker (Saccharose).

❀ In vielen Lebensmitteln sind *Zuckeraustauschstoffe* vorhanden. Liegt der Gehalt höher als 10%, dann muss folgender Hinweis auf der Packung stehen: *«Kann bei übermässigem Verzehr abführend wirken.»*

Diagramm 3: Süsskraft von Zuckeraustauschstoffen (bezogen auf Zucker mit 1,0)

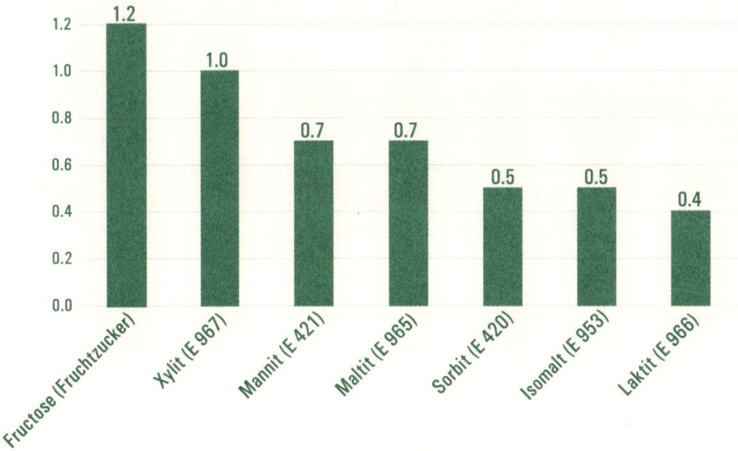

Süssstoffe

Die meisten Süssstoffe sind synthetische Produkte. Inzwischen gibt es auch einige natürliche Verbindungen, die, wie die künstlich hergestellten, eine enorme Süsskraft haben und energiefrei sind.

Infos über Süssstoffe

- *Thaumatin* wird aus der westafrikanischen Katemfefrucht gewonnen. Es ist ein natürlicher Eiweissstoff mit geschmackverstärkender Wirkung.
- *Neohesperidin DC* wird aus den Schalen der Bitterorange gewonnen. Dieser Süssstoff kann bittere Geschmacksnoten unterdrücken.
- Der aus der südamerikanischen Pflanze Stevia rebaudiana gewonnene Süssstoff *Steviosid*, der 300-mal süsser als Haushaltszucker ist, ist in der EU nicht zugelassen. Laut einer Stellungnahme der *EU-Kommission* reichen die Studien nicht aus, um eine Unbedenklichkeit zu belegen.
- Das *Aztekische Süsskraut* (Lippia dulcis Trevis) hat die 1000fache Süsskraft von Saccharose. Die Pflanze wird in Mittelamerika schon lange zur Behandlung von Husten, Bronchitis und Koliken eingesetzt. Das Süsskraut könnte eine natürliche Alternative zu den synthetischen Süssstoffen werden. Genaue Untersuchungen sind im Gange (*«Zeitschrift für Phytotherapie»*, 2005-26:42-46).

Tabelle 26: Süsskraft von Süssstoffen (Zucker = 1)

Thaumatin	2000–3000
Sucralose	600
Neohesperidin DC	400–600
Saccharin	450–550
Acesulfam, Aspartam	200
Cyclamat	30–35

Gut dosierter Genuss

«Statt dem Körper durch Light-Produkte dauernd etwas vorzugaukeln, ist es besser, sich ab und zu einen echten Genuss zu gönnen. Schliesslich sorgt zum Beispiel Schokolade dafür, dass das Glückshormon Serotonin freigesetzt wird. Wer sich ausgewogen ernährt, auf möglichst fettarmes Essen achtet und seinem Körper die nötige Bewegung zukommen lässt, kann sich ohne weiteres die kleine Sünde zugestehen», schreibt treffend *Gudrun Ambros* in *«Schrot&Korn»* (2002-7). Dieser Meinung bin ich auch. Wichtig ist, dass wir den täglichen Zuckerkonsum reduzieren und auch vom Honig nicht übermässig viel gebrauchen. Auch sollten wir ein besonderes Gespür entwickeln, um versteckten Zucker aus Nahrungsmitteln herauszuspüren.

Tabelle 27: Zuckergehalt in einigen Nahrungsmitteln (in %)

Bonbons	97 %
Schokolade (Vollmilch)	55 %
Nuss-Nougat-Creme	50–55 %
Marmeladen	60 %
Instant-Kindertees (Pulver)	96 %
Instant-Kakao	80 %
Instant-Kaffee	90 %
Schokoladen und Schokoriegel für Kinder	45–54 %
Obstkonserven	15–55 %
Ketchup	bis 30 %
Senf	18 %
Salatsossen	10 %
Fruchtzwerge	15 %
Eis	17–30 %
Fertigmüesli	14–25 %

Schokolade – die zarte Versuchung

Im *«Land der Kühe und der Schokolade»*, wie *Sophie* und *Michael D. Coe* die Schweiz bezeichnen, wird qualitativ hochwertige Schokolade produziert (im Jahr 2004 insgesamt 148 216 t). Jeder Schweizer vernascht im Jahr 11,6 kg und jeder Deutsche etwa 8 kg Schokolade. Nur die Briten und Norweger sind grössere Schokoladenliebhaber. Es gibt Gelegenheitsgeniesser und «Chocoholics». Für die meisten ist die Schokolade trotz erheblicher Kalorien (550 Kilokalorien pro 100 g) ein Genusserlebnis besonderer Art. Aber nicht nur das, sie wirkt antidepressiv und anregend. Nichts kann die Freuden beim Schokoladengenuss trüben – da schliesse ich mich an. Die Kontraseite behauptet immer wieder, Schokolade sei eine Zucker- und Fettbombe, könne Zahnschäden verursachen und zu falschem Essverhalten führen. Das stimmt zwar, aber wer sich im Übrigen ausgewogen ernährt, kann sich durchaus ab und zu ein Stückchen dieser Köstlichkeit gönnen.

Fremdfette in der Schokolade

Geniesser von Schokolade verschlug es schier die Sprache: Da wurde doch im Rahmen der Harmonisierung des EU-Binnenmarktes beschlossen, dass in Zukunft bis zu 5 % *Fremdfette* in der Schokolade sein dürfen. Als solche gelten pflanzliche Fette (Palmöl, Sheabutter, Borneotalg) und tierische Fette (Butterreinfett). Die Schweiz schloss sich dieser Empfehlung ebenfalls an. Zurzeit sind solche Fremdfette in Deutschland meistens in billigeren Schokoladesorten zu finden. Wie sieht es in der Praxis bei den Eidgenossen aus? Dazu befragte ich *Dr. F. Schmid* vom *Verband Schweizerischer Schokoladefabrikanten*.

«Die Zugabe von pflanzlichen Fremdfetten ist sowohl in der EU durch die neue Schokoladendirektive als auch in der Schweiz durch eine entsprechende Bestimmung in der Lebensmittelverordnung zulässig. Wir haben unlängst unter den Schweizer Schokoladeherstellern eine Umfrage durchgeführt und festgestellt, dass im Schokoladeteil keine einzige Unternehmung pflanzliche Fremdfette einsetzt. Einige Unternehmen haben sich den Einsatz von pflanzlichen Fremdfetten für Spezialfabrikation auf besonderen Kundenwunsch vorbehalten.

Die Zugabe von pflanzlichen Fremdfetten verschiebt den Schmelzpunkt und kann beispielsweise für Sonderanfertigungen für wärmere Destinationen zu einer Vorgabe werden.»

Keiner wollte Schokolade

Für die einfache Bevölkerung war Schokolade früher Luxus. Die armen Leute ernährten sich hauptsächlich von Kartoffeln, Mehlmus und Mais, das oft sehr teure Brot kam nur an Festtagen auf den Tisch. 1830 schickte *Philippe Suchard* (1797–1884) einen Handelsvertreter in der deutschen Schweiz 6 Wochen auf Reisen, um seine Schokolade an den Mann zu bringen. Die Ausbeute war jedoch mager: Der Vertreter kam mit nur einer einzigen Bestellung für 6 Pfund Schokolade nach Serrières zurück. In den oberen Gesellschaftsschichten Neuenburgs fanden sich jedoch viele Anhänger der süssen Delikatesse. Ein grosser Liebhaber der Schokolade war auch der preussische König *Friedrich Wilhelm III.* Ausserdem verfolgte er mit Interesse die wirtschaftliche Entwicklung in seinem Fürstentum (Neuenburg war bis 1857 preussisches Fürstentum, obschon 1814 Neuenburg als 21. Kanton in die Eidgenossenschaft aufgenommen wurde). Als der Monarch 1840 starb – so nach Erzählungen in Neuenburg – soll er noch ein Stückchen Schokolade im Mund gehabt haben.
Quelle: *«100 Jahre Suchard GmbH Lörrach»* von Bruno Frisch, Lörrach 1980.

Ruf-Ausbeutung durch Cadbury

Ausländer wissen um den guten Ruf der Schweizer Schokolade. Aus diesem Grund stellen sie auf Verpackungen oder Werbungen einen Bezug zur Schweiz her, um ihre Ware besser verkaufen zu können. So prangte auf der Verpackung englischer Schokoladentafeln der Firma *Cadbury* das Matterhorn und der Name *«Swiss Chalet»*. Diese Irreführung machte Schule. Bis jetzt wurde der Branchenverband *Chocosuisse* in mehreren hundert Fällen aktiv. Die Palette der Verstösse reicht von *«Swiss Chocolate»* über *«Swiss»* und *«Swiss Girl»* bis zu *«Swiss Style»*.

Die Firmen wurden aufgefordert, solche irreführenden Bezeichnungen zu ändern, so auch die Firma Cadbury, die jedoch stur blieb. Nach langem Kampf wurde in einem Urteil zugunsten des schweizerischen Klägers entschieden. Die Schweizer hoffen nun, dass in Zukunft missbräuchliche Bezugnahmen deutlich zurückgehen werden.

Tipps für den Kauf von Schokolade

- Am *Bruch der Schokolade* kann man die Qualität erkennen. Der Bruch ist hart, knackend, die Bruchstücke sauber und die Schokoladenstückchen bröckeln nicht ab. Der Duft ist voll und rund, nicht aufdringlich und sollte frei von Fremdgerüchen sein. Gute Schokolade zeigt einen schönen Glanz, schmilzt «butterweich» auf der Zunge, klebt nicht am Gaumen oder fühlt sich nicht sandig an. Der zarte Schmelz und das Aroma entstehen durch das lange *Conchieren* (Feinwalzen, dauert je nach Sorte 48 bis 72 Stunden) der Schokoladenmasse. Voraussetzung für eine hochwertige Schokolade sind erstklassige Rohstoffe, die beim Wareneingang gründlich kontrolliert werden.
- Seit 1991 gibt es auch *Bio-Schokolade*. Diese kam von der englischen Firma Green and Black's auf den Markt. Heute sind Schokoladen von NaturataSpielberger, Rapunzel, Gepa, Viavai, Coop, Pronatec im Handel. Seit kurzem gibt es weltweit die erste Schokolade in Demeter-Qualität (Rapunzel).
- Studieren Sie die *Zutatenliste* genau. Hochwertige Schokolade enthält Kakaomasse, Zucker, Kakaobutter, Lecithin (Emulgator) und Bourbon-Vanille (natürlicher Aromastoff). Sind Fremdfette in der Schokolade, dann steht auf dem Etikett Folgendes: *«Enthält neben Kakaobutter auch andere pflanzliche Fette.»*
- Für Allergiker ist folgender Zusatz wichtig: *«Kann Spuren von Nüssen und Milch enthalten»* (z. B. bei Bitterschokolade). Die *Beschriftungen* und Hinweise auf der Rückseite der Packungen sind meist vorbildlich. Zu bemängeln ist jedoch die viel zu kleine Schrift, die kaum einer ohne Lupe lesen kann.
- *Haltbarkeit:* Gefüllte Schokolade hält 6 Monate, Vollmilchschokolade 1 Jahr und dunkle Schokolade 2 Jahre.
- Je höher der *Kakaogehalt*, desto weniger Zucker ist in der Scho-

kolade. Inzwischen gibt es dunkle Schokoladen mit einem Gehalt von 70–85% Kakaomasse und Kakaobutter.

Kräuter, Gewürze, Essig und Salz

Gewürze und Kräuter machen unsere Speisen bekömmlicher und schmackhafter. So steigern beispielsweise Chili, Curry, Paprika, Senf die Mundspeichel- und Magensaftausschüttung, während Kümmel die Darmmotorik hemmt und Knoblauch und Senf diese verbessern. Anis, Fenchel, Kümmel und Pfefferminze wirken krampf- und schleimlösend. Sie intensivieren auch die Herztätigkeit und die periphere Durchblutung (Chili, Paprika) oder erhöhen die Gallensaftausschüttung (Curcuma, Anisöl, Kümmelöl, Pfefferminzöl, Zwiebeln).

Die Gewürze und Kräuter enthalten ätherische Öle, Harze, Schleimstoffe, Gerbstoffe, Scharfstoffe, Enzyme, Vitamine, Mineralstoffe, organische Säuren und Phytohormone.

Tipp: Wer sich für die Verwendung der Gewürze in der Küche interessiert, findet im Internet unter www.gewuerzmuehle-brecht.de oder im *«aid»*-Heft *«Küchenkräuter und Gewürze»* exzellente Informationen.

Tipps für den Einkauf von frischen Kräutern

- *Frische Kräuter* bekommen Sie in fast jedem Lebensmittelladen und auf dem Markt. Sie können jedoch auch Kräuter in Blumentöpfen ziehen oder selbst im Garten anbauen.
- Inzwischen gibt es auch frische *Bio-Küchenkräuter*. Auch viele Grossverteiler bieten Lavendel, Rosmarin, Salbei und verschie-

dene Thymiansorten, Schnittlauch und Peterli im Topf an. Bitte beachten Sie, dass die Kräuter aus Bio-Produktion stammen.

- *Basilikum* sollte man unbedingt an einem geschützten, warmen Ort wachsen lassen.

Tipps für den Einkauf von Gewürzen

(vom Gewürzspezialisten *Axel Brecht*, Gewürzmühle Brecht)

- Beim *Kauf von Monogewürzen* reine Gewürze ohne Zusatzstoffe wie Rieselhilfsmittel oder Trennmittel bevorzugen.
- *Ganze Gewürze* den gemahlenen vorziehen und nach Bedarf selbst mahlen oder im Mörser zerkleinern.
- Auf möglichst langes *Mindesthaltbarkeitsdatum* achten (mindestens 1 Jahr). «Das Mindesthaltbarkeitsdatum gibt an, wie lange die Gewürze nach Abfüllung in der ungeöffneten Verpackung ihre charakteristischen Eigenschaften behalten. In der Regel gilt deshalb: Je länger das MHD noch läuft, desto frischer ist die Ware», teilte mir die Dipl. Ökotrophologin *Astrid Schmid* mit.
- *Lichtgeschützte Verpackungen* bevorzugen (Braunglas und undurchsichtige Beutel, Kartons).
- Besser häufig kleinere *Verpackungen* nachkaufen als einen grossen Vorratsbeutel langsam aufbrauchen, da Aromaverluste bei Lagerung, besonders bei angebrochener Verpackung unvermeidlich sind.
- *Vanille* nur in gut verschlossenen Glasröhrchen kaufen, da dadurch Schutz vor Austrocknung und Fremdaromen gewährleistet ist.
- Die *Farbintensität* der Gewürze bei vielen Produkten dient als Indikator für Würzintensität.
- *Blattgewürze* wie Basilikum, Bohnenkraut usw. sollten hohen Blattanteil, geringen Stielanteil aufweisen. Möglichst gleichmässig grosse Pflanzenteile pro Packung (Homogenität).
- Bei *Gewürzkompositionen* die Gewürzmischungen den Gewürzzubereitungen vorziehen: Mischungen dürfen nur aus 100% Gewürzen/Kräutern bestehen, Zubereitungen müssen mindestens 60% Kräuter/Gewürze enthalten, die restlichen 40% sind oftmals Füllstoffe, Geschmacksverstärker, Salz oder Zucker.

- Salzfreie *Currys* bevorzugen. Es gibt sie als Gewürzmischungen und Gewürzzubereitungen.
- Wie bei Monogewürzen gibt es auch *reine Salze* ohne Rieselhilfsmittel und Trennmittel.
- *Kräuter- und Gewürzsalze* enthalten laut Leitsätzen im Deutschen Lebensmittelbuch mindestens 40% Salz und 15% Kräuter/Gewürze (Ausnahme: Knoblauch). Besser ist es, wenn sie ausschliesslich aus Salz und Kräutern/Gewürzen, ohne Zusatzstoffe, bestehen.
- Produkte aus *ökologischem Landbau* sind entsprechend einer EU-Verordnung ohne Gentechnik, Bestrahlung und Begasung hergestellt.

Essig und Balsamico

Der *«König unter den Essigen»*, der *Balsamico*, aber auch Wein- und Obstessig sind in den deutschsprachigen Ländern sehr beliebt. Laut Marktforschungsinstitut *«ACNielsen SA»* verbraucht ein durchschnittlicher Schweizer Haushalt 3,3 Liter Essig und 5 Liter Speiseöl im Jahr.

Tipps für den Einkauf von Essig und Balsamico

- Konventioneller Essig wird *pasteurisiert.* Bio-Produzenten verzichten auf die Pasteurisation (die hitzeempfindlichen Enzyme und Vitamine bleiben dadurch erhalten).
- Für einen guten Essig braucht man auch gute Rohstoffe (aus einem schlechten Wein lässt sich kein exzellenter Essig machen).
- Herkömmlicher Weinessig darf mit Zuckercouleur gefärbt werden. Bei Bio-Essigen wird dieser Zusatzstoff nicht verwendet.
- Zur Herstellung von herkömmlichen Essigen wird Schweflige Säure eingesetzt, um spätere Trübungen durch Schleimbakterien und Essigbakterien zu verhindern. Bio-Essige enthalten keine Schweflige Säure.
- Herkömmliche Balsamico-Essige weisen Schweflige Säure oder Kaliumdisulfit und Zuckercouleur auf. Bisher hat kein

italienischer Produzent auf diesen Farbstoff verzichtet. Und einen hellen Balsamico akzeptieren die Verbraucher weniger gern. Synthetisches Zuckercouleur kommt nicht in einen Bio-Balsamico. In diesen Produkten wird natürliches Zuckercouleur, also Karamelzucker, verwendet, ausserdem wird zur Intensivierung der Farbe Rotweinessig zugegeben. Bei Bio-Produkten stammen sämtliche Zutaten aus biologischem Anbau.

- Wichtigstes Qualitätsmerkmal für Balsamico ist das Verhältnis von Weinessig und Traubenmost. Der Mostanteil sollte mindestens 50% betragen. Je höher dieser Anteil ist, umso besser der Balsamico.
- Ein guter Balsamico reift mehrere Jahre, während billige Produkte sehr schnell auf den Markt kommen.
- Laut *Hans Krautstein* (*«Schrot&Korn»*, 2000-6) sollte der Balsamico vollmundig und aromatisch, aber nicht süss schmecken und in der Küche sparsam verwendet werden.

Salz

Die Bestandteile des Kochsalzes, Natrium und Chlorid, erfüllen lebenswichtige Funktionen im Organismus. Ohne Natrium gäbe es keine Muskelbewegung, keine Schmerzempfindung und keine Wasserspeicherung. Ohne Chlorid keine Magensäure. Wir dürfen jedoch keinesfalls bedenkenlos den Salzstreuer verwenden, da ein Zuviel an Kochsalz Wasseransammlungen im Körper begünstigt und bei bestimmten Personen den Blutdruck in die Höhe treibt (nach neueren Studien ist der Anstieg nur gering).

Tipps und Infos über Salz

- Der Handel bietet folgende *Salzarten* an: Steinsalz, Meersalz, Jodsalz, Fluorsalz, Diätsalz, Gewürzsalz und seit neuestem auch Salz mit Folsäure.
- *Diätsalze* sind Kochsalzersatzmittel. Sie enthalten kein Kochsalz mehr, sondern Kaliumverbindungen. Diese wirken blutdrucksenkend, entwässernd und heben den Geschmack einer Diätkost.

- *Gewürzsalze* sind eine Mischung aus Kräutern, Gewürzen mit Kochsalz oder Meersalz. Wir benutzen schon seit Jahren diese Mischungen, bestehend aus Meersalz, der jodhaltigen Meeresalge Kelp, Gemüse, Kräutern und Gewürzen aus kontrolliert biologischem Anbau (Herbamare, Trocomare).
- Das gereinigte Steinsalz des Handels enthält 99% und Meersalze etwa 95% Natriumchlorid. Im Meersalz sind noch Mineralstoffe und Spurenelemente vorhanden.
- Der *Mindestbedarf* an Kochsalz beträgt für den Erwachsenen 1–2 g, 5 g werden als ausreichend erachtet. Die meisten haben jedoch einen höheren Verbrauch an Kochsalz (12 g).
- *Salz* ist in vielen Produkten enthalten, so beispielsweise in Worcestersauce, Fertigsaucen, Sojasauce, Senf, Hefe- und Fleischextrakt, Fertiggerichten, Käsearten, Salami und Cervelatwurst.

«Verschleiertes Bauernmädchen» und «Arme Ritter»

Noch einige Dinge zur *Resteverwertung* in der Küche. *«Die Resteverwertung beherrscht jede Frau»*, hörte ich kürzlich von einer erfahrenen Köchin. Das wussten auch meine Mutter und meine Schwiegermutter. Jedes Mal, wenn zu viel gekocht wurde, gab es entweder ein aufgewärmtes Essen am Abend oder am nächsten Mittag. Oft schmeckte das entsprechende Gericht nach der Kühlschranklagerung und anschliessenden Erwärmung vorzüglich (ich denke dabei besonders ans Sauerkraut). Es muss jedoch darauf hingewiesen werden, dass aufgewärmtes Essen weniger Vitamine hat als frisch zubereitetes.

Mit gekochten Kartoffeln vom Vortag, altbackenen Brötchen oder altem Brot kann man leckere Gerichte zaubern. So gab es früher immer «Arme Ritter». Das sind abgeschabte alte Brötchen, die in Milch eingeweicht, in den Bröseln gewendet und mit Butter ausgebacken wurden. Dann erfolgte noch eine Bestreuung der so zubereiteten Brötchen mit Zucker und Zimt oder es gab eine Weinschaumsosse oder Vanillesosse dazu.

Sie können aber auch das «Verschleierte Bauernmädchen» oder «Margaretes Überlebenssuppe» zubereiten (Rezepte unter www.daskochrezept.de). Das 1. Gericht ist eine Süssspeise mit Schwarzbrot, Zucker, Apfelmus, Schokolade und Rahm, während das 2. eine

Brotsuppe darstellt. Auch an die Brotsuppe meiner Mutter erinnere ich mich noch ganz genau. Damals wurden alte Brotreste in Würfel geschnitten, leicht geröstet und mit Gemüsebrühe, die Knoblauch enthielt, übergossen. Diese Suppe kam immer in der Winterszeit auf den Tisch.

Aus übrig gebliebenen Pfannkuchen kann man eine Flädlesuppe, aus Reis und Nudeln entsprechende Salate oder Suppen fabrizieren. Die Variationsmöglichkeiten sind unbegrenzt.

Eine weitere Möglichkeit ist das Einfrieren von übrig gebliebenen Suppen und anderen Speisen.

Als wir früher auf dem Land lebten, wurden Küchenabfälle an Hühner und Schweine verfüttert. Dies wird auch heute noch propagiert. Und wer kein Huhn oder Schwein hat, was tun? Die Stadtverwaltung der flämischen Kleinstadt Diest hatte eine Idee. Sie verteilte an die Einwohner mehr als 6000 Hühner, die Küchen- und Gartenabfälle vertilgen sollen. Der *«Müllvertilger Huhn»*, wie die *«Badische Zeitung»* am 25. April 2005 titelte, hat nun die Abfuhr des Biomülls ersetzt.

Das Wegwerfen wertvoller Lebensmittel sollte tunlichst vermieden werden. Die Kompostierung ist eine letzte Möglichkeit, organische Substanzen wieder in die Kreisläufe zurückzuführen.

Dank

Die in diesem Buch aufgeführten Tipps, Beobachtungen und Erkenntnisse, die ich als sehr wertvoll betrachte, entstanden aus dem reichen Erfahrungsschatz meiner Familie, meiner Freunde, Bekannten und von Fachleuten der Bio-Branche. Stellvertretend für alle anderen direkt oder indirekt Mitwirkenden möchte ich einige hervorheben. So meine Frau *Paula Scholz*, die mir immer mit Rat und Tat zur Seite steht und mich mit guter Nervennahrung versorgt. Besonderen Dank gilt meinem Freund und Verlagsinhaber *Walter Hess*, der immer ein offenes Ohr für Ideen hat, sich für eine überdurchschnittliche Qualität in der Publizistik einsetzt und jeden Autor mit seinem Elan mitzieht. Es ist eine Freude, mit ihm zu arbeiten.

Ein Dankeschön geht an *Urs Walter*, der sein hervorragendes Wissen in gestalterischen und technischen Dingen einbrachte, und an *Sabine Hofkunst Schroer,* die das filigrane, kunstvolle Titelbild und die Vignetten im Buch schuf.

Aus dem Kreis der kritischen Lektoren möchte ich besonders *Anita Hess* und den zuverlässigen Korrektor *Hans-Kurt Berner*, der das Buch nach grammatischen Kriterien eingehend überarbeitete, besonders erwähnen.

Vergessen möchte ich auf keinen Fall die Bio-Bauern und Bio-Bäuerinnen, die mir von ihrer nicht immer leichten Arbeit erzählten.

Literatur

Bartens, Werner: *«Lexikon der Medizin-Irrtümer»*, Eichborn Verlag, Frankfurt 2004.

Buhmann, Carine: *«Glutenfrei kochen und backen»*, AT Verlag, Aarau 2004.

Busse, Wolfgang; Scholz, Heinz: *«Das ABC der Vitalstoffe»*, Haug Verlag, Heidelberg 2001.

Deutsche Gesellschaft für Ernährung: *«Referenzwerte für die Nährstoffzufuhr»*, Umschau/Braus Verlag, Frankfurt 2000.

Emsley, John; Fell, Peter: *«Wenn Essen krank macht»*, WILEY-VCH Verlag, Weinheim 2000.

Emsley, John: *«Parfüm, Portwein, PVC»* (Chemie im Alltag), WILEY-VCH Verlag, Weinheim 2003.

Emsley, John: *«Sonne, Sex und Schokolade»* (Chemie im Alltag II), WILEY-VCH Verlag, Weinheim 1999.

Europäische Akademie für Umweltfragen: *«Fremdstoffe in Lebensmitteln»*, herausgegeben vom Hirzel Verlag, Stuttgart und Leipzig 1997.

Grimm, Hans-Ulrich: *«Die Suppe lügt»*, Klett-Cotta Verlag, Stuttgart 1997.

Hess, Walter: *«Natürlich leben»*, AT Verlag, Aarau 1988.

Minu; Rauch, Anita: *«Olala Chocolat!»*, Verlag Wegwarte, Bolligen 2004.

Oberbeil, Klaus: *«Die Zuckerfalle»*, Herbig Verlag, München 2004.

Psota, Alfred: *«Essen wir uns zu Tode?»*, Ueberreuter Verlag, Wien 1989.

Schlieper, Cornelia A.: *«Grundfragen der Ernährung»*, Dr. Felix Büchner Verlag, Hamburg 2004.

Scholz, Heinz: *«Mineralstoffe und Spurenelemente»*, Trias Verlag, Stuttgart 1996.

Scholz, Heinz: *«A. Vogel – Aktiv gegen Rheuma»*, Verlag A. Vogel, Teufen 2003.

Souci, Fachmann, Kraut: *«Lebensmitteltabelle für die Praxis»*, Wissenschaftliche Verlagsgesellschaft, Stuttgart 2004.

Vollmer, Günter, u. a.: *«Lebensmittelführer Obst, Gemüse, Getreide, Brot, Wasser, Getränke»*, dtv und Thieme Verlag, Stuttgart 1990.

Vollmer, Günter, u. a.: *«Lebensmittelführer, Teil 2»* (Fleisch, Fisch, Milch, Fett, Gewürze, Getränke), Thieme Verlag, Stuttgart 1995 (jetzt bei WILEY-VCH Verlag, Weinheim).

Tabellen- und Diagrammverzeichnis

INDEX

L

M

N

O

P

Z

Bücher aus dem Verlag Textatelier.com

«Kontrapunkte zur Einheitswelt»

Autoren: Walter Hess/Fernand Rausser
Format: 14,8 × 21 cm. 240 Seiten,
broschiert mit farbigem Umschlag,
16 Farbseiten mit Cartoons
ISBN-Nummer 3-9523015-0-7
Preis: CHF 37.20/€ 24.10

Die Globalisierung stellt sich heimlich, still und leise ein und betrifft uns alle: Fusionen finden auf sämtlichen Ebenen statt. Die Länder schliessen sich ebenso zusammen wie Wirtschaftsunternehmen, die zum dominanten Faktor werden. Es geht um Vereinheitlichung, Grösse und Macht im globalen Rahmen. Alles ist auf Fusionen im Hinblick auf die Übernahme durch US-Konzerne ausgerichtet. Arbeitsplatzverluste und die Zerstörung der Lebensgrundlagen werden hingenommen. Die amerikanische Banalkultur, die gedankenlos nachgebetet wird, lenkt von den dramatischen Geschehnissen ab.

Der Untertitel des Buchs «Kontrapunkte zur Einheitswelt» lautet: «Wie man sich vor der Globalisierung retten kann.» Der Publizist und Verleger *Walter Hess*, der gesellschaftliche und ökologische Fragen seit Jahrzehnten kritisch kommentiert, gibt praxisbezogene Denkanstösse, wie sich selbstbewusste Menschen der Vermassung und der Gängelei durch Politik, Wirtschaft und Medien so weit als möglich entziehen können. Das Buch ist ein anregendes Lesevergnügen für Anspruchsvolle, die ihren Lebensstil selber bestimmen wollen. Treffende Cartoons von *Fernand Rausser* bringen die Feststellungen auch visuell auf den Punkt.